O FANTASMA DA UTOPIA

ARQUITETURA E PÓS-MODERNISMO, OUTRA VEZ

©2010 by the Regents of the University of Minnesota, authorized translation from the English edition published by University of Minnesota Press

COLEÇÃO META-ARQUITETURA
curadoria editorial de Leandro Medrano

CIP-Brasil. Catalogação na Publicação
Sindicato Nacional dos Editores de Livros, RJ

M334f
    Martin, Reinhold, 1964-
    O fantasma da utopia : arquitetura e pós-modernismo, outra vez /
Reinhold Martin ; tradução Maria Alice Junqueira Bastos ; apresentação
Leandro Medrano. - 1. ed. - São Paulo : Perspectiva, 2022.
    264 p. : il. ; 23 cm. (Meta-arquitetura)

    Tradução de: Utopia's ghost : architecture and postmodernism, again
    Inclui índice
    ISBN 978-65-5505-110-0
    1. Arquitetura moderna. 2. Pós-modernismo. I. Bastos, Maria Alice
Junqueira. II. Medrano, Leandro. III. Título. IV. Série.

	CDD: 724.6
	CDU: 72.036.8
22-79348	

Meri Gleice Rodrigues de Souza - Bibliotecária - CRB-7/6439
09/08/2022   15/08/2022

Coordenação de texto **Luiz Henrique Soares e Elen Durando**
Preparação de texto: **Marcio Honorio de Godoy**
Revisão: **Rita Durando**
Capa e projeto gráfico: **Luisa Moritz Kon/Bicho Coletivo**
Produção: **Ricardo W. Neves e Sergio Kon**

Direitos reservados em língua portuguesa à

EDITORA PERSPECTIVA LTDA.

Al. Santos, 1909, cj. 22
01419-100 São Paulo SP
Tel.: (55 11) 3885-8388
www.editoraperspectiva.com.br

2022

REINHOLD MARTIN

O FANTASMA DA UTOPIA

ARQUITETURA E PÓS-MODERNISMO, OUTRA VEZ

APRESENTAÇÃO DE **LEANDRO MEDRANO**
TRADUÇÃO DE **MARIA ALICE JUNQUEIRA BASTOS**

PERSPECTIVA

Sumário

Apresentação
por Leandro Medrano
9

Prefácio à Edição Brasileira
por Reinhold Martin
17

Introdução
Arquitetura e Pós-Modernismo, Outra Vez
21

1 **Território**
Do Interior, Externo
37

2 **História**
A Última Guerra
65

3 **Linguagem**
Meio Ambiente, c. 1973
89

4 **Imagem**
Alguma Vez Já Fomos Pós-Modernos?
109

5 Materialidade
Espelhos
135

6 Sujeitos
Customização em Massa
167

7 Arquitetura
O Fantasma da Utopia
193

Notas
229

Índice Remissivo
249

Agradecimentos
261

Histórico da Publicação
262

APRESENTAÇÃO
por Leandro Medrano*

O letreiro em neon "Cultura = Capital" é uma obra do artista chileno Alfredo Jaar adquirida recentemente pelo Sesc Pompeia e atualmente exposta em um dos seus principais espaços. Tornou-se um marco de entrada, visto estar situada próximo ao acesso principal, à bilheteria, à lareira e ao local das grandes exposições desse Sesc que é um ícone da cena cultural paulistana desde os anos 1980. Essa provocação à pós-modernidade, aparentemente tardia, cria um duplo paradoxo. Por um lado, a cultura, tal como a arte, que deveria ser contrária à alienação capitalista, é indicada nessa sentença como um substantivo equivalente, como a mesma coisa. Por outro, a obra compõe o acervo de umas das mais expressivas manifestações de uma arquitetura que se propõe crítica à cidade capitalista e aos modelos mercantilistas de desenvolvimento urbano, que destrói suas preexistências sem apresentar propostas para um futuro melhor. O Sesc Pompeia, projeto de 1978 da arquiteta Lina Bo Bardi, poderia ter indicado um novo caminho à arquitetura brasileira, capaz de elaborar, nesse peculiar contexto local, uma "formação discursiva" crítica às agressivas investidas do capital em um mundo neoliberal. Contudo, no final do século XX, um mundo globalizado e "pós-moderno" encontraria o Brasil fragilizado por crises econômicas e políticas advindas dos anos de ditadura militar. O país, reconhecido internacionalmente pelo pioneirismo e originalidade de sua arquitetura moderna, distancia-se do debate disciplinar que ocuparia as décadas seguintes. Encerra, por assim dizer, um ciclo arquitetônico virtuoso sem que suas causas mais prementes – como a habitação de interesse social – fossem desenvolvidas nos termos

---

* Professor livre-docente do Departamento de História da Arquitetura e Estética do Projeto da Faculdade de Arquitetura e Urbanismo da Universidade de São Paulo – FAU- USP

necessários à enorme escala das necessidades locais. A arquitetura e o urbanismo afastam-se da principal motivação que direcionou suas narrativas no decorrer do século xx – a de compreender o *projeto* como instrumento de transformação social. "Cultura = Capital" é uma sentença pós-moderna em um país que não completou seu processo de modernização.

Em *Os Fantasmas da Utopia*, o arquiteto, historiador e crítico norte-americano Reinhold Martin faz uma revisão crítica de um dos períodos mais controversos da história da arquitetura do século xx, que vai de meados dos anos 1960 ao início dos anos 1980. Nesses tempos, as expectativas da arquitetura e do urbanismo modernos já se viam desgastadas, pois o funcionalismo e o racionalismo que sustentam suas posições estéticas e programáticas não tinham lastro em um mundo desiludido com as promessas do progresso técnico-científico (ou técnico-utópico) da modernidade. Pelo contrário, suas formas mostraram-se hostis às expectativas cotidianas de seus usuários, tanto na escala doméstica quanto na escala da cidade, o que logo se converteu em uma sucessão de críticas contundentes às soluções espaciais sugeridas por essas disciplinas, que prometiam revolucionar tanto as cidades como as formas de vida de seus habitantes. Nesse contexto, o historiador italiano Manfredo Tafuri formulou a hipótese crítica mais radical sobre o que chamou de "ideologia do plano". A arquitetura e o urbanismo modernos, prescritos como a "câmara de decantação das vanguardas" por sua capacidade singular de inferir nas subjetividades do cotidiano, mostrou-se, segundo Tafuri, como um suporte formal ideológico da máquina produtivista capitalista.

Nesse limiar no qual se encontravam as disciplinas, em um mundo sem lugar para os antigos sonhos da modernidade, surgem arquitetos, urbanistas e teóricos empenhados em criar alternativas às práticas profissionais que pareciam distanciar-se da realidade do mundo. Segundo Reinhold Martin, essas alternativas mantiveram em suas posições estéticas certos *fantasmas* da utopia moderna, pois sinalizaram uma visão humanista (eurocêntrica) para as cidades e para as formas de expressão na arquitetura, todavia sem a expectativa por soluções universais – sem a síntese universal almejada pelo projeto da modernidade. Daí a ideia de um espectro impreciso e multiforme dos ideais utópicos da Nova Arquitetura, que estaria alinhado com as diversas narrativas que compõem o mundo em sua "condição pós-moderna", distante, portanto, daquele imaginado nas primeiras décadas do século xx.

Não por acaso, Martin identifica no texto seminal "Um Espectro Está Vagando Pela Europa: O Pós-Moderno", do arquiteto e crítico italiano

Paolo Portoghesi, um importante movimento em direção a esse novo lugar da arquitetura pós-moderna dos anos 1980. Ao parafrasear uma das primeiras linhas do *Manifesto Comunista* de 1848 ("Um espectro está assombrando a Europa – o espectro do comunismo"), Portoghesi procura alinhar as expectativas de uma arquitetura voltada a temporalidades históricas próprias, autorreferente como estratégia de projetação, às perspectivas emancipatórias das vanguardas. Uma operação complexa, pois abdica do "novo" como instrumento de construção de uma sociedade moderna alinhada aos valores racionalistas da sociedade industrial, para formular uma linguagem espacial vinculada aos sistemas que compunham a chamada "sociedade pós-industrial". Portanto, a cultura e a história fariam parte do processo de formulação de um diálogo crítico com o sistema capitalista, utilizando-se de seus próprios mecanismos para, em tese, superá-lo. A arquitetura e o urbanismo deveriam elaborar métodos de projetação baseados nos movimentos culturais e históricos capazes de estabelecer um diálogo claro e direto com seus usuários, de modo a recorrer às suas sensibilidades cotidianas mais comezinhas para estabelecer uma interação profunda entre os interesses do projeto – entendido como elemento de transformação social. A *Strada Novíssima*, proposta por Portoghesi à Bienal de Arquitetura de Veneza, de 1980, se tornaria um manifesto referente a essas novas possibilidades da disciplina que, de forma distinta como método, manteria seus vínculos com os valores humanísticos e utópicos do movimento moderno. A rua, a fachada, a história, a cultura popular, o pastiche, o *kitsch*, outrora negados pelos exemplos canônicos da arquitetura moderna, são requisitados para a construção de imaginários multifacetados, pois ao mesmo tempo que aceita os valores simbólicos e espaciais dos sistemas de alienação capitalista, provoca esses sistemas por expor a banalidade de suas soluções formais em contraste com a força das necessidades culturais cotidianas. Afinal, diante da exuberância e diversidade de soluções arquitetônicas, o que importa na *Strada Novíssima* é a rua – o seu negativo, o vazio, o espaço de fruição muitas vezes negado pela alta arquitetura praticada na primeira metade do século xx.

O impacto dessa versão *humanista-europeia* e contextualista da arquitetura e do urbanismo pós-modernos, sabemos, foi surpreendente. Em tempos nos quais as críticas ao legado construído moderno difundiam-se entre publicações acadêmicas, com argumentos técnicos, teóricos e práticos dos mais diversos, as ideias apresentadas por arquitetos como Paolo Portoghesi, Aldo Rossi, Hans Hollein, Charles Moore, entre outros, pareciam indicar um promissor caminho à disciplina. Pois a história e a cidade, sem lugar nos tempos da *tabula rasa*, revelaram-se instrumentos fundamentais para o *projeto* em seu sentido amplo – crítico à alienação cotidiana e propositivo em relação às possibilidades da forma arquitetônica e do espaço urbano. A cultura, a tradição, o lugar, não mais seriam vistos como entraves à vocação da disciplina para tensionar as relações materiais da vida urbana em direção a um futuro melhor. Pelo contrário, a complexidade de seus conteúdos e virtudes, sedimentados em um subconsciente social generalizado, impediria que os mecanismos da "razão instrumental" fossem utilizados no processo de alienação de uma sociedade capitalista subserviente ao produtivismo industrial. Nesse contexto, críticos e projetistas como Bernard Huet, Josep Quetglas, Ignasi de Solà-Morales, Vittorio Gregotti, Carlo Aymonino e K. Michael Hays, entre outros, buscaram nessas teorias pós-modernas, em grande parte desenvolvidas pela Escola de Veneza, os elementos para reivindicar uma arquitetura do lugar, das temporalidades, das permanências, como um projeto de reação aos modelos genéricos adotados em grande escala em tempos de globalização. Compreender as singularidades históricas e as dinâmicas espaciais cotidianas das cidades parecia ser uma alternativa viável aos esquemas totalizadores preteridos pelo sistema financeiro, pelo mercado imobiliário e pelas grandes corporações transnacionais.

Nesse quadro, Martin recorre ao filósofo francês Jacques Derrida para ilustrar que devemos "aprender a viver com os fantasmas do modernismo, preeminente entre os quais conto o fantasma da própria Utopia" (p. 196-197). Uma utopia que parece ser revisitada, ainda que indiretamente, pelos expoentes da cena pós-moderna comentados pelo autor. Nesse sentido, a arquitetura poderia nos revelar uma espécie de "modernidade paradoxal" de certas vertentes da pós-modernidade. Os fantasmas da utopia nos levariam a imaginar novas utopias como forma de encontrar alternativas às estruturas dominantes do capital flexível que opera em escala global. Como diz: "começar o trabalho duro de aprender a imaginar novamente que, num *slogan* favorito dos novos movimentos sociais, 'um outro mundo é possível'."(p. 197)

No Brasil, ainda que alguns exemplos virtuosos tenham se destacado no meio acadêmico e profissional, a pós-modernidade arquitetônica não se desenvolve plenamente, pelo menos com a abrangência e a complexidade com que se fez notar nos países que assumiram a dianteira do modelo econômico neoliberal e da globalização. Em muitos casos, a versão nacional da arquitetura pós-moderna foi vista como um pastiche descompromissado dos exemplos que circulavam nas revistas internacionais, pois tanto a cultura e a história, quanto a sociedade de consumo em grande escala, eram realidades distantes das referenciadas no contexto europeu ou norte-americano. Ademais, o esgotamento do projeto da Nova Arquitetura não se deu no Brasil nos mesmos moldes do ocorrido no meio anglo-saxão. Afinal, seu ciclo ideológico se realiza por aqui tardiamente, à medida que as forças produtivas da industrialização nacional necessitam do repertório da arquitetura moderna para construir subjetividades condizentes com o processo de modernização do país. Seguidora dos ideais revolucionários das vanguardas históricas, a arquitetura moderna brasileira almejava intervir na transformação da sociedade por meio da transformação formal das cidades. Uma "utopia" baseada na possibilidade de se superar as contradições históricas e formativas da sociedade brasileira por meio da reorganização dos espaços urbanos, dos espaços do habitar. O que não aconteceu no Brasil, e tampouco nos países centrais ao desenvolvimento industrial. Como vimos por Manfredo Tafuri, a arquitetura e o urbanismo modernos não somente se adaptaram à lógica mercantilista da cidade capitalista como também criaram condições para a reprodução dessa lógica produtivista industrial ao meio urbano – ou seja, levam ao extremo, pelos instrumentos disciplinares alinhados ao racionalismo e ao funcionalismo, a capacidade de transformar os territórios da cidade em mercadoria, em valor de troca. Portanto, estabelecem os mecanismos de interligação entre o "projeto" e a sujeição da vida cotidiana ao plano da produção e do consumo (alienado), tal qual vemos hoje nas grandes metrópoles de todo o mundo.

Esse movimento radical, que vai da utopia humanista à distopia urbana neoliberal, teve consequências devastadoras no Brasil, principalmente em relação ao urbanismo. Ao abdicar do "espaço urbano" como elemento fundamental de interação com as dinâmicas sociais dos processos de urbanização, as formas mais expressivas da arquitetura moderna brasileira afastaram-se das atividades que constituíam o cotidiano de suas cidades em seu período de expansão acelerada. Suas narrativas formais foram elaboradas desde uma condição de isolamento – o lote *versus* a cidade, a forma *versus* o vazio, o novo *versus* a história. As relações com os conteúdos urbanos preexistentes, quando presentes, foram casuais, constrangidas ou impostas pelas circunstâncias. Quanto mais sofisticadas as soluções formais dessa arquitetura virtuosa, mais nossas cidades cresciam desordenadas, caóticas, desiguais – na contramão da modernidade. Não por acaso, os ideais utópicos dessa arquitetura tiveram na realidade urbana das cidades o seu principal algoz. Visto que a urbanização decorrente da industrialização hipertardia se deu no território brasileiro de modo acelerado e socialmente perverso. Enquanto o mercado imobiliário dominava as áreas dotadas de melhores infraestruturas, a população economicamente vulnerável se assentava nas distantes periferias ou em favelas, com pouco ou nenhum acesso às conquistas históricas intrínsecas ao conceito de "cidade".

Nos anos 1980, quando esse movimento de explosão urbana começa a se arrefecer, a disciplina arquitetônica local passa a refletir de forma mais consciente e sistemática sobre seu legado excepcional. Também passa a dialogar com outras referências, práticas e teóricas, distintas do seu passado heroico recente. Nessa conjuntura, os movimentos em direção a uma "pós-modernidade" local logo foram superados por propostas dedicadas ao resgate dos valores da modernidade – entendida como um "projeto inacabado", nos termos divulgados por Jürgen Habermas. Por aqui, os *fantasmas da utopia* se revelaram nos *fantasmas do moderno*. O espectro de uma arquitetura que já não tinha lastro na realidade produtiva e cultural da modernidade, mas que insistia em expressar seu eficiente e amplo repertório formal. Vale lembrar que foram tempos de luta pela redemocratização, crises econômicas constantes e processos políticos extenuantes. A energia das forças progressistas estava conectada com a dura realidade dos movimentos sociais, e de certa forma distante da pluralidade de conceitos e vertentes estilísticas que a arquitetura passa a incorporar como possibilidades de atuação pelo projeto. O urbanismo local buscou no ativismo político alternativas às cidades brasileiras que se consolidaram como espaços de exclusão e hiperexploração mercantilista.

É nesse conturbado contexto que a arquiteta Lina Bo Bardi projeta e constrói uma de suas obras mais importantes e originais: o Sesc Pompeia. Construído por entre os pavilhões de uma fábrica desativada, em um bairro de origem operária, o projeto conecta as pré-existências edificadas de um passado industrial local com as novas necessidades programáticas exigidas pelo Sesc. Uma *rua* na escala do entorno marca seu acesso principal, bem como distribui os usuários pelos diversos ambientes do edifício. Surpreende nessa obra singular a busca por elementos de representação que vão além das especificidades locais, ou mesmo dos ideais da modernidade, como o fato de incorporar elementos de diversas tradições culturais brasileiras – dos mais variados lugares e períodos –, que vão do artesanato popular à exuberância estrutural e plástica do concreto em sua forma bruta, como na obra do grande mestre local Vilanova Artigas. Lina foi sensível ao trabalhar com essa conexão de tradições, possivelmente amparada pelos debates teóricos que instigavam, à época, o ambiente disciplinar no contexto europeu.

O Sesc Pompeia parece nos apresentar uma alternativa entre as utopias de um passado recente e as distopias das cidades-mercadorias. Ele é, como já destacamos, o reverso da provocação artística – "Cultura = Capital" – atualmente presente em suas instalações. Em uma apropriação livre dos conceitos de Reinhold Martin, essa obra parece buscar reverter a "crise de projetação" modernista, e assim buscar *outras utopias*, distintas das armadilhas ideológicas da Nova Arquitetura local e internacional. Entretanto, o êxito pontual do Sesc Pompeia não se converteu em um sistema teórico-metodológico capaz de acionar as diversas camadas de atuação da arquitetura e do urbanismo no Brasil. A força do "pensamento único", que viria a impulsionar os modelos econômicos e culturais das últimas décadas do século passado, afastaria as práticas vinculadas à construção do espaço urbano dos ideais de transformação social. Isso gerou uma crise geral na disciplina, que também enfrentou dificuldades em se reorganizar como um instrumento do mercado, como uma prática mercantil sem ilusões artísticas ou ambições revolucionárias. Não há espaço para "espetáculos" arquitetônicos e urbanos em um contexto social marcado pela desigualdade, pelo racismo, pela violência, pela degradação do meio ambiente e pelo descaso com os povos nativos.

As primeiras décadas do século XXI sugerem um novo capítulo para a arquitetura e o urbanismo. A euforia que caracterizou o modelo neoliberal divulgado em escala global a partir dos anos 1970 entrou em crise sistêmica, agravada pelo *crash* de 2008. A demanda por um novo modelo de Estado de bem-estar social começa a ser divulgada como uma necessidade premente para que possamos superar impasses em diversas áreas, que vão da necessidade por habitação de interesse social à preservação do meio ambiente. De certa forma, na atual conjuntura nacional, não há como desvincular a *projetação* da elaboração de novas utopias. Temos que falar sobre utopias, *de novo*.

PREFÁCIO À EDIÇÃO BRASILEIRA

Desde que apareceu há mais de uma década, e para minha reiterada surpresa, *O Fantasma da Utopia* sempre encontrou leitores. O apelo do livro à historicização do pós-modernismo, repensando-o, também parece ter sido ouvido por muitos colegas e estudantes em todo o mundo. Ainda assim, dado seu foco na esvanecente aura da arquitetura e do urbanismo na América do Norte e na Europa, pode parecer que a hora do livro chegou e passou. Mas fantasmas, como livros, tendem a reaparecer de formas imprevistas, e os argumentos do livro permanecem por demais relevantes, creio, tanto para os impasses atuais como para os históricos. A tradução como reaparecimento é uma maneira, então, de pensar no retorno do fantasma da Utopia, uma ameaça e uma promessa sobre a qual sou tentado a refletir.

É especialmente gratificante que a tradução em português do livro tenha origem no Brasil, contexto não abordado diretamente em nenhum dos capítulos. Espero, no entanto, que a tradução também encontre leitores, talvez até dos dois lados do Atlântico lusófono, que reconheçam o que ele oferece ao projeto universal anticapitalista. Quando se trata de arquitetura, esse projeto não deve ser sobrestimado; a arquitetura é, em geral, uma arte burguesa e uma profissão ainda mais burguesa que se estende por todo o mundo neoliberal. E embora as revoluções burguesas possam ter seu tempo e lugar, elas são, em última análise, uma contradição em termos.

É por isso que *O Fantasma da Utopia* não convoca algo como uma arquitetura "revolucionária", apenas a possibilidade muito mais modesta, e difícil, de pensar e realizar mudanças estruturais. No final da década de 1970, a literatura crítica sobre o pós-modernismo no Ocidente (aproximadamente, o Norte global de hoje) começou a reconhecer a tendência de certas formas culturais – com a arquitetura em posição preeminente entre elas – de excluir tal possibilidade, fazendo do não pensar em Utopia sua marca registrada. Mascarada como realismo, essa tendência inverte a crítica marxiana da ideologia, que considera o utopismo um desvio perigoso, mas não nega seu espírito. Abordo alguns desses debates no livro. Aqui, peço apenas aos leitores que considerem se sua própria experiência histórica foi diferente e, em caso afirmativo, como e porquê. Pode ser que a circulação entre idiomas mude uma ideia drasticamente, às vezes deixando-a irreconhecível. Neste caso, contudo, suspeito que a mudança seja mínima. Uma vez que, como defendo, o significado decisivo dos jogos de linguagem pós-modernos, incluindo o jogo de exorcizar a Utopia, encontra-se em seu caráter universal.

Aos leitores que preveem os argumentos do livro, essa afirmação pode ser contraintuitiva. Na arquitetura, entre as marcas do pós-modernismo estava (ou está?) a rejeição de universais em favor de particulares: "ecletismo radical", como disse um crítico influente. Mas *O Fantasma da Utopia* começa e termina com a "questão da habitação" que, para arquitetos e urbanistas praticamente em todos os lugares durante o século xx, era a própria definição de uma questão universal, assim como a questão climática é hoje. O fato de tantas sociedades terem respondido a essa questão de maneira diferente é uma marca de sua universalidade, não porque a habitação seja um tipo de construção universal que reflete necessidades universais, mas porque ao ser colocada como uma questão – Como viver juntos? – refere-se a antagonismos básicos incorporados ao campo comum da humanidade.

Essa dialética direta se repete de diferentes formas ao longo do livro. Assim como a inconstância estilística da arquitetura, o marcador mais conhecido do pós-modernismo. Essa inconstância não aparece, no entanto, como uma anacrônica "batalha de estilos" que reproduz a dialética em um nível puramente formal. Em vez disso, o livro argumenta que o pós-modernismo arquitetônico não é um estilo; é uma formação discursiva. Mantenho essa posição, e continuo afirmando a relevância de uma categoria ("pós-modernismo") que para alguns deriva muito proximamente dos protagonistas dessa formação e para outros é um clichê cansado e provinciano. No entanto, em vez de simplesmente adicionar o fim-do-jogo pós-moderno à pilha do lixo global de construções sociais obsoletas, proponho agora revisar ligeiramente essa proposição, para torná-la mais dialética: o pós-modernismo é tanto um estilo quanto uma formação discursiva.

Estilisticamente, o ecletismo do pós-modernismo alude a um projeto apocalíptico de acabar com todos os estilos, toda a expressão coletiva, não por transcendê-los como o modernismo tentou fazer, mas antes multiplicando-os em um estilo-de-estilos difuso e entrópico, compatível com o jargão individualista do "fim da história", típico da formação discursiva pós-moderna. Isso vale também para a cidade neoliberal, onde o planejamento foi amplamente substituído pelo marketing e o estilo é uma variável nos cálculos feitos pelos empreendedores imobiliários. Porém, assim como a história nunca termina, a forma nunca é vazia, e a minha insistência no estilo aqui reconhece a instrumentalidade política e econômica da forma simbólica não discursiva.

A utilidade de um termo como "pós-modernismo", então, reside em sua combinação das características discursivas da arquitetura, incluindo (mas não limitada a) seus textos, com as não discursivas, incluindo (mas não limitada à) sua forma. A pós-modernidade e o pós-modernismo estão ligados à "virada linguística" para a qual a "textualidade" foi outro tema importante. Adicionar as características não discursivas da arquitetura altera os esforços de longa data para narrar as histórias da arquitetura como uma interação de "linguagens", formais ou não. *O Fantasma da Utopia* não pretende "decolonizar" as raízes e ramos das árvores linguísticas da arquitetura, apenas reconhecer como essas árvores são feitas. Virar o livro em direção à forma é uma maneira de fazer isso; outra é retreinar a visão para ver a mídia em si em vez daquilo que suas telas exibem. Ambos os movimentos podem mais uma vez parecer contrários à intervenção crítica, especialmente para leitores corretamente comprometidos em substituir as narrativas hegemônicas pelas que foram silenciadas. Apenas tentei mostrar como a análise arquitetônica também pode quebrar o feitiço do fascínio hegemônico ao impedir a perpetuação dos mitos. A questão colocada em causa é se isso, em última análise, se restringe apenas em substituir os velhos mitos por novos.

Finalmente, uma palavra sobre os espelhos. Em um mundo de e-books e PDFs, minha impressão é que o capítulo sobre a materialidade dos espelhos circulou mais amplamente. Sinto alguma satisfação nisso. Mas me preocupa um pouco que o espelho possa se tornar outro marcador estilístico, em vez de uma coisa com a qual podemos perguntar como, um estilo e um discurso tal como o pós-modernismo, é feito. É muito fácil dizer que os jogos com espelhos garantem o *status* dúbio da arquitetura como representante mais visível do pós-modernismo. Em vez disso, eu preferiria perguntar se é possível pensarmos sem espelhos e, em caso afirmativo, se o mundo resultante seria diferente do que temos. Se a resposta para ambas as perguntas for um "sim" provisório, então talvez o fantasma de Utopia seja menos perturbador, afinal.

Sou extremamente grato a Sergio Kon e seus colegas da Perspectiva pelo interesse pelo livro, a Leandro Medrano por sua generosa interpretação e a Maria Alice Junqueira Bastos por sua cuidadosa tradução.

Nova York, abril de 2022.

NTRODUÇÃO
Arquitetura e Pós-Modernismo, Outra Vez

Por que o pós-modernismo mais uma vez? Não é ou muito tarde ou muito cedo, muito acadêmico ou por demais óbvio, para voltar àquele momento em que a arquitetura foi adotada por tantos pensadores por causa do seu *status* probatório, como marcação de uma interrupção importante, ou ao menos um desvio, no caminho da modernidade? Hoje, quando a discussão se transformou de tantas formas para o prolongamento, a recuperação ou multiplicação da própria modernidade, qual seria o objetivo de reativar um termo tão vago e aparentemente tão gasto como *pós-modernidade* ou seu cúmplice cultural, o *pós-modernismo*?[1]

Falar do pós-modernismo hoje como algo mais do que um fenômeno histórico prescrito ou um fato consumado talvez pareça estranhamente anacrônico ou mesmo limitado. Mas historicizá-lo simplesmente, quer seja como um estágio na intensificação da decadência capitalista, um projeto intelectual coerente ou uma moda passageira, parece igualmente inadequado e, de muitas formas, prematuro. Exatamente essa inoportunidade, essa ausência de sincronicidade com relação às preocupações do presente e àquelas de um passado mais distante têm definido o pós-moderno em suas várias aparências e segue requerendo análise e interpretação. Isso é especialmente verdadeiro agora, quando palavras de ordem do moderno, como "crise", retornam à cena. Em resumo, do mesmo modo que a modernidade, à qual de muitas formas ainda pertence, o pós-moderno continua a apresentar problemas teóricos e históricos, que abordo aqui através do prisma refrator da arquitetura.

Sob essa luz, a arquitetura aparece como uma cifra em que está codificado um universo virtual de produção e consumo, bem como uma unidade material, um pedaço desse universo que ajuda a mantê-lo. No exato momento em que a chamada arquitetura pós-moderna abandonou a "estética da máquina" do modernismo, ela revelou-se parte de uma nova máquina, bem como uma representação dessa máquina. Este livro é então traduzido, por assim dizer, a partir da arquitetura, com a convicção de que o conhecimento disciplinar permanece profundamente relevante para entender e interpretar esses processos em termos mais amplos. Lido dessa maneira, ele se dirige ao nexo multidisciplinar no qual o pós-moderno e seus subprodutos continuam a circular, por vezes de forma quase irreconhecível.

O lugar ocupado pelos legados do modernismo arquitetônico no mapa contemporâneo dificilmente é fixo, e a deflexão pós-moderna da arquitetura ainda não foi plenamente historicizada. Este livro contribui para essas tarefas apenas secundariamente. Ao invés, ele enfatiza um conjunto de conceitos que foram reformulados como consequência daquela deflexão. Ao rever esses conceitos de maneira sequencial, mas sobreposta, busquei expor novos caminhos para a interpretação do período aproximadamente de 1970 até o presente e, com isso, novas possibilidades para pensar o futuro. Em essência, defendo que elaborar uma nova teoria da arquitetura pós-moderna é produzir uma nova teoria do pós-modernismo em si mesmo, à medida que a arquitetura opera como seu avatar. Ao reativar o termo no momento de seu desuso, revisito as suposições iniciais feitas em relação ao *status* sintomático da arquitetura, com o objetivo de extrair do passado recente novas ferramentas para novos problemas, sem nem por um minuto supor que terminamos com os antigos.

Assim, esta não é uma história do pós-modernismo; é uma reinterpretação histórica de alguns de seus temas principais. Seu tema é o *pensamento* arquitetônico (quer escrito, desenhado ou construído) tanto quanto a própria arquitetura. Embora os relatos variem quanto às suas características tangíveis, e embora o termo tenha sido usado um pouco antes, é geralmente aceito que a arquitetura pós-moderna surgiu em meados da década de 1960, na Europa e nos Estados Unidos. Ela apareceu acompanhada de manifestos em forma de livro, que enunciaram sua problemática básica e, mais tarde, uma série de exposições que buscaram medir seu escopo[2]. Seu ano de referência foi provavelmente 1984, quando vários teóricos culturais influentes juntaram exemplos arquitetônicos a fim de definir as características pós-modernas de maneira mais geral[3]. Para além disso, há pouca concordância quanto às características que tornam determinado edifício ou projeto "pós-moderno", apenas que tal designação é possível. Meu propósito, então, não é aprimorar a definição ou pesquisar seu conteúdo. É repensar o problema desde o início. E meu ponto de partida é o simples fato de que, em meados dos anos de 1980, o "pós-modernismo" havia passado a designar uma formação discursiva.

Em arquitetura, essa formação reorganizou vários conceitos-chave, que examino em capítulos sucessivos relacionando textos e objetos arquitetônicos exemplares com eventos e fenômenos nos campos político, social e econômico – não para contextualizar a arquitetura, mas para *descontextualizá-la*, com respeito às narrativas existentes. Assim fazendo, tomo as periodizações existentes mais ou menos como certas no sentido de mostrar a algo misteriosa qualidade aperiódica do pós-modernismo. Procedo da mesma forma devido à natureza geralmente canônica dos textos e objetos que considero, o que é uma escolha deliberada orientada para essa descontextualização (e recontextualização) estratégica e para a consequente reformulação dos conceitos. Meu uso de exemplos e estudos de caso, que são tirados principalmente dos Estados Unidos e da Europa, busca concretizar certas abstrações e problematizar algumas interpretações recebidas. Inevitavelmente, há muitas outras arquiteturas, igualmente pós-modernas, que deixo de examinar aqui, incluindo, mas não limitadas, aquelas do Leste Asiático, a do Oriente Médio, da Escandinávia, da América Latina e do Sul da Ásia. Ainda assim, eu espero que sua ressonância com os exemplos que elejo ficará evidente para o leitor. O mesmo vale para as formulações discursivas, tal como o regionalismo, em que muitas dessas arquiteturas foram inicialmente colocadas. Em seus apelos à localidade ou à especificidade cultural, essas formulações amiúde se puseram contra o movimento pós-moderno (e, com frequência, neocolonial); ainda assim, tão frequentemente quanto, elas reproduziram suas premissas em suas próprias proposições[4].

Meu método é comparativo, embora num sentido específico. Eu não presumo que os extratos que escolho sigam automaticamente paralelos a outros extratos de outros contextos que, idealmente, estariam alinhados lado a lado num campo nivelado de trocas culturais. Em vez disso, busco mostrar como as configurações hegemônicas, muitas das quais são representadas por meus exemplos, requerem e reproduzem seus próprios "exteriores", os cenários nebulosos e fora de foco contra os quais seus objetos atuam. Esses exteriores variam desde o centro de Pitsburgo a Saigon, a Bhopal. Não necessariamente levo-os em consideração em seus próprios termos, mas antes, como um tipo de realidade desarticulada, contra a qual e por meio da qual o discurso pós-modernista foi produzido. A abjeção material em que muitas vidas reais são vividas nessas zonas para que o discurso em questão apareça é uma medida de como o nexo de poder/conhecimento do pós-modernismo atua efetivamente.

INTRODUÇÃO

Deve também ficar claro que, ao lançar um olhar retrospectivo, não busco resgatar o pós-modernismo de seu destino subsequente. Ao invés, eu espero resgatar para o pensamento arquitetônico um papel decisivo na análise, interpretação e crítica do *poder*. Para isso, proponho tirar proveito da imanência da arquitetura nas redes materiais e culturais amplamente ramificadas, que estão entrelaçadas a batalhas ideológicas e interesses conflitantes. Conforme se acumulam e se repetem, as práticas concretas por meio das quais essas redes estão configuradas ajudam a moldar nada menos que a própria cognição, diferenciando o que é pensável daquilo que é impensável, e que assim permanece não imaginado.

Em arquitetura, como em tudo mais, o "não pensamento" ativo da Utopia está entre aquelas práticas que distinguem o pós-modernismo do modernismo[5]. Essa atividade não pode ser explicada meramente como uma reação aos excessos modernistas anteriores. Em vez disso, sob o pós--modernismo, a produção cultural foi reposicionada como um laboratório para a autorregulação, no qual o poder é redefinido como controle, e especialmente autocontrole. Para um discurso preso em uma rede de amarras duplas, a transformação estrutural do *status quo* se torna cada vez mais impensável, e não meramente irrealista. Então aparece outra marca do pós-modernismo: o sombrio recuo do engajamento, ou (o que significa a mesma coisa) a aceitação preemptiva e exuberante do *status quo*.

Falar, como faço, da imanência da arquitetura é identificar um aparente paradoxo percorrendo meu argumento, a saber, que a participação da arquitetura em redes heterogêneas de poder, incluindo o biopoder, na realidade, *aumenta* com seu recolhimento em jogos privados executados numa linguagem esotérica. Como um exemplo que exagera apenas um pouco, imagine uma física atômica que se retira diariamente no laboratório para fazer ciência e só ciência, apenas para acordar numa manhã de fim do verão e descobrir que esteve trabalhando no Projeto Manhattan. Isso serve para entender a "autonomia" da arquitetura. Mostra também como a arquitetura torna o poder real, ao invés do contrário. Inversamente, com respeito aos esforços bem-intencionados para expandir ou erodir os limites herdados da disciplina, lembrar que, como qualquer etnógrafo sabe, o trabalho de campo (isto é, o trabalho "lá fora") constrói ambos, o eu e o outro, de uma só vez. De qualquer forma, a inter-relação de interno e externo, aqui e lá, se coloca diretamente na mira da minha investigação.

Então o pós-modernismo não é um estilo; ele é uma formação discursiva. É assim que abordo meu objeto de estudo a cada passo do caminho. Isso é verdade quer estejamos falando do pós-modernismo no sentido estritamente arquitetônico ou no sentido de uma ampla conjunção cultural. Aqui já estamos revisando as narrativas arquitetônicas, uma vez que no final dos anos de 1970 e nos anos de 1980, na arquitetura, parecia que ou você era um pós-modernista ou não, uma distinção que era mais frequentemente expressa num nível estilístico. De cara, isso apresentava inconsistência com a possibilidade, muito observada de fora, de que a arquitetura oferecia a melhor indicação de uma mudança crucial geral, uma virada para uma pós-modernidade generalizada, caso que dificilmente representaria uma questão de escolher lados. Esses cenários opostos (embora mutuamente não exclusivos) levaram ao impasse pós-moderno final, no qual estava em jogo a relação entre as formas culturais e a verdade histórica.

Escolher lados na disputa moderno/pós-moderno significava exercer certa liberdade autoral que ecoava, embora fracamente, os esforços milenaristas das vanguardas históricas e as escolhas de vida e morte que propunham, enquanto a emergente crítica de representação sugeria que todas essas escolhas eram, em última análise, contingenciais frente a forças às quais o autor/ator/agente tinha por definição apenas acesso limitado, se tanto. Não é surpresa, assim, que a relação entre as formas culturais e a verdade histórica foi problematizada na arquitetura principalmente por meio de experimentos com a representação. Isso significava citar códigos visuais anacrônicos, como as ordens clássicas, de uma nova forma. Ou significava reproduzir arquétipos formais profundamente incrustados num suposto inconsciente histórico. E também significava trabalhar retoricamente com as mesmas geometrias abstratas previamente identificadas com o modernismo. Manifestos estilisticamente, mas atuando muito mais fundo, todos esses experimentos implicitamente admitiam que a relação entre a arquitetura e a verdade histórica só podia ser resolvida intencionalmente e, nesse sentido, arbitrariamente – uma ruptura decisiva com as narrativas modernistas dominantes. De fato, o que parecia mais *verdadeiro* historicamente era a relação contingente entre as formas culturais e a verdade histórica. Mas essa conclusão também demonstrava sua proximidade com as "verdades" naturalizadas do capitalismo avançado, por servir como um álibi para a produção de uma quantidade de matéria-prima intercambiável para o espetáculo consumista, se não emanasse dele em primeiro lugar.

Conforme passa pela arquitetura, a formação discursiva que chamamos pós-modernismo, portanto, parece uma combinação cruel de liberdade e servidão, de verdade e mentiras. Como tal, parece espelhar o jogo de sombras que, podemos suspeitar, é a característica definidora de nosso tempo. Mas e se a arquitetura oferece algo mais que apenas a evidência material da "lógica cultural do capitalismo tardio", como Fredric Jameson tão vigorosamente colocou? E se, como já inferi, a mais recente reviravolta linguística da arquitetura na verdade fizesse parte da reorganização da própria vida, na medida em que expressa e é gerenciada pelo poder em suas tantas formas? Mais especificamente: e se o pós-modernismo, na arquitetura e além, fosse *também* uma questão de novas configurações e protocolos biopolíticos operando no imaginário cultural conforme ele intersecta a realidade? Essa hipótese aumenta a capacidade da arquitetura em servir como um guia interpretativo na compreensão de um rearranjo dos termos que governam a interação da cultura, política e capital na parte final do século xx? Isso desloca nossa atenção sobre tais questões de formas novas e úteis? Ou gera um completo redirecionamento?

Como com o *pós-modernismo*, os termos *biopolítica* e *biopoder* não podem emergir dessa análise inalterados. Embora eles geralmente tenham se referido às técnicas governamentais para a classificação e administração da vida que marcaram o que Michel Foucault chamou de "limiar da modernidade" para o Ocidente durante o final do século XVIII, essas práticas podem ser acompanhadas adiante pelo século XX[6]. Visto em termos historicamente específicos, o biopoder atua não apenas nos espaços de "exceção" explorados por leitores de Foucault, como Giorgio Agamben, ou nas novas zonas privatizadas sancionadas pelo Estado, administradas por corporações multinacionais. Ele também atua em sistemas de representação como a arquitetura. Esses sistemas tanto permitem quanto restringem o pensamento, de maneiras não menos concretas que os protocolos administrativos que organizam a vida num arranha-céu ou numa favela. Para discernir seus efeitos, a análise do discurso deve lidar com uma dimensão estética ou cultural assumida tipicamente como existindo abaixo ou acima do horizonte biopolítico. No limiar da pós-modernidade, a experiência estética – incluindo significado, emoção e os códigos representacionais que eles implicam – é coincidente com a esfera da produção e com a organização da vida cotidiana. Aqui a arquitetura, como uma forma de "produção imaterial" plenamente materializada, ocupa o que podemos chamar de ponto crucial do pós-modernismo, operando simultaneamente ao longo de um eixo de representação e de um eixo de produção[7].

Começo, no capítulo 1, por traçar a interação desses dois eixos com a ajuda de textos chave arquitetônicos, lidos contra e por meio de certas teses que guiam a análise biopolítica de Foucault, bem como certas afirmações feitas pela teoria cultural pós-modernista. Isso se ergue sobre uma tradição duradoura em que temáticas protoarquitetônicas, tal como a temática do espaço, migram de um registro para outro. Aqui, eu trato o espaço principalmente como uma questão territorial que está apresentada simultaneamente por meio de duas figuras urbanas – redes e ilhas –, enquanto em outro nível exploro a reterritorialização do próprio pensamento, no sentido do redesenho de limites ao redor do que é conhecível e do que é pensável, o que nesse caso significa o exílio da Utopia para um estranho centro interno-externo dentro do imaginário urbano. Nesse sentido, a Utopia simboliza, em última análise, um sistema inteiro de representação e produção que não está mais disponível para a arquitetura, em vez de um ídolo cujos encantamentos levaram o modernismo ao erro. E o fantasma da Utopia resiste como a possibilidade permanente de seu inesperado retorno, como os fantasmas tendem a fazer.

No entanto, ainda está faltando, nessa análise, um relato explícito das múltiplas funções da arquitetura na globalização capitalista. Eu uso o último termo de forma intercambiável com *capitalismo tardio*, nome dado a um terceiro estágio do capitalismo, desenvolvido por Ernest Mandel e acatado por Jameson. Embora dificilmente se limite a isso, os muito e contínuos entrelaçamentos da arquitetura com o capitalismo ainda são mais bem medidos pela categoria da arquitetura corporativa, aproximadamente entendida como edifícios, projetos e outros trabalhos feitos para corporações, incluindo tanto as obras para fins particulares quanto as especulativas. Essas entram na esfera cultural como bens imobiliários, imagem corporativa *e* arquitetura. Mas dada a penetração do capital corporativo em quase todos os aspectos do mercado global, não seria um exagero sugerir que, sob o capitalismo tardio, virtualmente toda arquitetura é, de fato, arquitetura corporativa.

Ernest Mandel, escrevendo em 1972, descreveu a corporação multinacional "como a principal forma fenomenal do capital"[8]. Ao tomar sua arquitetura como um objeto recorrente de análise, terei então, ao meu dispor, o recurso implícito a algo como uma fenomenologia do capital: a corporação como a personificação (parcial) do capital, por assim dizer e, por consequência, a arquitetura da corporação como algo entre, por um lado, armadura, armamento e adorno e, por outro, um componente técnico inseparável de um "organismo" cibernético.

Em outro lugar, busquei capturar essa generalização de uma lógica corporativa por meio da análise do papel da arquitetura em um "complexo organizacional" emergente no período pós Segunda Guerra Mundial nos

Estados Unidos[9]. Aqui, quero dirigir a atenção para os aspectos irredutivelmente *arquitetônicos* da obra que se seguiram a partir disso, muitos dos quais se esforçaram em afirmar uma autonomia disciplinar em face das ameaças de comercialização que vêm de fora. Principalmente como resultado desse voltar-se para a autonomia, a série de crises sofridas pela disciplina desde 1945 permanece em risco de não ser historicizada adequadamente, com seus muitos dilemas internos não resolvidos agrupados como tantos "temas" a serem debatidos e "conceitos" a serem entendidos por grupos vários e dissidentes. Essas configurações são susceptíveis, por sua vez, à representação acadêmica na forma metonímica de personalidades carismáticas cujas lembranças, hábitos, manias e limitações, tanto públicas quanto privadas, parecem destinadas a serem atribuídas de poder elucidativo, sem qualquer explicação real de como ou por quê. Uma teoria da causalidade histórica, ou do papel e *status* da disciplina no interior de um nexo multidisciplinar – para não falar do campo socioeconômico – é difícil de se obter em meio a todo o novo conhecimento acumulado sobre o que agora é conhecido como o "período pós-guerra", ao qual o pós-modernismo arquitetônico provê um término conveniente[10].

Também é bem conhecido que muitos relatos influentes iniciais do pós-modernismo cultural fizeram referência à arquitetura. Jameson até admite que sua concepção do pós-modernismo emergiu dos debates arquitetônicos, enquanto Andreas Huyssen credita à arquitetura a ajuda à disseminação do termo, que teve origem na literatura. David Harvey oferece uma leitura vividamente redutiva da tábula rasa não realizada do Plano Voisin, de Le Corbusier, para a região central de Paris como um cenário inicial, por trás do qual o novo regime de produção pós-fordista emerge para deixar sua marca na cultura. Enquanto isso, Jean-François Lyotard cuida de se distanciar da arquitetura pós-moderna, repreendendo os arquitetos por "jogarem fora, junto com a água do banho do funcionalismo, o bebê da experimentação"[11]. Essencialmente, discuto esses e outros teóricos lendo seus argumentos ao longo de fenômenos arquitetônicos e político-econômicos reagrupados. A arquitetura e os temas arquitetônicos são o denominador comum que, aposto, têm força suficiente para permitir que uma visão modificada de toda a formação discursiva do pós-moderno venha à tona.

Mas existe uma arquitetura pós-moderna? Fragmentação, desorientação, citação histórica, significação sem propósito: essas propriedades ubíquas parecem confirmar que houve – e há – tal coisa, a ser devidamente distinguida de seus predecessores modernistas. No entanto, uma segunda opção interpretativa, menos evidente, também se apresenta aqui, na forma de uma questão que pode muito bem se mostrar como *a* questão do pós--modernismo: há uma *arquitetura*? Ao longo dos anos 1970 e 1980, boa parte das obras que vamos encontrar exibia uma preocupação quase neurótica com a história da própria disciplina, como se insistisse que isso era *tudo* de que se tratava; arquitetura sobre arquitetura, e nada mais. Porém, como a censura da Utopia, essa neurose coletiva e seus fundamentalismos correspondentes não pode ser plenamente explicada como uma reação ao viés ativista anti-histórico do modernismo oficial. Antes, pode muito bem indicar uma insegurança fundamental muito mais reveladora do que as expressões ideológicas de seus protagonistas.

Então, há uma arquitetura sob a pós-modernidade? Há inúmeras maneiras de responder a essa questão, a mais óbvia das quais começa com a suposta eliminação pós-moderna da distinção entre a arte erudita e a cultura popular. Aqui, a arquitetura ameaça essencialmente colapsar em um meio de comunicação de massa. O exemplo principal nesse relato seria o populismo de Robert Venturi e Denise Scott Brown. No entanto, esse populismo deve ser entendido em dialética inter-relação com o conhecimento histórico que subsidia os argumentos de *Complexidade e Contradição em Arquitetura*, de Robert Venturi, bem como com todas as consequências que um "historicismo" refinado teve na obra do escritório Venturi/Scott Brown e muitos outros. A contribuição de Venturi e Scott Brown para a exposição de 1978, *Roma Interrotta* (Roma Interrompida), instalada na Academia Americana em Roma, apresenta essa dialética com clareza diagramática. Uma fotografia do cassino Caesar's Palace, em Las Vegas, com letreiro luminoso, foi impressa sobre um fac-símile do Mapa de Roma de Nolli, de 1748. A mensagem é ambígua. Sim, nós podemos estar assistindo à popularização da iconografia clássica, mas também podemos estar testemunhando um ato de classicizar a cultura popular. Não pode haver Caesar's Palace e, de fato, nem "aprendendo com Las Vegas" sem as lições acadêmicas anteriores, aprendidas de Roma e seus monumentos, particularmente como esses foram colocados em foco pelos revivalismos, então recentes, de métodos formalistas histórico-artísticos, uma linhagem que segue de Heinrich Wölfflin para Rudolf Wittkower e para Colin Rowe.

Uma segunda maneira, relacionada à questão concernente à própria existência da arquitetura sob a pós-modernidade, é então aberta pelo que corresponde a afirmações neokantianas feitas em nome da arquitetura como uma forma autônoma de arte[12]. Essa rota interpretativa parece mais traiçoeira, uma vez que vai direto ao coração do *status* instável do objeto arquitetônico como obra de arte, sem tomar um desvio pelo âmbito e demografia de seu público. O exemplo principal *nesse* relato seria o conjunto de objetos reunidos sob o "debate Grey/White", em que ambos os lados tomam a autonomia estética da arquitetura como certa, embora de maneiras diferentes e por vezes tortuosas. Aqui o fragmento – a casa como ruína (Eisenman, Graves), como colagem (Stern), ou simplesmente como "uma metade" de nada (Hejduk) – parece adquirir uma autonomia paradoxal por direito próprio. Progressivamente menos legível como um excerto de uma totalidade mais "completa", seja ela um objeto histórico perdido ou um sólido platônico agora decomposto, a casa-fragmento fica, de fato, fora de todas as histórias, exceto a sua própria. Esse é o sentido de Peter Eisenman voltar-se a um processo gradual e irreversível em sua série numerada de experimentos de casas. Também é o sentido das primeiras citações formais eruditas de Robert A.M. Stern, libertas da narrativa histórica antes de abraçar um historicismo mais explícito e mais "embasado" que confirmava as ambições metafísicas de seu ex-professor Vicent Scully. E, com respeito a isso, é o sentido do entusiasmo iconográfico (de novo, apenas aparentemente populista) de Charles Moore, arquiteto da pseudobarroca, iluminada por neon, Piazza d'Italia, em Nova Orleans. Na autonomia do fragmento desencantado, aguardando na prateleira do arquiteto transformado no coletor arquetípico de Walter Benjamin, nós discernimos não apenas o que Manfredo Tafuri chamou de "as cinzas de Jefferson", mas também os espectros de Kant[13].

Mas, então, o que define o horizonte da arquitetura como obra de arte autônoma? Como indiquei, o discurso pós-modernista carrega a marca da estética neokantiana como percebida, por exemplo, na corrente historiográfica de Wölfflin-Wittkower-Rowe. Consequentemente, nós encontramos os protagonistas em todos os lados dos debates que caracterizam a neovanguarda e seu cansaço, desde os anos 1970, esforçando-se com os termos e conceitos disseminados por tais concatenações. Menos notória na literatura, mas ainda entre ela, está a "pura visibilidade" da arquitetura, sua potencial redução – ou ascensão – a um grau zero de valor de uso em nome de uma experimentação ou elaboração formal autorreferencial[14]. Por vezes, é pensado erroneamente que, ao se afastar do funcionalismo, que por volta dos anos 1950 havia sido apropriado pelas corporações, em direção a uma arte renovada para o bem da arte, a arquitetura se afastava do capital. Isso ignora o fato de que o capitalismo corporativo havia, então, se expandido para o campo estético a tal grau que as afirmações da arquitetura pela autonomia formal favoreceram a demanda por um máximo de espetacularização (no que é agora chamado de "arquitetura de assinatura") que mesmo Guy Debord teria tido dificuldade de imaginar. Em um mundo em que cada "assinatura" sinaliza uma linguagem privada na presença atenta dos meios de comunicação de massa, a arquitetura reentra na indústria cultural pela porta dos fundos, como forma autônoma.

Ainda assim, mesmo que certos exemplos arquitetônicos possam ser citados como a própria imagem do que se entende por pós-moderno, muitos desses mesmos exemplos podem ser igualmente bem usados para demonstrar continuidade com os legados tecnológicos, epistemológicos e estilísticos do modernismo. Essa ambivalência corresponde à problematização do modernismo como uma categoria unificada, que ganhou significativo impulso no pensamento arquitetônico desde os anos 1970 e que torna qualquer esforço em substituir um movimento ou período, certamente não monolítico, por outro mais que apenas algo mal concebido ou redutivo[15]. Qualquer inventário das construções discursivas que emergiram na sequência do modernismo programático internacional deve assim ser compilado *ao redor* da arquitetura, em vez de apenas nela mesma, não apenas porque esse inventário constrói o campo de conhecimento e produção assimilado como arquitetura para ser permanentemente contestável, mas também devido à posição privilegiada que o campo ocupou nas caracterizações iniciais das práticas pós-modernas de forma mais geral. Com isso em mente, revisitei seletivamente os campos de ação – e os campos de batalha – do pós-modernismo não para pesquisá-los, mas para discernir suas regras de engajamento.

Como já indiquei, entre essas regras está uma proscrição quase universal contra a especulação e o pensamento utópicos. Isso, sobretudo, é o que coloca o "pós" no pós-modernismo. Algumas vezes essa proscrição está explícita, enquanto mais frequentemente está implícita. Não é despropositado acreditar que uma proibição quase consensual da projeção utópica, particularmente na vanguarda arquitetônica Euro-Americana, resultou de uma equação geralmente não escrita (senão mal colocada) entre as utopias sociais ou tecnológicas e o totalitarismo político, em especial da variedade stalinista, enquanto praticamente todo o esforço arquitetônico que, de uma forma ou de outra, absorveu o espírito utópico acabou sendo assimilado pela força inexorável do desenvolvimento capitalista[16]. Mais que uma ilusão ideológica, no entanto, a proibição de uma categoria especial de pensamento – do pensamento utópico estritamente – capaz de imaginar que as coisas poderiam ser de outra forma foi e permanece crucial para essa assimilação. Mas como um fantasma, o que é reprimido tende a retornar transfigurado. Essa lógica da futuridade, o eterno retorno do futuro utópico reprimido, assombra o pós-modernismo e até certo ponto o define, mesmo quando sua arquitetura parece condenada a reproduzir um *status quo* histórico-global.

Nesse e em outros aspectos, o projeto estético da arquitetura pós-moderna é inseparável da Guerra Fria e da ascensão do consumismo ocidental, bem como dos conjuntos entrelaçados de relações reunidas sob o termo *globalização*. Apresentando um número da revista *New German Critique*, que reexaminou a conjuntura moderno/pós-moderno, Andreas Huyssen sugeriu que os debates de hoje sobre a globalização tomaram o lugar dos debates de ontem sobre o pós-modernismo[17]. Uma versão do capítulo 2 apareceu nesse número e, em sua forma revisada, aqui defende mais diretamente uma emenda amigável à sugestão de Huyssen: que o que chamamos globalização vem tanto antes quanto depois do pós-modernismo. Não digo isso apenas no sentido histórico sobre o qual muito já foi escrito, o que leva ao risco do infinito regresso ao precedente histórico para qualquer coisa que inicialmente se pense "nova"; digo isso no sentido de uma circularidade progressiva, pela qual podemos redefinir algo como um sentido pós-moderno da história, que capte o encerramento homogeneizador associado à globalização, preservando ainda a possibilidade de uma significativa mudança histórica.

Invertendo a maneira de dizer: o pós-modernismo vem após a globalização, bem como antes dela. O leitor estará correto em ouvir aqui um eco da afirmação bem conhecida de Lyotard de que o pós-modernismo *precede* o modernismo, com o que Huyssen também lida. Mas estou me referindo a isso num sentido ligeiramente diferente, uma vez que com "globalização" vem uma hoste de problemas que lançam a díade eu/outro, dentro/fora em confusão, senão em crise completa. Essa confusão – que pensadores como Gilles Deleuze e Félix Guattari, bem como Jameson, inicialmente chamaram de esquizofrênica – pode ser traçada na arquitetura em relação à desterritorialização dos ciclos de produção e consumo, desde que se atenha também às regularidades internas que constroem, reconstroem e reterritorializam a própria disciplina.

Mas sou relutante em atribuir às relações econômicas da globalização uma causalidade irrevogável, por mais matizada que seja e mesmo "em última instância". A absoluta consistência e força dialética do capitalismo "tardio" ou "pós-industrial ou "pós-fordista" é clara o suficiente. Para compreender isso, ofereço o *loop* de *feedback* como um modelo cognitivo que reintroduz a causalidade na equação pós-moderna de uma maneira que é capaz de explicar o caráter encadeado do poder. Ao tomar esse *dispositivo* não apenas como um objeto técnico, mas também epistêmico, busquei revelar sua arquitetônica. Visível na própria arquitetura, a arquitetônica do *feedback* não é puramente superestrutural ou fantasmagórica. Contudo também não é, por qualquer força da imaginação, puramente estrutural. A arquitetura está entre os produtos da globalização, porém está também entre seus insumos.

Em virtude dessa circularidade dinâmica, o *feedback* implica reversões topológicas e inversões que requerem outros meios para descrever a causalidade histórica e para localizar os diferentes estratos da produção cultural dentro dela. Essas inversões e reviravoltas estão, para tomar emprestada uma expressão do historiador arquitetônico modernista Sigfried Giedion, entre os *fatos constituintes* da globalização. Para tudo o que "global" possa significar, não implica simplesmente numa extensão para fora a partir dos centros de poder, até o ponto em que tudo reflete tudo mais em um pesadelo de homogeneidade. Nem pode ser esgotado topologicamente por um modelo centro/periferia do tipo inicialmente empregado pelos analistas da "cidade global", na qual a administração centralizada e a produção descentralizada coexistem numa economia de dependência mútua. Como tem sido demonstrado de muitas formas, o que chamamos de globalização é definido tanto pela exclusão quanto pela inclusão. Assim, ver o desenvolvimento técnico e econômico capitalista como uma terra prometida, sempre mais inclusiva, sempre em expansão, a ser ansiosamente aguardada por aqueles do "lado de fora" e eufemisticamente tratado como modernização, é permanecer indiferente ao fato de que, por definição, cada inclusão também exclui. Da mesma maneira, mesmo em suas formas mais benignas, cada gesto de modernização, cada tradução e cada conexão também incorpora enquanto, inversamente, cada ato de recuo para a "casa" ou para a "pátria" não pode deixar de se ligar de volta às redes nas quais busca refúgio.

Em resumo, quanto mais para dentro você vai, mais para fora você fica, e vice-versa. Em seções inter-relacionadas de vários capítulos, busquei construir uma genealogia parcial desse axioma, que tomo para resumir as condições discursivas a partir das quais o pós-modernismo emergiu inicialmente, e sob as quais continua a operar. Isso não quer dizer que não haja um lado externo às redes de poder e conhecimento que moldam as relações sociais e econômicas sob o capitalismo tardio. Com o *loop* de *feedback* também vêm múltiplos, embora incertos, locais de intervenção para fazer frente e redirecionar os finais aparentemente inexoráveis da história. Isso é, entretanto, insistir em seu *status de redes*, cujas propriedades mais decisivas são discerníveis num nível topológico. Básicos para esse nível são os problemas de conectividade e de interior e exterior que, eu defendo, a análise arquitetônica é especialmente capaz de revelar. De fato, para começar, esse pode ser até mesmo o segredo de seu *status* semiprivilegiado dentro do discurso pós-modernista. Os capítulos a seguir, portanto, se aproximam e se afastam da arquitetura, em um ritmo ou pulso irregular que reflete as condições locais do assunto em questão.

Como outras formas de produção cultural, a arquitetura precisa continuamente ser explicada e interpretada, enquanto também se presta a interpretar aquilo que parece explicá-la. Esse é o caso com os vários exemplos e episódios que elegi. Quer as visitas feitas sejam longas e detalhadas ou curtas e doces, os fantasmas nunca chegam por uma via de mão única. O econômico nunca precede simplesmente o cultural (ou o social, se concernente), nem simplesmente o segue. Ao invés, os diferentes níveis refletem e refratam um ao outro, ao longo dos eixos de representação e de produção com os quais eu comecei. Em retrospecto, é impossível dizer com certeza que a guinada pós-moderna na arquitetura representou ou prefigurou uma mudança em uma configuração socioeconômica mais fundamental e subjacente. É apenas possível dizer que o que chamamos de arquitetura pós-moderna ajudou a construir uma configuração socioeconômica particular, mesmo se essa configuração, por sua vez, ajudou a construí-la.

Os capítulos que seguem são escritos como ensaios que podem ser lidos independentemente ou em sequência, como elementos de uma narrativa maior, algo recorrente. Em reconhecimento a isso, e em lugar do resumo dos capítulos, concluo aqui com uma lista das principais questões e temas que o leitor deve encontrar conforme, ele ou ela, avança no texto. Essa lista também serve como um roteiro; visa alertar antecipadamente o leitor para o que ocasionalmente possam parecer justaposições abruptas ou contraintuitivas e para dar aviso adequado dos próximos cruzamentos, saídas e bifurcações na estrada. Os capítulos propriamente estão organizados sob os títulos de Território, História, Linguagem, Imagem, Materialidade, Sujeitos e Arquitetura. No entanto, ao manter o padrão de *feedback* delineado acima, questões particulares tratadas em um capítulo frequentemente reverberam também em outros, às vezes previsivelmente, outras não.

Para começar, há o problema do interior e exterior, capturado (e rearranjado) na figura do espelho, bem como nos espelhos reais que revestem tanto os interiores quanto os exteriores de muitos edifícios pós-modernos. O capítulo 1 descreve essa topologia como um imaginário espacial/territorial que tanto assimila quanto reproduz o real; o capítulo 3 a expande para as relações entre ambientalismo e linguagem; os capítulos 5 e 6 retomam-na olhando para os dois lados diferentes do espelho, como um dispositivo arquitetônico, incluindo o que ele torna visível e o que ele obscurece. E o capítulo 7 responde com a figura do fantasma como um problema de limite.

Há também o problema da história, tanto no sentido de um retorno da citação histórica na arquitetura, que tomou como seu discurso principal o classicismo mediterrâneo, como no sentido de erupções ou distúrbios históricos vários, tal como a guerra no Vietnã, o movimento ambiental, ou as transformações econômicas visíveis nas superfícies não tão profundas da própria arquitetura. Esses são retomados nos capítulos 2 a 6, numa série de estudos de caso que reposicionam a arquitetura em relação a desenvolvimentos específicos político-econômicos. Corolário a isso está o problema da mudança histórica, condensada na figura da Utopia, que desaparece. Para isso, ver os capítulos 1 e 7.

Existe o problema da linguagem, que foi usada durante esse período para distinguir e mesmo isolar a arquitetura de fatores externos. Construído na configuração epistemológica e historiográfica esboçada no capítulo 2, o capítulo 3 segue esse movimento na direção oposta, o que leva da linguagem à política. A partir daqui, no capítulo 4, imagens e signos se combinam com ecologias e economias. Os capítulos 5 e 6 seguem exemplos arquitetônicos em economias mais tangíveis organizadas em torno da produção material. Esses, por sua vez, suportam economias "imateriais" baseadas em linguagem, em vez de simplesmente abrir caminho para elas.

Temos ainda a temática da ilha, na forma de novos confinamentos, enclaves paradigmáticos, bem como na presença espectral da própria ilha da Utopia. O capítulo 1 mapeia o interior/exterior em termos dessa figura ao comparar, como imagens invertidas no espelho, o acampamento-como-ilha com a Utopia. Figuras de confinamento ecoam ao longo dos capítulos subsequentes, ao que o capítulo 7 responde convidando o fantasma da Utopia de volta ao pensamento arquitetônico e político, em lugar dos exorcismos paranoicos pós-modernos.

Está presente também neste estudo o fato inequívoco de imagens reais, cuja existência continua a desafiar as grades interpretativas com base em hierarquias (ou dialéticas) de superfície e profundidade, real e irreal, material e imaterial. O capítulo 4 tematiza isso mais explicitamente, considerando o laboratório científico como um lugar para a intersecção de imaginários em um tipo de ficção científica arquitetônica. Essa interação de imagem e verdade, representação e produção, retorna para as economias virtuais que são exploradas no capítulo 1 e desenvolvidas ao nível da significação e da comunicação no capítulo 3.

Há os objetos, os próprios edifícios, mas também os materiais a partir dos quais eles são montados, os complexos materiais pelos quais circulam e as cidades que são montadas a partir deles. Esses aparecem e desaparecem em movimentos irregulares ao longo dos capítulos. Nunca invocados como fins em si mesmos, os objetos da arquitetura se acumulam, construindo uma caixa para sua própria porosidade conceitual, enquanto muitas vezes, inadvertidamente, tornam visíveis os mundos reais que parecem bloquear. De novo, sua acumulação não se pretende como um inventário exaustivo de projetos "pós-modernos", visa apenas acentuar uma repetição claramente visível de padrões que lhes garante sua coerência discursiva.

Há os sujeitos, os humanos de fato, mas também as construções históricas que chamamos de "humanas". E há a divisão cada vez mais nítida que uma fetichização do "humano" como um valor universal impõe paradoxalmente a esses humanos reais, que em números crescentes são forçados a lutar por seu direito de serem representados como tal. Uma evidência dessa eversão, que é tanto espacial quanto política, pode ser encontrada mais diretamente no capítulo 6, embora os capítulos prévios (em especial o capítulo 3) ajudem a preparar o palco, sobre o qual caminha um desfile de fantasmas desumanos no capítulo 7.

Há o conceito de obra, tanto no sentido do *status* sempre problemático da "obra" de arquitetura e da obra que essa e aqueles que trabalham com ela e nela desempenham – um tipo de obra ou labor que é apenas "imaterial" até o ponto em que assume novas formas materiais. Os capítulos 2 e 3 são os veículos principais para o desenvolvimento desse conceito por meio de sua reformulação em termos linguísticos. Isso é conectado com novas formas de produção técnica nos capítulos 5 e 6.

Em geral, o capítulo 1 e o capítulo 7 (sobre Território e sobre Arquitetura, respectivamente), marcam os polos entre os quais circulam os estudos de caso intervenientes. Como dois espelhos colocados frente a frente, o início do livro e seu fim são estabelecidos num diálogo aberto que é mediado pelos conceitos desenvolvidos na sua porção intermédia. A narrativa histórica, portanto, antes que abandonada é amplificada, à medida que cada capítulo repete, em miniatura, o arco seguido pelo próprio livro. Se o resultado for uma certa desorientação, em que objetos, nomes e momentos que podemos ter esquecido ou que podemos ter pensado já superados e concluídos reaparecem em formas mal reconhecíveis, então a análise foi parcialmente bem-sucedida. Se isso, por sua vez, trouxer uma reorientação para um entendimento diferente do passado, mas também para um entendimento diferente do futuro, então é ainda mais provável que o esforço não tenha sido totalmente em vão.

1 TERRITÓRIO
Do Interior, Externo

"THINK." Já em 1911, esse se tornou um comando corporativo. Nos anos 1930, como *slogan* da IBM (International Business Machines), ele anunciava a formalização do que veio a ser conhecido, no começo dos anos 1970, como produção pós-fordista ou imaterial[1]. Em 1997, num reconhecimento tardio de uma força contracultural e afetiva impulsionando a economia neoliberal "global", esse comando foi transformado pelo competidor da IBM, a Apple Computer, no *slogan* "Think different". O estado de coisas a que esses eventos pertencem adquiriu, ao longo do tempo, uma variedade de nomes. Em 1973, Daniel Bell anunciou entusiasticamente a "chegada da sociedade pós-industrial". No final dos anos 1980, Gilles Deleuze chamou-o de "sociedade do controle". Mais recentemente, Alain Badiou chamou-o de "Segunda Restauração". E, de maneira relacionada, numa veia deleuzo-foucaultiana, Antonio Negri e Michael Hardt chamaram-no de Império[2]. Mas, na esfera cultural, o termo que continua a assombrar todos esses outros, seja como consequência ou precursor, é aquele preferido por muitos teóricos desde o final dos anos 1970 e que seguiu livremente até os anos 1990: simplesmente, *pós-modernismo*.

Com o pós-modernismo, o que era de fato pensável estava sujeito a novas limitações epistêmicas sobre as quais a arquitetura oferece uma perspectiva única. Em particular, o discurso arquitetônico reproduz o problema resultante do limite, em que o que é pensável está separado daquilo que não é. Isso é especialmente verdadeiro para o discurso arquitetônico sobre a cidade. Portanto, eu começo com o termo *território*, ao invés do mais ressonante e mais moderno *espaço*, para marcar uma oscilação entre a territorialidade do pensamento – suas delimitações epistêmicas – e o pensamento preocupado com a cidade e seus territórios, especialmente como traduzido na arquitetura[3]. Mais especificamente, no pós-modernismo, a Utopia não é apenas um tipo especial de território; ela é também outro nome para o impensável.

■ ■ ■

Embora as narrativas variem no que tange à aparência e escopo, na arquitetura, pós-modernismo é o termo geralmente usado para indicar o discurso e a produção que dominaram a cena internacional aproximadamente de 1970 a 1990, vindo principalmente, mas não exclusivamente, dos Estados Unidos e da Europa Ocidental. Divididas com inconsistências e incoerência desde o início, as coordenadas de um pós-modernismo institucionalizado – um novo "estilo internacional" – puderam, no entanto, ser estimadas na Bienal de Veneza de 1980 ou, alternativamente, na exposição *Post-Modern Visions* (Visões Pós-Modernas), de 1984, no novo Deutsches Architekturmuseum, para citar apenas dois eventos significativos. De maior importância, no entanto, foram as publicações que resultaram dessas e de outras exposições, que devem ser lidas ao lado da primeira síntese polêmica de algum impacto real: *The Language of PostModern Architecture* (A Linguagem da Arquitetura Pós-Moderna, 1977), de Charles Jencks. Olhando mais para trás, o ano de 1966 se ergue como outro marco. Esse foi o ano em que tanto o livro de Aldo Rossi, *Architettura della Città* (Arquitetura da Cidade)[4], como o de Robert Venturi, *Complexity and Contradiction in Architecture* (Complexidade e Contradição em Arquitetura), foram publicados. De formas muito diferentes, esses dois livros registraram problemáticas que se tornaram centrais para os debates pós-modernistas. O mesmo pode ser dito em um grau ainda maior para *Learning from Las Vegas* (Aprendendo Com Las Vegas), o trabalho em equipe que Venturi e sua parceira Denise Scott Brown produziram com seu associado Steven Izenour, que foi baseado em pesquisa conduzida com estudantes na Universidade Yale, em 1968, e que apareceu em 1972[5].

Jürgen Habermas foi provavelmente o primeiro a conectar o discurso arquitetônico aos nascentes debates filosóficos acerca do eclipse do modernismo, em uma breve avaliação da Bienal de Veneza de 1980 que abriu sua palestra do Prêmio Adorno desse mesmo ano, intitulada "Modernity: An Incomplete Project" (Modernidade: Um Projeto Incompleto). Lá ele infere que o novo "historicismo" da arquitetura é correlato a um abandono mais geral do projeto Iluminista para "a organização racional da vida social cotidiana"[6]. Um ano mais tarde, Habermas prosseguiu com uma reflexão mais embasada acerca dos desenvolvimentos arquitetônicos, numa palestra sobre "arquitetura moderna e pós-moderna", dada em razão de uma exposição de arquitetura moderna em Munique[7]. Subsequentemente, muitos outros teóricos, incluindo Fredric Jameson, Andreas Huyssen, Seyla Benhabib, David Harvey, Ihab Hassan, Jean-François Lyotard, Terry Eagleton e Alex Callinicos, fizeram referência à arquitetura como uma instância indicadora do pós-moderno, especialmente como evidência de uma percebida guinada populista, uma mistura de mensagens derivadas da alta cultura e da cultura comercial, e/ou pasticho de elementos históricos em lugar da teleologia modernista[8].

As revoltas urbanas contraculturais dos anos 1960 na Europa e na América do Norte, e especialmente os tumultos estimulados por questões raciais que ocorreram em muitas cidades estadunidenses, foram mais do que um mero pano de fundo ou contexto para tudo isso[9]. Igualmente importante, aquela década também assistiu a uma guinada decisiva – em particular nos Estados Unidos – em direção à virtualização tanto da produção como da circulação. A ascensão coincidente de um regime econômico neoliberal foi marcada simbólica e praticamente pela dissolução, em 1973, dos controles monetários instituídos pelo Acordo de Bretton Woods, de 1944. Como diversos relatos têm enfatizado, além de mercados financeiros cada vez mais especulativos, esse regime econômico tem sido caracterizado pela produtividade das formas intelectuais, afetivas e outras "pós-fordistas" de trabalho e intercâmbio. Uma equivalência plausível pode, então, ser construída entre o que David Harvey chamou de "acumulação flexível" e a economia das imagens intercambiáveis, da qual a arquitetura pós-moderna certamente participou[10]. Menos amplamente observada, no entanto, foi uma reterritorialização correspondente do imaginário urbano, para o qual o impensável da Utopia serviu como um caso teste.

Em arquitetura, argumentos teóricos como aqueles formulados por Venturi e Scott Brown ou Rossi foram inicialmente oferecidos como guias para a correção dos efeitos mais prejudiciais da modernidade. Isso torna os entendimentos posteriores em termos da desagregação pós-modernista ainda mais intrigantes; esses movimentos teóricos foram essencialmente estabilizadores. Eles foram movimentos direcionados à "ressemantização" (copiando a expressão de Manfredo Tafuri) que, por mais polissêmicos, complexos ou contraditórios que possam ter parecido, foram essencialmente um *rappel à l'ordre* (chamado à ordem) direcionado contra as forças muito mais desestabilizadoras da modernização, que o modernismo falhou em dominar, do que em direção a uma ruptura ou dispersão do campo significativo como tal. Esse foi o legado duradouro das diversas linhas teóricas que se desenvolveram dentro da disciplina arquitetônica durante

TERRITÓRIO • 39

os anos 1960: um retorno ao sentido e às várias *architectures parlantes*[11], seja na forma de sonhos McLuhanescos (ou pesadelos) de comunicação universal (Reyner Banham, Archigram, megaestruturas, mas também Venturi), críticas narrativas ou mnemônicas disso (por estranho que pareça, tanto a *architettura radicale* quanto o grupo Tendenza na Itália, com Rossi contando nesse último), a nova monumentalidade de Louis Kahn e seus seguidores, ou a busca de coerência sintática e figurativa, com tons primitivistas, por antigos membros do Team X, tais como Herman Hertzberger ou Aldo Van Eyck, ou por Christopher Alexander[12].

Reconhecer esse *rappel à l'ordre* é complicar o sentido dominante entre os teóricos do pós-modernismo cultural de que a principal contribuição da arquitetura para essa complexa formação foi uma espécie de mapa espacial ou visual das suas instabilidades fundacionais. Mas, ainda mais, quero sugerir que a reterritorialização ou a refundamentação, que se encontra por trás até dos esforços arquitetônicos mais herméticos e confusos do período, apontam não para a *retirada* do discurso arquitetônico a um exílio autoimposto que aproxima assintoticamente (e pega emprestado) o campo de jogo intertextual da "teoria" em geral, mas para a construção de um novo tipo de imanência. Em outras palavras, o que pode ser mais pós-moderno no pensamento arquitetônico desde 1966 não é sua verificabilidade na prática, mas seu *status* como um modo de produção em si mesmo.

Daí a necessidade de um modelo interpretativo que seja capaz de explicar a interação entre construções discursivas, imaginários urbanos e novas configurações político-econômicas. Tal modelo deve se mover ao longo de dois eixos distintos, mas relacionados: um eixo de representação e um eixo de produção. Consistente com as materialidades do pós-fordismo, ofereço o *loop* de *feedback*, e as topologias complexas que ele impõe, como um diagrama para pensar a relação entre esses eixos. Embora tratado com mais detalhes nos capítulos seguintes, esse modelo requer minimamente que nos concentremos nos movimentos de vaivém entre os níveis (ou eixos), ao invés de pressupor saltos mecânicos de um nível a outro. Na porção final deste capítulo, vou trilhar esses movimentos ao longo de duas topologias urbanas que frequentemente são percebidas em oposição: a rede e a ilha.

A referência à topologia não é acidental[13]. Ela formaliza um problema de limite que é central ao pós-modernismo, o problema de distinguir o real do irreal, incluindo o problema de distinguir entre limites reais e irreais. Como veremos nos capítulos seguintes, o pós-modernismo tem uma forma de duplicar e dobrar simultaneamente essas distinções. Aprender a pensar topologicamente significa, portanto, aprender a achar nosso caminho na firmeza do que é real por meio do que, aparentemente, é irreal. Assim é a representação envolta na produção, incluindo a produção em rede de territórios urbanos e suas populações e as vidas vividas dentro (e fora) de seus limites.

Para começar, o problema da representação pode ser abordado por meio do muito citado populismo de Venturi e Scott Brown. Mas em vez de entender o populismo como uma recusa ideológica da dialética entre a arte erudita e a cultura de massa, quero sugerir que o consideremos como uma medida ou calibragem em relação a uma norma percebida. Visto dessa perspectiva, o populismo forma a base de todo o argumento de Venturi e Scott Brown, porém de uma maneira oblíqua, para a formulação de Jameson, em particular[14]. O modelo comunicativo e ornamental, defendido em *Learning from Las Vegas*, está baseado numa recalibragem da comunicação arquitetônica em direção às normas estéticas documentadas na análise do livro da *Strip* de Las Vegas e, por extensão, do alastramento megapolitano de maneira mais geral. Como Venturi e Scott Brown colocam, "Para descobrir nosso simbolismo precisamos ir aos eixos suburbanos da cidade existente que são simbolicamente, antes que formalisticamente, atraentes e representam as aspirações de quase todos, incluindo a maioria dos moradores do gueto e a maior parte da maioria branca silenciosa."[15]

Uma redistribuição da população, já bem documentada em termos não raciais em trabalhos tais como *Megalopolis*, de Jean Gottmann (1961), é, em última análise, o que está em jogo na controvérsia que acompanhou (e determinou) o uso dessa última frase – "maioria branca silenciosa" – tanto no texto quanto como subtítulo. Defendendo-se das acusações de que haviam assim aderido ao uso de *slogans* racistas do presidente Nixon, Venturi e Scott Brown referiram-se à literatura sociológica acumulada sobre suburbanização como precedente, incluindo o estudo clássico de Levittown por Herbert Gans, que para eles sugere que "A estética do tipo Levittown é compartilhada pela maioria dos membros da classe média, negros assim como brancos, liberais bem como conservadores."[16] Contudo, em muitos aspectos, isso não é uma questão de preferências ideológicas ou mesmo de penetração da política de direita no discurso arquitetônico. Ao contrário, implica uma reorganização do campo discursivo de acordo com os imperativos da *normalização*.

Isso significa que o populismo arquitetônico pode ser entendido aqui, mesmo no nível estético, como uma prática biopolítica na qual os territórios estão inscritos. No entanto, desenvolver tal proposição requer abordar as teses sobre biopolítica delineadas por Michel Foucault em suas aulas no Collège de France, no final dos anos 1970, com uma questão, central para a arquitetura, que o trabalho de Foucault deixou em grande parte sem resposta – a da representação cultural. Biopoder e biopolítica são as categorias pelas quais Foucault caracteriza a segurança como uma dimensão da governabilidade que emerge no final do século XVIII. Sua unidade básica é a população, descrita estatisticamente como um objeto a partir do qual os protocolos tecnológicos e administrativos são extrapolados. Proteger o território, então, está ligado a deduzir as normas populacionais[17]. Ajustada, pela passagem histórica, ao outro extremo da modernidade, que inclui, no final do século XX, a privatização da segurança conforme Estados e corporações se misturam, bem como seu deslocamento para o plano psicossocial, a normalização passa a ser cada vez mais associada ao populismo estético.

Nesse caso, o termo "maioria", como usado tanto por Venturi e Scott Brown quanto por Nixon, traz em si um conjunto específico de técnicas para reproduzir o que *Learning from Las Vegas* tendenciosamente chamou (na segunda edição do livro) de "as aspirações de quase todos os estadunidenses". Como demonstrado pelas análises de propagandas elaboradas por pensadores tão diversos como Horkheimer e Adorno ou McLuhan, em meados do século XX, as técnicas para a normalização do juízo estético tinham sido transferidas ou estendidas à "indústria cultural", ou ao que sintomaticamente veio a ser chamado de "cultura popular"[18]. Assim, implantado como um indicador do desejo popular, em torno do final dos anos 1960 a força e a ameaça do termo "maioria", usado no sentido cultural, se situa tanto na implícita divisão *a priori* da população em partes quanto na identificação das preferências estéticas de uma determinada parcela (branca, suburbana etc.) como "normal", como fez na implicação de que os sinais e símbolos do subúrbio de classe média, predominantemente branca, capturaram, por algum meio ideológico e através de mediação estética, os valores da população em geral. Por essa perspectiva, caracterizar esses gestos como populistas é de certa forma enganador, uma vez que tal caracterização naturaliza implicitamente a própria distribuição da população que eles decretam.

Learning from Las Vegas pode, portanto, ser lido como um tipo de instrumento técnico que, utilizando os métodos sociocientíficos de planejamento urbano, nos quais especificamente Scott-Brown foi treinada, diferencia entre a aparentemente modesta, comum (isso é, "normal") linguagem simbólica da faixa suburbana e as excentricidades do modernismo.

Em vez de recomendar uma reversão completa para proteger a cidade contra tais ameaças, o livro recomenda um reajuste, segundo o qual o utopismo *ex nihilo* da "cidade radiante" de Le Corbusier é recalibrado de acordo com as normas sugeridas por Levittown e Las Vegas. E o modernismo arquitetônico, ao invés de ser tomado como o oposto do popular ou do vernacular, é reformulado como um extremo, um tipo de aberração estatística.

Mas pode algo similar ser dito do livro anterior de Venturi, *Complexity and Contradiction in Architecture*, ou do livro de Rossi, *Architettura della Città*, que tanto fizeram para reintroduzir o problema do simbolismo e do significado que foi central para a autocompreensão do pós-modernismo? Nenhum deles pode ser considerado populista exatamente no mesmo sentido em que *Learning from Las Vegas* pode, e, por isso, suas respectivas contribuições para a mudança pós-moderna devem ser avaliadas de maneira diferente. Para Rossi, a própria cidade tem que ser considerada como uma obra de arquitetura, com as memórias culturais e prioridades políticas de seus habitantes, imaginada como um coletivo, condensado em monumentos urbanos singulares. Enquanto para Venturi (e isso certamente reflete as diferenças ideológicas entre os dois), é necessária uma atenção renovada ao simbolismo arquitetônico para superar a "linguagem puritanamente moral da arquitetura moderna ortodoxa" confrontando-a com a "unidade problemática" de referências e significados múltiplos, muitos dos quais extraem seus recursos semânticos por associação histórica[19]. Então onde para Rossi a questão é a de considerar os muitos na unidade, na cidade como uma obra de arquitetura assim como a obra de arquitetura como uma obra do coletivo, para Venturi trata-se de uma questão de confrontar a unidade com os muitos.

Em um clímax desarmante, para seu livro que se baseia no trabalho de Maurice Halbwachs sobre expropriação de propriedade em grandes cidades e no de Hans Bernouilli sobre a propriedade da terra, Rossi oferece o "artefato urbano", entendido como uma unidade cultural, uma alternativa às narrativas deterministas do desenvolvimento urbano baseadas na industrialização. Para Rossi, o artefato urbano, em sua particularidade formal e tipológica, condensa as escolhas irredutivelmente políticas que levaram à sua construção, incluindo aquelas influenciadas por fatores econômicos. Assim, Rossi declara que "Atenas, Roma e Paris são a forma de suas políticas, os símbolos de seu desejo coletivo", e mais, "é por meio das tendências naturais dos muitos grupos dispersos pelas diferentes partes da cidade que devemos explicar as modificações na sua estrutura", e, finalmente, em uma nota Rossi enfatiza as dimensões psicológicas de sua tese geral de que "a cidade é tão irracional quanto qualquer obra de arte, e seu mistério talvez seja encontrado sobretudo na vontade secreta e incessante de suas manifestações coletivas"[20].

David Harvey considerou o argumento de Rossi fora de sintonia com o ritmo de mudança na (pós-)modernidade de uma maneira que torna a permanência relativa do significado arquitetônico inerentemente mitológica[21]. Nesse sentido, a questão é se as afirmações finais de Rossi meramente fetichizam o artefato estético à custa de uma compreensão lúcida de seus determinantes político-econômicos ou, em vez disso, renegociam o papel da arquitetura como um ator no campo político-econômico. Em *Architettura della Città*, Rossi desenvolve um projeto para a autonomia da arquitetura que veio a orientar boa parte de seu trabalho e escritos posteriores. Esse projeto baseia-se na persistência trans-histórica (e, nos desenhos posteriores de Rossi da "cidade análoga", transcultural) de certos tipos arquitetônicos. Mas como colocado nesse ponto relativamente inicial, isso não é meramente uma questão de pôr uma memória tipologicamente entranhada no lugar das teleologias que guiaram o modernismo arquitetônico, como foi sugerido por Peter Eisenman em sua introdução à tradução inglesa do livro de Rossi, em 1982[22]. Isso porque essa aparente substituição traz uma história própria, que Eisenman reproduz mesmo quando atribui apropriadamente a Rossi um "humanismo latente":

> Propor [como faz Rossi] que a mesma relação entre sujeito individual (homem) e objeto individual (casa) que existiu na Renascença agora é obtida entre o sujeito psicológico coletivo (a população da cidade moderna) e seu objeto singular (a cidade, mas vista como uma casa em escala diferente) é implicar que nada mudou, que a cidade do homem humanista é o mesmo lugar que a cidade do homem psicológico.[23]

Por "homem psicológico" Eisenman quer dizer o sujeito da psicanálise e o habitante da cidade industrial, que ele opõe ao "arquiteto-herói mítico do humanismo, o inventor da casa", cuja vida interior, nascida da casa, estava correlacionada à da cidade na fórmula de Alberti: "A cidade é como uma casa grande, e a casa, por sua vez, é como uma cidade pequena."[24]

Mas o problema que Eisenman vê em Rossi, de representar o inconsciente coletivo da cidade inteira por analogia à reserva psíquica única do arquiteto- artista, é enganador. O problema não é de escala, ou mesmo do universal *versus* o particular; é que para Rossi, como para Alberti, tanto a casa quanto a cidade marcam um território com um interior estritamente delimitado. Porém, o que Eisenman chama de "texto pessoal" (extrapolado a partir da *Scientific Autobiography* [Autobiografia Científica] de Rossi, de 1981), que "evoca nostalgicamente o sujeito individual" diante das massas anônimas, não se opõe, de fato, à experiência histórica real dessa "população", como o dentro se opõe ao fora. Nem a experiência histórica da população é claramente mistificada por meio da reconstrução autobiográfica onírica, na qual "a memória começa onde a história termina", como Eisenman alega[25]. Ao invés, ela é revelada, uma vez que a vida interior dessa "população" estava naquele exato momento sendo deslocada para os – *e construída por meio dos* – campos significativos da cidade pós-moderna, atrás dos quais não há nada, no singular *ou* no plural, mas mais signos.

Já no final dos anos 1970, Foucault sentiu que a biopolítica estava se transformando no que ele provisoriamente chamou de "ambientalidade", o que implicava uma reorganização da vida interior e exterior sob o signo de práticas tais como a psicologia ambiental[26]. Revertendo a fórmula albertiana da casa-como-cidade, bem como o viés doméstico da psicanálise freudiana, isso seria ver a subjetivação acontecendo em grande parte *do lado de fora*, exterior à cidade ou aos meios de comunicação, em vez de de dentro da casa, com a direção de um behaviorismo do qual a indústria cultural estadunidense em particular há muito tirava sustento. Ou melhor: com tais tecnologias ambientais como a televisão, casa e cidade, sala de estar e cinema são efetivamente virados do avesso, para tornarem-se nós superexpostos em um campo urbano-extraurbano generalizado, *sem* perder sua aparente interioridade[27].

Então, quer afirmassem versões humanistas ou pós-humanistas da autonomia da arquitetura (Eisenman considerou Rossi oscilando entre as duas), Rossi e depois Eisenman não estavam apenas lutando batalhas perdidas; em muitos aspectos, estavam lutando a guerra errada, ao falhar em levar em conta a expansão (e o recolhimento) de dentro e fora, casa e cidade, indivíduo e população, em um "ambiente" dispersivo e em rede, feito de unidades aparentemente discretas. Ao invés, eles ofereceram dois estruturalismos diferentes, em cada um dos extremos da guinada pós-moderna na arquitetura. Para Rossi, escrevendo em 1966, as estruturas profundas da arquitetura ainda deviam ser encontradas nos estatutos políticos da "vontade coletiva" que ela celebrava indiretamente; para Eisenman, lendo o livro de Rossi dezesseis anos depois e em um meio que já havia sofrido sua decisiva conversão neoliberal, essas estruturas profundas deviam ser encontradas na própria arquitetura.

Enquanto isso, o caminho de Venturi em direção à autonomia da arquitetura – e trata-se de autonomia – percorre terrenos muito diferentes. Se há algo como memória em ação no *Complexity and Contradiction*, ela

TERRITÓRIO   •   **45**

não é a memória coletiva, histórica. Trata-se da memória tecnológica na ordem de uma base de dados computadorizada. Isso é o que Venturi fundamentalmente entende por complexidade, uma premissa que seria levada à frente em termos mais claramente cibernéticos nos conjuntos de dados visuais compilados em *Learning from Las Vegas* e mais tarde no trabalho explicitamente *à la* McLuhan de Venturi, *Iconography and Electronics upon a Generic Architecture* (Iconografia e Eletrônica em uma Arquitetura Genérica, 1996). Aqui, em *Complexity and Contradiction*, isso é afirmado apenas indiretamente, quando na conclusão Venturi retorna ao problema da "totalidade difícil". Ele entende a totalidade como um "sistema complexo", como definido pelo cientista político e teórico de sistemas Herbert Simon, em um artigo sobre cibernética, teoria de sistemas e ciências comportamentais intitulado "The Architecture of Complexity" (A Arquitetura da Complexidade), do qual Venturi cita: "um grande número de partes que interagem de uma forma não simples"[28].

A "complexidade e contradição" de Venturi então constrói a obra de arquitetura como um conjunto de partes interativas que atingem unidade orgânica por meio de relações ambíguas que se acumulam circunstancialmente conforme elementos formais heterogêneos são combinados, e não por meio de mecanismos formais convencionais como simetria ou hierarquia. E embora a maior parte de suas páginas seja dedicada a demonstrar como uma diversidade de obras canônicas exibem essas características, o livro de Venturi toma o que parece ser uma guinada manifestamente populista no final. Ali, discutindo a "obrigação" da arquitetura para com esse tipo de unidade formal internamente diferenciada, ele notoriamente pergunta, em resposta à condenação feita por Peter Blake da *Main Street* comercial, comum nas pequenas cidades estadunidenses, "a *Main Street* não é quase ok?" A essa questão retórica, Venturi acrescenta suas simpatias por outros testemunhos da cultura de consumo, tais como os trechos comerciais da Rota 66, onde "as justaposições aparentemente caóticas de elementos espalhafatosos de bares de música ao vivo expressam um tipo intrigante de vitalidade e validade, e produzem também um enfoque inesperado para a unidade"[29]. Por isso, desde o início, o que parecia ser uma série de reflexões informadas (embora diletantes) sobre as propriedades formais de obras arquitetônicas selecionadas do cânone histórico a partir do acesso fortuito da memória, na verdade foi uma resposta direta à comercialização megalopolitana. Trata-se de uma aceitação hesitante, sem dúvida (a *Main Street* é "quase" ok), mas ainda assim é uma aceitação. Ou talvez uma captura, uma vez que o que Blake chamou de "próprio ferro-velho de Deus" – que podemos chamar de *informe* do consumismo – foi reciclado por Venturi em um repertório sintático perfeitamente útil e coerente capaz de extrair unidade vital do "caos", um repertório que poderia subsequentemente ser sobreposto a Las Vegas ao invés de "aprendido" a partir dela.

Então o problema da representação é, em última análise, o mesmo para Rossi e Venturi, embora eles o resolvam de maneiras diferentes e até opostas. Tal problema não é tanto uma questão de restituir à arquitetura suas capacidades simbólicas ou comunicativas, mas sim de *como representar a unidade.* Isso é entendido, respectivamente, como a unidade orgânica perdida de um corpo político que a biopolítica converteu em uma população amnésica para quem a memória precisa ser restaurada (Rossi), ou a redescoberta de uma unidade "vital" de dentro das paisagens desagregadas do mercado e da comunicação de massa (Venturi). Além disso, a representação da unidade orgânica foi atualizada aqui como um problema para a arquitetura mesmo que – ou mais provavelmente *porque* – o modernismo arquitetônico, como um avatar da modernização, pareça ter substituído decisivamente o corpo social miticamente vital por uma coleção de conchas vazias, que agora é expelida da cidade como tanto lixo reunido ao longo da via comercial, ou automóveis vazios enfileirados nos estacionamentos A&P. Repetidas vezes Venturi e Scott Brown irão se referir à "vida" autêntica no âmbito da mercadoria que Blake representou como um ferro-velho, como na sua exposição de 1976, *Signs of Life* (Sinais de Vida), que foi dedicada aos protocolos comunicativos da domesticidade suburbana. De qualquer forma, para a assim chamada arquitetura pós-moderna, o problema da representação, longe de ser um referendo sobre o significado cultural que foi ambiguamente decidido pela dissolução dos limites entre a alta cultura e o gosto popular, é uma questão de vida ou morte. O fato de essa não ter sido uma questão meramente simbólica fica ainda mais claro quando essas representações são reinseridas no circuito produtivo do capital.

Aqui passamos do eixo de representação da arquitetura para o seu eixo de produção, especificamente a produção de novos interiores-exteriores para assegurar a unidade do corpo biopolítico. Esses incluem as "novas segmentações" caracterizadas pela "estreita proximidade de populações extremamente desiguais" que Michael Hardt e Antonio Negri associam a um império pós-imperial organizado em torno das redes de capital multinacional[30]. Eles também incluem as topologias da exceção de Giorgio Agamben, mostradas vividamente nessa passagem de *Homo Sacer*:

TERRITÓRIO • 47

O estado da natureza e o estado da exceção nada mais são que dois lados de um processo topológico único em que o que foi pressuposto como externo (o estado da natureza) agora reaparece, como numa fita de Möbius ou numa Garrafa de Leyden, do lado interno (como estado de exceção), e o poder absoluto é essa real impossibilidade de distinguir entre exterior e interior, natureza e exceção, *physis* e *nomos*. O estado de exceção não é tanto uma suspensão espaço-temporal quanto uma figura topológica complexa na qual não apenas a exceção e a regra, mas também o estado da natureza e a lei, exterior e interior, passam um pelo outro.[31]

Referindo-se ao campo de extermínio nazista como uma instância paradigmática dessa exclusão inclusiva produzida e ocupada pelo poder, Agamben chama seu espaço de "zona de indistinção" (a partir de Deleuze); nesse sentido, "o campo é um pedaço de terra colocado fora da ordem jurídica normal, não obstante, ele não é simplesmente um espaço externo"[32].

Em comparação, considere um aforismo da *Scientific Autobiography* de Rossi (1981). Em sua introdução ao *The Architecture of the City*, Eisenman cita a afirmação de Rossi de que as "cidades são na realidade grandes campos dos vivos e dos mortos onde muitos elementos permanecem como sinais, símbolos, avisos"[33]. A despeito da conclusão misteriosa de Eisenman de que a cidade de Rossi é, portanto, uma "casa dos mortos", parece fácil ver aqui uma variação da percepção de Agamben, pela qual o acampamento é de fato o paradigma urbano por excelência, pois não está claro se seus habitantes (ou seus elementos arquitetônicos) estão vivos ou mortos. Assim também, a insinuação de Harvey de que a arquitetura de Rossi é "fascista" adquire uma forma diferente[34]. A um nível, a invocação de Rossi do acampamento (pela qual ele realmente quer dizer um acampamento de férias) para descrever um campo urbano difuso constituído externamente por "sinais, símbolos, avisos" vazios ou arruinados lembra o urbanismo necropolitano de Ludwig Hilberseimer, em que humanos esparsos e anônimos correm em círculos assim como sobreviventes pós-apocalípticos. Diferente de seu predecessor modernista, no entanto, Rossi propõe que a arquitetura, como portadora de substância histórica e política, seja reconstruída para conter essa difusão. Porém, tal reconstrução de significado requer o erguimento, tanto no solo quanto na mente, de um muro dividindo aqueles do lado interno da polis da arquitetura e seus mitos daqueles do lado externo.

De onde vem esse muro? Hardt e Negri incorporam o pós-modernismo cultural (incluindo a arquitetura pós-moderna) numa narrativa de modo de produção que correlaciona o trabalho pós-industrial (incluindo o trabalho industrial extraterritorial) com as redes distribuídas de biopoder que são responsáveis pela difusão contra a qual Rossi reage. Urbanistas também podem encontrar nas cartografias da exclusão de Agamben o diagrama básico de um urbanismo fragmentado ou "fragmentador" associado principalmente à má distribuição e ao acesso desigual a infraestruturas e serviços[35]. Em cidades como São Paulo ou Mumbai, justaposições lado a lado, rígidas, de altas torres residenciais em condomínios fechados, com favelas confinadas, ou ocupações irregulares, conectadas e separadas subterraneamente por redes sociais, tecnológicas e econômicas, podem servir como exemplos paradigmáticos de isolamento e proximidade simultâneos[36]. No entanto, a associação materialista (e historicista) de tais padrões espaciais com a produção em rede (ou telemática) ou com uma indústria cultural pós-moderna refratária não encontra muito apoio com Agamben. Em vez de identificar o período de 1945-1975 como aproximadamente transitório (como fazem vários teóricos da pós-modernidade, incluindo Hardt e Negri), Agamben localiza a ruptura histórica (seguindo Carl Schmitt) na Primeira Guerra Mundial, ou em torno disso, quando – ele argumenta – a exceção absoluta, que tem suas origens nos tempos clássicos, foi pela primeira vez instalada na era moderna[37].

De um ponto de vista arquitetônico, não há nada particularmente novo na periodização de Agamben. Por essa época, por exemplo, a racionalização da vida cotidiana em conjuntos habitacionais de grande escala e patrocinados principalmente pelo Estado de muitas formas definiu o modernismo arquitetônico através da Europa e mais tarde nos Estados Unidos. Mais tarde ainda, empreendimentos semelhantes seguiram-se pelo recentemente descolonizado e recém urbanizado Terceiro Mundo. A configuração espacial de tábula rasa, estritamente delimitada, de vários desses novos enclaves habitacionais, frequentemente imaginados para o proletariado, mas realizados para as classes médias (como nas *Siedlungen* alemãs), seguiram o modelo corbusiano de grandes faixas de espaço vazio ao nível do solo, acessível à cidade ao redor mas, ao mesmo tempo, distintamente à parte dela. Podemos também pensar aqui na identificação de longa data, pelo próprio Le Corbusier, do bloco habitacional com o transatlântico. Ao mesmo tempo abertos e fechados territorialmente, esses grandes conjuntos habitacionais modernos foram com certeza instrumentos para a gestão racional da população, bem como instrumentos de disciplina corporal; porém eles foram também diagramas de exclusão inclusiva (ou inclusão exclusiva) na ordem da topologia biopolítica de Agamben.

TERRITÓRIO · **49**

Estendendo mais, podemos também querer ver os *banlieux* franceses do pós-guerra (abordados de forma semelhante pelos situacionistas) ou os conjuntos habitacionais italianos extraurbanos, como o Corviale, na afirmação de Agamben de que "o acampamento como localização deslocada é a matriz escondida das políticas em que ainda estamos vivendo, e é essa estrutura do acampamento que precisamos aprender a reconhecer em todas as suas metamorfoses nas *zones d'attentes* (áreas de espera) de nossos aeroportos e em certas franjas de nossas cidades"[38]. Essas interpretações são ainda mais encorajadas por uma versão anterior e menos cuidadosa da mesma passagem, em que Agamben chega a sugerir que "os condomínios fechados dos Estados Unidos estão começando a parecer com os acampamentos", no sentido das soberanias indeterminadas que eles também implicam, uma proposição que desde então tem sido reforçada por alguns de seus intérpretes[39].

Embora haja muito a objetar na associação da violência dos acampamentos com a letargia do condomínio fechado, essa proposição tem a virtude de testar os limites da tese do acampamento-como-paradigma de Agamben em um nível teórico em vez de em um nível empírico. Pois isso sugere obliquamente que, se os campos de extermínio nazistas estão em um polo de um paradoxo interior-exterior como um caso limite – "o mais absoluto espaço biopolítico que já foi realizado"[40] –, algo como a Utopia está no outro polo: um espaço autocontido absolutamente exterior à ordem moderna das coisas, sobre o qual aquela ordem, não obstante, foi fundada. Longe de existir em um estado de natureza, porém, os habitantes da Utopia são tipicamente governados e protegidos por um conjunto distinto de leis e direitos, como é característico de muitas utopias literárias com suas longas explicações de detalhes constitucionais. No condomínio fechado, com sua postura fundamentalmente defensiva e securitizada, esses direitos, começando pelo direito de acesso, não são suspensos, mas fetichizados como uma espécie de privilégio de classe e não como um valor humano universal. Como uma esfera privada extrapolada do enclave para a cidade ou mesmo para a nação como um todo, o condomínio fechado paradigmaticamente limita os direitos daqueles de fora em defesa dos direitos daqueles de dentro.

Nesse sentido, o condomínio fechado no estilo estadunidense está integrado ao corpo político – e às relações econômicas capitalistas e redes que as transportam – *em virtude de sua excepcionalidade*, e não apesar dela, numa inversão do enclave utópico do século XIX que realiza um tipo distinto de soberania sobre um espaço delimitado. Inventado para proteger a propriedade da nova burguesia urbana (um exemplo precoce foi Llewellyn Park, em New Jersey), a variante pós-moderna do condomínio fechado é construída em torno de "leis" e pactos que garantem sua privacidade. Essas zonas intensamente privatizadas, no entanto, permanecem genealogicamente ligadas aos conjuntos habitacionais públicos do período entreguerras, com ambos os tipos dividindo uma fonte comum no movimento cidade-jardim europeu[41]. Mas para apreciar as bases dessa conexão oculta, o condomínio fechado suburbano também deve ser reconectado com os produtos da "renovação urbana" estadunidense do pós-guerra dos quais foi de fato extraído.

A renovação urbana internalizou as divisões raciais e de classe já reificadas a um grau que, mais uma vez paradoxalmente, um regime de dessegregação foi sobreposto para contrabalançar a própria partição do espaço urbano no qual muitos desses grandes complexos habitacionais foram estabelecidos inicialmente[42]. Entre os últimos, talvez o mais infame tenha sido o empreendimento habitacional Pruitt-Igoe, em St. Louis (Leinweber, Yamasaki & Hellmuth, 1950-1954), cujo nome duplo reflete o espírito de segregação racial de seu plano original (a seção Pruitt era destinada aos habitantes negros e a Igoe, aos brancos). No entanto, antes de ser construído, as duas seções foram unidas sob leis de dessegregação; a vasta maioria dos habitantes do conjunto era de afro-americanos empobrecidos que ou tinham sido realocados das favelas substituídas pelo novo complexo habitacional ou tinham migrado do sul rural para a cidade.

Mesmo antes de a demolição começar em 1972, Pruitt-Igoe havia se tornado um ícone dos supostos fracassos da arquitetura moderna na área da reforma social. A fetichização de sua arquitetura como um objeto ruim tinha sido tão intensa e incessante que ele tem desde então inspirado reconsiderações que enfatizam fatores político-econômicos tais como subfinanciamento, negligência administrativa e a desurbanização da classe média, em grande parte branca, para explicar o declínio final do projeto[43]. Ainda assim, Pruitt-Igoe continua a assombrar o discurso arquitetônico nos Estados Unidos e além, conforme sua demolição é reproduzida no imaginário urbano de novo e de novo, como se para confirmar a destruição, vários graus distantes, do empreendimento utópico modernista de maneira mais geral. Como realidade histórica e pós-imagem ainda vívida, Pruitt-Igoe reúne vários elementos importantes: discursos e práticas de reforma ambiental, em que a normalização (moderna) do ambiente físico é mudada para a normalização (pós-moderna) do ambiente psíquico; a remodelação biopolítica da cidade por novas linhas de inclusão-exclusão por meio de mecanismos como "remoção de favelas"; e a transformação em espectro de um futuro utópico que, quando o projeto foi completado, já estava identificado com o passado.

Demolição parcial do complexo habitacional de Pruitt-Igoe (Leinweber, Yamasaki & Hellmuth, 1950-1954), St. Louis, Missouri, 1972. Foto: Lee Balterman.

Como um instrumento de reforma ambiental, Pruitt-Igoe situa-se no limiar de uma mutação, em que a normalização do ambiente biofísico, à qual foi dada força determinista pelo discurso funcionalista paracientífico sobre "luz e ar", ainda visível na arquitetura de Pruitt-Igoe, é internalizada dentro de um novo funcionalismo da mente. Um marco central dessa mudança foi a publicação, em 1972, do livro de Oscar Newman, *Defensible Space: Crime Prevention Through Urban Design* (Espaço Defensável: Prevenção do Crime Através do Desenho Urbano), cujo título se refere a "um modelo para ambientes residenciais que inibe o crime pela criação da expressão física de um tecido social que se autodefende"[44]. Na contracapa da sobrecapa do livro estava a mesma fotografia da demolição parcial de Pruitt-Igoe, que Charles Jencks reproduziu cinco anos mais tarde (com referência a Newman) no seu *The Language of Post-Modern Architecture* (A Linguagem da Arquitetura Pós-Moderna) para comemorar a "morte da arquitetura moderna"[45]. Ao longo da análise de Newman, que integra o territorial com o afetivo, Pruitt-Igoe figura como um exemplo representativo de um *terrain vague* dotado de uma porosidade indefensável e de uma indeterminação figural, dentro e fora. O que é físico aqui é igualmente psíquico, aspecto reforçado pelo relato de Newman das características menos tangíveis de um edifício como "imagem e meio", ao lado da mais tangível construção de limites físicos para encorajar o que ele chamou de "territorialidade". Além disso, *Defensible Space* entrelaça micro-oportunidades para a "vigilância natural" pós-panóptica, a fim de que a arquitetura "permita que atitudes mutuamente favoráveis apareçam", se não precisamente determiná-las de maneira direta[46].

Como um exemplo particularmente esclarecedor, Newman oferece uma anedota de Pruitt-Igoe. Foi erguida uma vedação temporária em torno de um dos blocos de onze andares para a instalação de equipamento de *playground*. Os inquilinos pediram que o cercado permanecesse, o que foi feito. Newman relata:

> A taxa de criminalidade e vandalismo nesse edifício está oitenta por cento abaixo do padrão de Pruitt-Igoe. Esse edifício, como outros em Pruitt-Igoe, não tem guarda de segurança. Ele é o único edifício em que os próprios residentes começaram a mostrar sinais de preocupação acerca da manutenção do interior: apanhando o lixo, varrendo os corredores e substituindo as lâmpadas. A taxa de vacância nesse edifício varia de dois a cinco por cento, em contraste com a taxa de vacância geral para Pruitt-Igoe, de setenta por cento.[47]

Com base nisso, Newman conclui: "Esse é um exemplo extremo de definição territorial e não é certamente aquele que estamos defendendo. Mas seus feitos são significativos à luz do fracasso de Pruitt-Igoe. A questão a ser colocada é como conseguir de início agrupamentos de edifícios bem pensados sem ter que recorrer posteriormente a cercas de arame farpado e fechamentos."[48]

Em outras palavras, como *sublimar* a cerca em uma linguagem arquitetônica que faça seu trabalho biopolítico ao nível do imaginário espacial ("agrupamentos de edifícios previdentes" que circunscrevam uma territorialidade *virtual*), em vez de por meio da força bruta do arame farpado? Mesmo admitindo que possa ser "prematuro", Newman afirma que é possível que um resultado não intencional de uma sociedade socialmente móvel e aberta seja sua necessária segregação em subgrupos fisicamente separados que são invioláveis e uniformes, tanto social como economicamente[49]. Nem aqui nem em qualquer outro ponto no livro ele desencoraja a associação de "mobilidade social" com a "abertura" do capitalismo metropolitano, citando, como exemplo, as migrações do campo para a cidade como um fator na inadaptação social à habitação de alta densidade em altura. Em resposta, e sempre com desculpas por suas implicações autoritárias, *Defensible Space* oferece uma fórmula de definição territorial mais difusa, vigilância microfísica, tanto no solo quanto na mente. Parece, então, que estamos no outro extremo do arco histórico esboçado por Foucault, em que as funções da polícia, que se estenderam pelas infraestruturas da governabilidade desde o século XVIII, gradualmente migram para os interstícios dos tecidos espaciais e sociais não governamentais da cidade, em correspondência ao que Deleuze chamou de "sociedade de controle" generalizada.

Mesmo atribuindo a ela menor influência direta, Newman retorna sempre à questão da densidade como o cerne do problema, uma vez que ela abre a considerações econômicas às quais as agências federais e as locais estão sujeitas. Associando as densidades relativamente altas de muitos dos conjuntos urbanos habitacionais públicos (excetuando Pruitt-Igoe nesse caso) com pressões fiscais exercidas sobre as agências habitacionais pelo mercado imobiliário urbano especulativo, ele cita dados para a cidade de Nova York que sugerem que acima de 125 unidades por hectare "a taxa de criminalidade aumenta proporcionalmente com a densidade". Além disso, e com uma nota de advertência: "A taxa de criminalidade pode não se relacionar especificamente com densidade, mas *tem* relação com o tipo e a altura."[50] Consequentemente, a normalização da taxa de criminalidade requer ajustes nos aparatos de segurança, que nesse caso incluem a arquitetura. Em Nova York, alta densidade geralmente significa edifícios altos com elevador e com corredores lotados, um tipo de edifício que os dados de Newman apontam como uma causa eficiente, senão final, da criminalidade e, portanto, sujeito à reforma. Reconhecendo, no entanto, que a incorporação de espaço defensivo em edifícios de alta densidade levará a custos de construção mais altos, Newton resume o encontro entre um estado reformista e o capital expansionista numa fórmula sucinta: "edifícios mais caros de alta densidade, ou edifícios menos caros de baixa densidade"[51]. A reconciliação que ele propõe, da gestão territorial e psíquica dentro de uma economia em que o Estado é logicamente (ao invés de apenas praticamente) subordinado ao "livre" mercado, indica que estamos também testemunhando aqui estratégias para a dissipação do risco social dentro ou *no interior* da cidade, ao invés da exclusão heterotópica do tipo analisado por Foucault em edifícios como prisões ou hospícios do século XIX.

Confrontado com esse paradoxo espacial, Newman declara: "Espaço defensivo pode ser o último passo do homem urbano comprometido com uma sociedade aberta."[52] Mas preocupado pela implicação de que isso apenas signifique deslocar a criminalidade para outras áreas mais vulneráveis, ele segue com uma pergunta: "Se, por uma questão de argumentação, for aceita a proposição de que a quantidade total de criminalidade não pode ser diminuída, apenas deslocada, isso então oferece uma nova questão: um padrão de criminalidade uniformemente distribuído é preferível a outro em que a criminalidade está concentrada em áreas específicas?" Tendo dessa forma reformulado o crime urbano como essencialmente um problema de gestão de risco que é econômico antes de ser social, Newman pode apenas repetir sua conclusão: que áreas de proteção na forma de enclaves residenciais continuam preferíveis, uma vez que elas têm o efeito colateral de deslocar o "perigo" para aquelas áreas não residenciais (comerciais, institucionais, empresariais etc.) que "são inerentemente mais bem servidas por proteção policial"[53].

Essa reformulação resume um processo histórico no qual a economia não desloca tanto o social como o absorve. Assim também, chegamos a uma segmentação do espaço urbano comparável àquela do condomínio fechado. Em um lado da linha, o domínio residencial ou doméstico, um espaço *sem polícia* que deve, portanto, ser protegido por outros meios, mais próximos, enquanto, do outro lado da linha, o domínio não residencial cívico ou público, que permanece sujeito ao controle policial e às formas antigas de racionalidade governamental com as quais há muito é atendido[54].

Como uma solução do problema da gestão de risco colocado pela economia urbana, o espaço defensivo é, portanto, um correlato do neoliberalismo ao invés de um recuo ou um abrigo de seus ventos desterritorializantes. O que Newman chama de "o homem urbano comprometido com uma sociedade aberta", cujo bem-estar psíquico e físico deve ser defendido, é também o novo e aprimorado *homo œconomicus* do neoliberalismo[55]. Não é acidente que a taxa de criminalidade seja o índice privilegiado na análise de Newman, onde é determinada, por um lado, por intangíveis como a "qualidade de vida", à qual o mercado imobiliário urbano atribui um valor econômico, e por outro, por toda a dinâmica racializada da produção dos trabalhadores de escritório, que desde os anos 1950 vinha deixando a cidade pelos subúrbios. Assim o (implicitamente branco) "homem urbano", seguro em seu domicílio, era o homem produtivo, uma forma de "capital humano"[56]. Ele é também o oposto do *homo sacer* de Agamben, que foi internamente exilado da cidade e de seus circuitos produtivos/reprodutivos, ou antes, incorporado no corpo cívico como uma unidade profundamente externa (ainda assim produtiva). Mas existe ainda um espaço que conecte *homo œconomicus* com *homo sacer*?

Considere um conjunto de diagramas de Agamben, nos quais ele busca mostrar a transição de algo como um estado de emergência temporário (1), representado como externo ao sistema político normal, para um "estado de exceção" de fato (2), em que a capacidade para suspender a lei é uma condição do poder soberano, ao invés de externa a ele. Aqui, a parte externa vai profundamente para dentro, como um espaço tipo ilha, no qual a lei não se aplica. Esse espaço é o inverso violento de uma utopia, com a qual ele ainda assim compartilha certas características, incluindo um rearranjo radical da ordem econômica prevalecente. A utópica abolição do dinheiro, representada na narrativa de Thomas More como o uso do ouro para urinóis, é perversamente replicada ao entrar na "vida nua" dos acampamentos, como na prática nazista de expropriação dos pertences materiais dos prisioneiros para a recirculação no lado de fora. Que o limite entre o interno e externo nunca pode ser absoluto é verificado em ambos os casos, de qualquer forma, quando a função econômica da ilha é deslocada para outro nível: no acampamento, na acumulação inicial de capital ligada aos bens expropriados, bem como ao trabalho forçado dos reclusos e, na Utopia, no uso do ouro para pagar mercenários externos, a fim de defender a soberania da própria ilha utópica[57].

O espaço-ilha diagramado por Agamben é também o inverso territorial de uma cidade capital, onde os direitos de cidadania estão simbolicamente representados e protegidos por meio da representação política. O estado de exceção, por outro lado, se refere à gradual redução de direitos e outros instrumentos da lei, bem como à redução de acesso à ordem simbólica na qual esses direitos estão representados e assegurados. Recordando que a cidade capital – "Atenas, Roma, Paris" – é um lugar privilegiado para a memória coletiva de acordo com Rossi, a gradual exclusão da qual pode ser entendida como o equivalente estético da privação de direitos de representação na esfera política. Mas no relato de Agamben, o paradoxo regente é que, cada vez mais, ao longo do século XX, a soberania estatal (como imaginada, podemos acrescentar, na Berlim de Speer) parece ser *construída sobre* o estado de exceção, por meio do qual o poder é acumulado naqueles que assumem o direito soberano de suspender os direitos de outros – uma "exceção" que, como o terceiro diagrama de Agamben alerta, está rapidamente se tornando a regra.

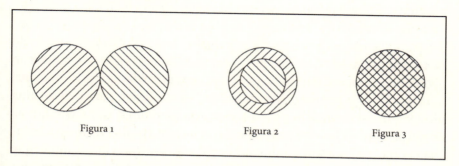

Diagramas mostrando o movimento em direção ao "estado de exceção." De Giorgio Agamben, *Homo Sacer: Sovereign Power and Bare Life,* trans. Daniel Heller-Roazen, Stanford: Stanford University Press, 1998. Copyright 1998 pelo Conselho de Administradores da Leland Stanford Jr. University.

Como podemos então entender, nesses termos, o conjunto habitacional modernista, financiado pelo Estado? Como uma ilha urbana utópica, que encontra um eco fraco em Pruitt-Igoe (não obstante os fracassos evidentes do projeto)? Ou como um "acampamento" biopolítico, um espaço em que os direitos são lentamente, imperceptivelmente suspensos, incluindo – por fim – o direito à própria habitação pública, que tem sido sistematicamente erodido pelas narrativas que emanam da demolição de Pruitt-Igoe? A oscilação subjacente é estritamente indecidível, no sentido de que Pruitt-Igoe figura no imaginário pós-moderno como a cidade dos mortos-vivos de Rossi. Por um lado, nós temos o projeto utópico de luz e ar, de higiene e da produtividade racionalmente gerida, mas também do despertar do proletariado para a consciência histórica e a crítica imanente ao estado do bem-estar social, enquanto, por outro lado, temos uma cerca de arame farpado e com ela a exclusão da ordem simbólica e o consequente esgotamento da história.

Na medida em que tais artefatos urbanos como o condomínio fechado reproduzem o diagrama utópico, eles resolvem essa oscilação pela incorporação da função crítica da Utopia dentro das relações econômicas vigentes: utopia como norma. Assim, se Agamben estiver certo, a Utopia também morreu nos acampamentos apenas para ser monstruosamente renascida em arquipélagos de defesa e exclusão baseados na normalização da excepcionalidade utópica. Então, para o pós-modernismo, a Utopia não é a representação de uma cidade ideal. Ela é um *tópos*, no sentido de um *pensamento* que circula e é discursivamente transformado em redes biopolíticas. Seu pensar depende de certas condições materiais *no presente*, das quais a arquitetura forma uma parte. Como tal, ela pode ser e tem sido integrada à máquina produtiva do capital como uma norma reguladora que divide o dentro do fora pela absorção do "não lugar" da Utopia nas banalidades da vida cotidiana, tipificada pelo condomínio fechado. Ativamente *impensada* pelo pensamento pós-modernista, por meio dessa apropriação, a Utopia, não obstante, permanece uma ameaça latente ou reprimida à própria máquina.

Para Fredric Jameson, a inabilidade pós-moderna para pensar uma ideia verdadeiramente utópica corresponde ao muito proclamado fim da ideologia e fim da história nas mãos do capitalismo tardio ou do neoliberalismo. Embora Jameson geralmente foque sua atenção crítica naquilo que ele vagamente define como "a rede de poder do capitalismo multinacional" ao invés de no próprio biopoder, Hardt e Negri ajudaram a mostrar as conexões entre ambos[58]. Jameson também analisou vividamente expressões da lógica cultural e espacial do capitalismo tardio na arquitetura, seja ela a casa de Frank Gehry, em Santa Monica, ou o hotel Westin Bonaventure, de John Portman, no centro de Los Angeles[59]. Ao passo que, escrevendo sobre ficção científica utópica, ele analisou a forma insular da Utopia tal como é sublimada numa gama de figuras literárias: Lua, Marte, nave espacial, posto avançado colonial, e assim por diante[60]. E embora possamos concordar com Jameson de que a consequente e absoluta exterioridade da Utopia é uma condição necessária para a ilha como "negação determinada" ou reflexão crítica do *status quo*, retornamos ao nosso paradoxo espacial quando notamos novamente que a ilha ou enclave é também uma unidade básica da cidade pós-moderna: não apenas os condomínios fechados, mas também *shopping centers* fechados, *campi* corporativos impecáveis, átrios isolados do clima, edifícios de escritório com bloqueios, campos de golfe e torres como naves espaciais. As favelas, prisões e acampamentos de refugiados em que vastas populações de fato vivem, se erguem para esses mundos de sonho como um espelho refletindo outro, antes que em oposição dialética[61].

Mas, topologicamente falando, uma ilha nunca é apenas uma ilha. Considere, por exemplo, outro conjunto de diagramas, nesse caso da própria Utopia tal qual descrita por Thomas More, em 1516. Eles foram tirados de uma das fontes principais de Jameson, *Utopiques*, o conhecido estudo do texto de More pelo semiólogo Louis Marin, publicado pela primeira vez em 1973 como uma resposta explícita aos eventos de maio de 1968[62]. Eles diagramam a geografia da Utopia de More, uma ilha circular com um porto circular ou golfo inserido em uma de suas bordas, resultando em uma forma de lua crescente. No relato de More, a ilha é na verdade produzida por um ato da engenharia civil – um corte, que prefigura tantos outros cortes e cesuras modernistas por vir – na forma de uma trincheira escavada para separar o promontório preexistente do continente. Seu porto é, portanto, o único ponto de contato da Utopia com o mundo externo (ou "real"). Navios chegam e partem pelos seus estreitos traiçoeiros, que os residentes utopianos controlam com astúcia estratégica. As três versões do diagrama representam três interpretações possíveis do texto de More – três "figuras" oscilando no texto –, em que o tamanho do porto circular e, portanto, a localização relativa de Amourotum, a cidade capital centralmente posicionada na Utopia, varia em relação à borda da água e, portanto, em relação ao mundo "exterior" como tal. Como Marin coloca, "A Utopia é uma ilha circular, mas é fechada e aberta."[63] Essa descrição aplica-se tanto interna quanto externamente, uma vez que, de acordo com Marin, o "jogo espacial" na Utopia de More envolve, entre outras coisas, uma tensão interna, irresolvível, entre igualdade utópica (e, portanto, abertura interna), conforme figurada na distribuição regular em grelha de suas cinquenta e quatro cidades-estados ao longo da ilha aproximadamente circular, e a hierarquia utópica (e, portanto, poder e desigualdade mas também autoridade governamental), como representada no valor adicional associado a essa cidade central, a cidade *capital*. Em outra escala, essa leitura de uma tensão irresolvível entre lugares delimitados e redes reproduz o conflito dialético que Manfredo Tafuri discerniu durante o período moderno entre duas "utopias", confirmando assim a aplicabilidade geral da análise de Marin. Na alegoria da modernização de Tafuri, a monumentalidade neoclássica de Washington, D.C., a capital política da nação, e a metrópole em grelha circulatória de Nova York competem pela soberania simbólica sobre o desenvolvimento capitalista estadunidense, ao qual o pós-modernismo (ou para Tafuri, "hiper-modernismo") fornece o inevitável e exaurido desfecho[64].

No final de seu livro, Marin inclui suas celebradas reflexões sobre a Disneylândia, que ele descreve como uma "Utopia degenerada". Começando com o confinamento semelhante a uma ilha do parque temático original, Marin demonstra a persistência, na Disneylândia, do que ele chama de "padrões de organização espacial que podem ser qualificados como utópicos". Mas com esses e por meio desses, ele também demonstra como, na Disneylândia, a dimensão propriamente utópica de sua topologia insular – isto é, o "jogo espacial" que permite que ela permaneça simultaneamente aberta e fechada – degenera em mito, onde os valores "estadunidenses", tal como o "espírito desbravador", historicamente "obtido por violência e exploração", são recodificados e naturalizados por meio da maquinaria da fantasia coletiva como as infraestruturas psíquicas de "lei e ordem" ou, em outro registro, do biopoder[65].

A Disneylândia também foi muito discutida na arquitetura como um protótipo tanto do enclave urbano/suburbano encantado quanto do populismo estético pós-modernista, talvez mais notavelmente e *avant la lettre* em um artigo publicado por Charles Moore, em 1965, com o título "You Have Got to Pay for the Public Life" (Você Tem Que Pagar Pela Vida no Espaço Público)[66]. Como o trabalho de Rossi sobre memória coletiva urbana e o trabalho de Venturi e Scott Brown sobre Las Vegas, o passeio de Moore pela arquitetura e pelo urbanismo da Califórnia se agarra a um princípio comunicativo para a cidade pós-metropolitana. Ele encontra seu protótipo na Disneylândia onde, em retorno pelo preço da admissão, Moore defende que o visitante recebe a coisa mais próxima ao espaço público que o sul da Califórnia tem a oferecer – um "mundo público completo", como ele diz. Embora Moore na sequência admita que, de fato, esse mundo-dentro-de-um-mundo é deficiente em manifestar uma "experiência urbana" autêntica – mais notavelmente porque ele falha no que Moore denomina de seu teste de revolução, pelo qual o sucesso do espaço urbano é medido por sua capacidade hipotética de sediar um levante revolucionário –, ele termina por oferecer a Disneylândia como um modelo positivo para as arquiteturas e urbanismos por vir.

Estamos familiarizados com a forma como tal proposição veio a atuar no próprio trabalho de Moore, de seus desenhos fantasiosos de cumes de montanha ao mundo-dentro-de-um-mundo da Piazza d'Italia, em Nova Orleans. Mas é mais relevante aqui que ele desenvolva sua celebração da natureza pseudopública da Disneylândia por meio de uma crítica ao desenraizamento da suburbanização. Referindo-se ao espraiamento que estava apenas começando a dominar a Califórnia, incluindo o que depois seria chamado de Vale do Silício, Moore lamenta que "as casas novas são separadas e privadas [...] ilhas, ao longo das quais estão estacionados os automóveis que levam os habitantes para outros lugares. [...] As casas não são vinculadas a lugar nenhum". Ele descreve tudo isso como "um mundo flutuante no qual uma população flutuante pode ir de uma ilha para outra impunemente", um mundo equipado com *drive-in* em tudo, incluindo o *drive-in* do Centro Cívico em Marin County, de Frank Lloyd Wright[67]. Assim, somos levados a concluir que o que distingue a Disneylândia de todas essas outras ilhas é a sua escala: ela é uma cidade privada, mas é grande o suficiente para conter um mundo inteiro e ancorar sua "população flutuante" e assim sustentar a fantasia de uma "vida pública".

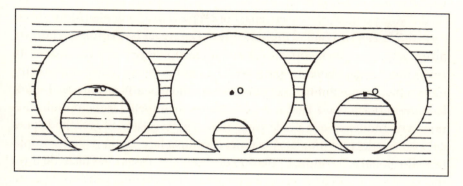

Diagramas mostrando três versões possíveis do mapa da *Utopia* (1516) de Thomas More, por Louis Marin, *Utopiques, jeux d'espaces*. Paris: Minuit, 1973. Copyright 1973 de Louis Marin. Reproduzido por cortesia de Les Éditions de Minuit.

Isso é exatamente o que Marin quer dizer quando ele descreve a Disneylândia como uma "utopia degenerada", na qual a oscilação interior-exterior da Utopia propriamente dita – sua relação complexa, ambivalente e, em certo sentido, ainda negativa com o mundo real – é congelada numa representação fixa: em uma palavra, no mito. Nesse caso, ela também significa um domínio público mítico organizado em torno de uma América mítica: a Disneylândia como a cidade capital de uma fábrica de sonhos que não apenas representa ou reflete a hegemonia econômica e política estadunidense, mas que ajuda a produzi-la e organizá-la. Ainda como a própria Utopia, a Disneylândia tem um buraco em si mesma. Esse buraco é o canal pelo qual o visitante obtém acesso tendo "pago pela vida pública" não apenas comprando um ingresso, mas trocando dólares pelo dinheiro Disney. Essa translação, essa substituição de um sistema de representação por outro, trabalha para encobrir o buraco, o lugar onde o exterior entra e o interior escoa. Como diz Marin, ela conduz da "realidade para a fantasia" ao longo do eixo da *Main Street* USA que, lembremos, Venturi descreveu um ano após o artigo de Moore como "quase ok". Enquanto, de acordo com Marin, a reificação da imaginação na forma da Fantasyland (subseção especial da Disneylândia), que aguarda o visitante no outro extremo da linha, explica a degeneração da Utopia em várias "imagens banais, rotineiras dos filmes de Disney [...] sinais de falência de uma imaginação homogeneizada pelos meios de comunicação de massa"[68].

Ainda, como o portão no condomínio fechado, o buraco no meio da Disneylândia é real, quer seja ou não coberto pela *Main Street* USA e a fantasia da "vida pública" que ela encena. Por ele passam as redes (as *Main Streets* e as *Wall Streets*) do capital multinacional. Descrever isso como um buraco, no entanto, não é bem correto. Ao invés, sua topologia é mais bem descrita como uma torção ou um nó que envolve a figura curvada da ilha; arquitetonicamente, é mais como uma porta giratória do que uma passagem. De um lado dessa porta fica a Utopia e do outro os acampamentos, em uma antinomia do moderno que desde então tem sido forçosamente resolvida pelo colapso dos dois em uma norma única, de dupla face: numa, o condomínio fechado global e, na outra, o "planeta de favelas"[69]. Essas duas faces da nova moeda-do-reino urbana requerem agora, efetivamente, uma à outra, no que pode parecer uma regressão infinita da reprodução negativa-positiva.

Dessa forma, a narrativa principal do pós-moderno, que defende que todas as utopias levam aos acampamentos – uma preocupação rastreável na arquitetura até *Mechanization Takes Command,* de Sigfried Giedion –, parece verificada, mas como uma profecia autorrealizável de biopoder e não como uma verdade histórica. Nessa narrativa, o que Jameson denomina de "desejo chamado Utopia" é ao mesmo tempo reprovado e aparentemente satisfeito[70]. E ainda, como as duas faces de uma fita de Möbius, em qualquer ponto ao longo de seu comprimento, o que parecem ser imagens invertidas no espelho permanecem distinguíveis como casos limite em cada lado da espessura historicamente sedimentada da fita. Utopia e acampamento tornam-se visíveis como polos de uma antinomia ao invés de como normas perfeitamente conectadas apenas quando se passa *através* e não ao longo da fita de Möbius da história. Vista ao longo de seu comprimento ou seguindo como uma linha, a lógica em duplicidade da exclusão biopolítica inclusiva pode ser resumida como segue: não se pode sair, nem entrar. Cortado através de qualquer ponto e visto transversalmente, no entanto, Utopia e acampamento começam a se destacar.

O efeito dessa separação é um tanto diferente do que Foucault conhecidamente chamou, também em 1966 – o mesmo ano em que Venturi e Rossi publicaram seus tratados –, de "pensamento do [ou desde o] exterior"[71]. Com essa expressão, Foucault ofereceu o que veio a ser uma das muitas formulações da exterioridade da linguagem, e de sua textualidade sem autor e sem sujeito. Porém, seu próprio pensamento, incluindo a heterotopologia incipiente que ele dirigiu aos arquitetos (em 1967), possui muitas pistas de que os locais abertos da interação textual permanecem implicitamente dependentes dos interiores estáveis do humanismo, mesmo que apenas como um tipo de contraponto[72]. Reconcebida como uma ilha desumana, que perpetuamente ameaça reverter para a desumanidade igual e oposta do acampamento, a Utopia rompe-se, mas não como um ideal abstrato ou "fronteira" sem limite[73]. Ao invés, cortando através do espaço torcido que mantém a Utopia dentro e fora ao mesmo tempo, descobrimos um conjunto totalmente pensável de opções que não têm nada a ver com a realização do irrealizável, apenas com a desrealização do real.

A função utópica da ilha – e do corte modernista em geral – não tem compromisso, portanto, com uma pluralidade de interesses que fragmentam sua suposta unidade orgânica (a ser reconciliada pelo populismo de Venturi ou pelo mito de Rossi), mas por um truque topológico. Conforme a biopolítica começa seu trabalho de normalização, os dois polos da modernidade são forçados juntos; Utopia e acampamento se alinham, e a terra-de-ninguém que os separa é deslocada. Em outras palavras, a cerca de arame farpado é internalizada ou, como dizem os antigos alemães orientais, o muro está agora "na cabeça". O portão não é mais necessário; a cerca está agora em todo lugar. Mas sua estranha topologia pode ser cortada de um lado ao outro em um nível muito prático pelo reconhecimento de que ela, a cerca, reprime uma escolha político-econômica em todo lugar ao longo de seu comprimento.

Aqui está um exemplo muito modesto. Uma possível tradução do título de Moore para o contexto de Pruitt-Igoe e para o discurso do espaço defensivo seria "Você precisa pagar pela habitação pública". Tal fórmula tendenciosamente converte a habitação de um direito político para uma forma de propriedade privada, demonstrando novamente que a biopolítica e o capitalismo tardio andam juntos. Ao passo que recusar essa fórmula é conceber um pensamento autenticamente (mesmo que distantemente) utópico que conjure um *contradiagrama* para aquele do acampamento e do enclave fechado, desfazendo sua unidade e ubiquidade a partir de uma visada transversal. Colocado de maneira mais concreta: a escolha é, a despeito de tudo, exigir de modo inequívoco a habitação pública com todos os seus riscos, responsabilidades e dilemas e, dessa forma, "arriscar" de novo o pensamento vagamente perceptível chamado Utopia.

Não habitação "a preço acessível", ou habitação "viável", ou habitação fornecida por "parcerias público-privadas", mas habitação *pública*. O poder flui através da arquitetura e as vidas são governadas, quer seja por Estados, corporações, bancos ou fundos de investimento imobiliário. E nas cidades, de Nova York a Mumbai, no que tange à política estatal de habitação, a governança tem sido cada vez mais transferida para os mercados. Contudo, a escolha simples e inequívoca de "não ser governado desse modo" metonimicamente desnaturaliza as narrativas pós-modernas que foram construídas em torno da evicção do domínio público como um tipo de risco socioeconômico[74]. E a existência material e real de tal escolha, se não sua "real" plausibilidade e seus riscos inerentes, estabelece as condições para um projeto político muito mais ambicioso que pode ser chamado utópico no sentido positivo. Isso também marca o momento da verdade da arquitetura pós-moderna, o momento em que ela se depara com questões de vida ou morte. Que tais escolhas sejam dissipadas, por um lado, na linguagem estatística e probabilística da gestão de risco e, por outro, na linguagem igualmente defensiva e securitizada da arquitetura como tal, é uma eventualidade à qual iremos retornar no presente.

2 HISTÓRIA
A Última Guerra

O historiador de arquitetura Manfredo Tafuri anunciou, em 1976: "A guerra acabou"[1], referindo-se ao "xeque-mate" realizado pelo capitalismo avançado sobre os chklovskianos[2] "movimentos do cavalo", tentados pelas vanguardas modernistas. Tafuri estava avaliando os esforços feitos pelas neovanguardas dos anos 1970 em repetir esses movimentos, principalmente nos Estados Unidos. E em certo sentido ele estava certo. Seu texto, intitulado "The Ashes of Jefferson", traçou o esgotamento do projeto de vanguarda por meio de suas contradições intrínsecas, como exemplificado pela disputa melancólica sobre o legado estilístico do modernismo arquitetônico conhecida como o debate Gray/White[3], que atingiu a academia estadunidense no início dos anos 1970. A própria melancolia de Tafuri deriva de sua conclusão de que, entre outras coisas, esse "debate" foi de fato encenado para escamotear uma crise real confrontando a disciplina, qual seja, o fracasso coletivo dos arquitetos em alterar substancialmente padrões do desenvolvimento capitalista na escala urbana.

O outro, o lado vitorioso desse mesmo xeque-mate, é dado em termos gerais pelo filósofo neoconservador estadunidense Francis Fukuyama em sua transposição, imediatamente após a queda do muro de Berlim, da tese neo-hegeliana do "fim da história" elaborada nos anos 1930 pelo filósofo russo emigrado Alexandre Kojève. Para Fukuyama, uma visão pessimista do arco histórico geral da modernidade é injustificada. Como em Tafuri, o próprio arco é irreversível. Mas o capitalismo global, ao invés de ser um condutor, é retratado como sua consequência inevitável, conduzido, por sua vez, pelo "autointeresse econômico" de uma nova classe consciente de consumidores que substitui o "proletariado global" de Lênin, uma vez que o véu da teoria da dependência e outros relatos estruturais de desenvolvimento desigual foram removidos. À luz dessa "vitória do videocassete", como Fukuyama a chama (uma referência destinada a identificar o consumismo do "Made in Japan" com o "milagre" econômico asiático do pós-guerra), a luta de classes é formulada para não parecer nada, senão contraproducente[4].

Fukuyama aposta sua tentativa de história universal na unidade do desenvolvimento econômico capitalista com a democracia liberal. Aqui também, a relação é considerada "inquestionável". Mas, por sua própria admissão, ele é incapaz de explicar isso nos termos econômicos em que se apoiou. Entra, via Kojève, a figura do "último homem", o sujeito da história em uma disputa hegeliana pelo reconhecimento do homem enquanto homem. No entanto, ao invés de citar exemplos supostamente evidentes em si mesmos em relação à inevitabilidade histórica para essa figura, como é seu padrão ao longo de tudo (a queda do Muro etc.), Fukuyama apela aqui para a atualização completa e reconhecível, na democracia liberal, de algo como a natureza humana, para além do que outros poderiam chamar de atoleiro "pós-moderno" do relativismo cultural[5]. Para desmistificar essa operação (e com ela o pseudo-humanismo sobre o qual o grande edifício neoconservador está construído), pode ser suficiente apontar para a demonstração de Jacques Derrida das tautologias que organizam o projeto de Fukuyama, seu "truque de prestidigitação entre história e natureza"[6]. Ainda assim, devemos admitir que temos aqui duas versões para o "fim" da história, abarcando o período do início dos anos 1970 até o final dos anos 1980.

O que fazer dessa bilateralidade? Ambas são finais para o arco narrativo da história. Xeque-mate: a guerra acabou, o projeto falhou. Ou xeque-mate: o muro caiu, a guerra acabou; não há mais lado de fora, o projeto está completo. Trata-se apenas de uma questão de esquerda e direita observando dois "fins" do mesmo fenômeno e chegando a conclusões opostas? Em parte, para evitar essa conclusão muito fácil, quero reivindicar um espaço para a arquitetura em tudo isso que é ligeiramente diferente daquele ocupado na tragicomédia testemunhada por Tafuri. Visto que, se há alguma coisa que une essas práticas díspares que, em diferentes combinações, foram reunidas sob o título de "arquitetura moderna", é uma pretensão de controlar o futuro. Em *Architecture and Utopia* (1973), seu primeiro acerto de contas verdadeiro com o legado vanguardista, Tafuri chama-o de "projeto"[7]. Esse é que desliza para a planificação capitalista em sua versão da narrativa, mais frequentemente por meio de uma racionalização do desenvolvimento urbano que reproduz a permutabilidade de símbolos vazios pelos quais Georg Simmel já havia definido a economia monetária[8]. Esse controle projetado (embora eternamente adiado) do futuro, tão visível no dada quanto no construtivismo, constitui tanto a modernidade quanto a historicidade das vanguardas. Quer seja manifestamente niilista ou futurista no tom, o projeto não garante tanto a entrada na história quanto se entrega a ela e, no processo, tenta guiá-la.

Em contrapartida, o que quer que seja ou não seja o pós-modernismo arquitetônico, ele renunciou ao controle sobre a história. Contente em recircular as linguagens existentes que foram drenadas de seu conteúdo revolucionário, em sua miríade de formas, a assim chamada arquitetura pós-moderna parece satisfeita com seu destino. Esse destino é, no geral, aquele da *petite bourgeoisie* (pequena burguesia), que chegou ao poder com a "vitória do videocassete". Mas a metáfora do videocassete de Fukuyama é oportuna de outra forma. A história que ele inadvertidamente materializa é uma história de reprises, de cópias piratas, de reproduções de reproduções, e do que Fredric Jameson, parafraseando Raymond Williams, chamou de "fluxo total". E não é necessário um olho treinado para notar que a reprise ou reprodução arquitetônica pós-moderna, ainda que estilisticamente neomoderna ou neoclássica, não é nem cópia, nem original. Nesse caso, podemos dizer que tudo o mais que ela faça ou deixe de fazer, a arquitetura "pós-moderna" substitui a imaginação serial (chame cinematográfica) dos quadros do tempo histórico com uma temporalidade não exatamente circular (chame videográfica) que obedece a comandos como "rebobinar" e "avançar rapidamente". Isso, tecnicamente falando, é também o que devemos sugerir quando falamos dos meios de comunicação de massa e da relação da arquitetura com eles desde 1970: uma historicidade desigual, não de narrativas grandes ou pequenas, interrompidas ou estruturadas por cortes (montagem, mas também passagens de "significado" legível); em vez disso, uma historicidade de camadas alternadas de muitos-tempos-ao-mesmo-tempo[9]. No que Jameson se contenta em descrever em termos ainda um tanto mecânicos como uma "rotação incessante de elementos" na videoarte experimental, podemos especificar ainda mais como uma temporalidade, e um sentido da história ou falta dela, em que mesmo o "extemporâneo" ou excepcional não pode ser determinado seguramente pela comparação com uma sequência confiável de uma coisa após a outra[10]. Consequentemente, somos confrontados com uma temporalidade que não é mais aquela da reprodutibilidade mecânica: a "vitória do videocassete", de fato.

Também é assim que devemos ver (ou, na verdade, assistir) ao debate Gray/White. Em um canto (no lado esquerdo de sua tela), os Cinco de Nova York, liderados intelectualmente por Peter Eisenman e incluindo arquitetos como Richard Meier e Michael Graves, todos cujo trabalho à época extraía as "gramáticas" abstratas e protolinguísticas do modernismo do pré-guerra (ou "branco"). No canto oposto (no lado direito), os "Grays", liderados por Robert A.M. Stern e com Robert Venturi e Denise Scott Brown como companheiros de viagem, que eram identificados com combinações "pós--modernas", mais figurativas, de citações clássicas e vernaculares visando à comunicação populista que atendia a um *status quo*. Em 1976, data do texto "Ashes of Jefferson" de Tafuri, o debate tinha se desenrolado com ambas as partes totalmente identificadas com o pós-modernismo. E nessa época, a Guerra do Vietnã tinha, de fato, "acabado".

Mas ao anunciar que "a guerra acabou", Tafuri não estava se referindo ao Vietnã, nem a qualquer outro conflito histórico em particular. Ele estava se referindo às "linguagens de luta" revolucionária características das vanguardas que tinham dado à arquitetura moderna sua carga ética. Sob essa luz, a guerra real, que formou o pano de fundo histórico e televisivo contra o qual foram travadas as batalhas ideológicas nos *campi* estadunidenses, como o debate Gray/White, durante o final dos anos 1960 e o início dos anos 1970, não parece ter penetrado os confins disciplinares da arquitetura. Em vez disso, segundo Tafuri, sob o pós-modernismo (ou hipermodernismo, como ele preferia dizer) a angustiada batalha pública conduzida pelas vanguardas modernas contra a planificação capitalista foi conduzida para o domínio privado. Ali as linguagens estéticas que lideravam o ataque foram vencidas com um barthesiano "prazer do texto", e a arquitetura foi convertida numa *Marselhesa sem Bastilha para tomar de assalto*[11]. Ainda assim, dado o envolvimento de seus sujeitos americanos em um meio histórico sobredeterminado, de fato, pelo conflito do Vietnã, a escolha de Tafuri de uma metáfora marcial vanguardista parece peculiarmente anacrônica.

É justo dizer que mesmo hoje o Vietnã permanece como a "última guerra" no imaginário político estadunidense, no sentido da expressão frequentemente usada de "lutar a última guerra". A despeito da posterior Guerra do Golfo e da ação liderada pela Otan em Kosovo, para não falar dos conflitos pós-11 de setembro no Iraque e no Afeganistão, o Vietnã continua a assombrar o discurso público sobre a guerra nos Estados Unidos. Isso ocorreu em todos os lados do debate sobre a invasão estadunidense de 2003 e subsequente ocupação do Iraque, quer seja na forma de sugestões de que os Estados Unidos ficaram presos num "dilema" estilo Vietnã ou na forma de ataques do "Swift Boat" sobre o histórico militar do senador John Kerry no Vietnã, durante a campanha presidencial de 2004 nos EUA[12].

Da mesma forma para a erosão das limitações sobre o poder executivo colocadas em prática após o escândalo do Watergate, uma erosão que foi exacerbada, após 2001, pelos apelos às exigências de uma nova e assustadora "guerra ao terror" e contra os efeitos improdutivos da dissidência ao estilo Vietnã na acusação da ocupação do Iraque. Na medida em que a guerra cultural sobre a legitimidade da guerra real tomou o Vietnã como seu modelo, de maneira acertada ou não, então pode-se dizer que todos os lados têm lutado a última guerra.

Se o pós-modernismo também emergiu em parte do entrelaçamento da cultura e da política durante os anos 1960 e início dos anos 1970, para os quais o Vietnã foi uma referência organizadora, os lances finais internos da arquitetura podem oferecer uma orientação interpretativa aqui. Ao defender que certas obras de arquitetura dos anos 1970 e 1980 ajudaram a desenhar os contornos do próprio pós-modernismo, Jameson, em particular, teve confirmação na dialética angustiada narrada por Tafuri, embora em termos resolutamente negativos, "anti-pós-modernistas"[13]. Visto retrospectivamente, e a partir de uma perspectiva arquitetônica, essa negatividade parece justificada. Hoje, a citacionalidade multicodificada, geralmente entendida como sendo característica da arquitetura pós-moderna, com suas evasivas mensagens misturadas sinalizando uma aceitação da "inevitabilidade" histórica do desenvolvimento capitalista, foi eclipsada por uma combinação épica de neopragmatismo e tecno-triunfalismo que deixa ainda menos espaço para a divergência. Essa celebração acrítica dos imperativos da "prática" foi acompanhada por um *rappel à l'ordre* anti-intelectual, que é o verdadeiro legado do debate Gray/White, filtrado no final dos anos 1990 pela euforia da "nova economia"[14].

Assim as percepções de Jameson, Andreas Huyssen, David Harvey, Jean François Lyotard e outros teóricos do pós-modernismo ainda se aplicam: a arquitetura ainda parece sintomática de tendências culturais de longo alcance. A questão é se a distinção moderno/pós-moderno captura a especificidade dessas tendências. Embora ele rejeite essa distinção completamente, pode ainda ser necessário liberar alguns dos fundamentos teóricos que informam uma historiografia como a de Tafuri. Tais fundamentos incluem, em "The Ashes of Jefferson" e em outros lugares, a própria noção de uma dialética das vanguardas, tendendo a uma repetição sempre mais farsesca e fútil de batalhas há muito perdidas, culminando no tédio pós-moderno.

O Jefferson de Tafuri interpreta como uma cifra para a traição, pela irracionalidade capitalista, da dialética revolucionária de destruição e construção iniciada pelo modernismo. Condenados de início, os atos estéticos e protopolíticos de derrubada e reconstituição (trágica, compromissada) que Tafuri traça em sua história polêmica dos principais movimentos de vanguarda em *The Sphere and the Labyrinth* (1980, no qual o texto anterior foi assimilado) tornaram-se, nos anos 1970, meros jogos de salão. Essa história começa com Piranesi, quase contemporâneo de Jefferson, e termina com as cinzas fumegantes do único arquiteto que jamais ocupou a presidência dos Estados Unidos, cujos projetos em Monticello e outros lugares Tafuri vê como "voltados a aplacar a *Dialektik der Aufklärung* (Dialética do Iluminismo)"[15]. É notável que a própria arquitetura de Jefferson buscou uma síntese da tecnologia moderna e da estética pós-revolucionária (neoclássica) que prefigurou ligações entre tecnologia e estética em tantos modernismos posteriores. A ênfase de Tafuri, no entanto, está nos deslizamentos entre estética e ideologia. E embora ele tenha perseguido esses temas desde o início dos anos 1960, há também uma sensação, distintamente pós-1968, de esgotamento das políticas revolucionárias em seu relato, refletido nos lances finais de uma estética revolucionária encurralada numa prisão de jogos linguísticos e reduzida a incoerente balbuciar.

Mas será possível que Tafuri também possa estar lutando a última guerra, ao menos no sentido de que ele tem pouco a oferecer na compreensão do que podemos chamar de epistemologias do Vietnã? Com certeza, como um europeu escrevendo sobre a América, sua perspectiva é potencialmente diferente, e de qualquer forma seu desespero frente aos efeitos da hegemonia estadunidense é palpável. Mas para tomar a medida completa da desconexão seria inadequado apenas observar, como uma questão de contexto, a transformação do jogo de guerra chamado xadrez – e, com ele, o revolucionário "movimento do cavalo" – em um dos muitos campos de batalha alegóricos nos quais a Guerra Fria foi travada. Nem seria suficiente lembrar que precisamente esse jogo se tornou uma medida da inteligência da máquina nos *think tanks* militar-industrial, nos quais os computadores estadunidenses estavam sendo ensinados a ler russo e a partir dos quais o "campo de batalha eletrônico" do Vietnã estava sendo gerido[16]. Ainda, cada uma dessas observações levanta a possibilidade de que a guerra de Tafuri, a guerra das vanguardas modernistas (um termo com origem militar no século XIX), não estava acabada, mas sim obsoleta.

No seu lugar, de fato, surgiu algo como um jogo com linguagens estéticas. No entanto, essa virada formalista para a linguagem foi acompanhada, na arquitetura e em outras partes, por outros jogos de orientação mais tecnológica, jogados com sinais e símbolos. Muitos deles foram dedicados a medir o risco ambiental, geopolítico e econômico, e o risco corolário de catástrofe ecológica e/ou social (ou, nos *think tanks* políticos, a guerra nuclear). Exemplares aqui são exercícios tais como o World Game, de Buckminster Fuller, iniciado em 1965. E é apenas pela consideração em conjunto dessas duas dimensões da modulação epistêmica pós-moderna – a tecnológica e a estética – que nós temos uma noção das dificuldades enfrentadas pelo quadro de referências em que Tafuri e muitos outros se apoiaram ao traçar os novos campos de batalha cultural do que agora chamamos de pós-modernismo. Além disso, o encontro (ou não encontro) entre Fuller e a (neo)vanguarda coloca em jogo as dimensões biopolíticas dos "jogos de linguagem" que caracterizaram esses campos de batalha na arquitetura e em outros lugares.

Fuller, de quem Tafuri não teve nada a dizer em *The Sphere and the Labyrinth* e bem pouco em outros lugares, trabalhava para o exército estadunidense desde os anos 1940, projetando, entre outras coisas, "cúpulas" geodésicas leves e móveis usadas como abrigo para equipamentos de radar ao longo da linha DEW (sigla de Distant Early Warning [Alerta Precoce à Distância]), perto do Círculo Ártico. Essas instalações eram parte do enorme servossistema de defesa civil operado por *feedback* chamado Sage (Semi-Automated Ground Environment [Ambiente Terrestre Semiautomatizado]), cuja lógica técnica antecipou as operações militares controladas remotamente, tentadas pelo exército estadunidense no Vietnã. Durante esse período, Fuller exaustivamente (talvez idiossincraticamente) teorizou as implicações de um modelo cibernético baseado em sistemas e operado por *feedback* que ele chamou de "universo", ou rede global tecno-econômica de redes na qual a arquitetura e a engenharia agora operavam. E no final dos anos 1960, tendo se tornado um herói improvável para a contracultura, ele estava devotando boa parte de sua atenção à transformação de espadas em discos de arado, ou, de acordo com ele, convertendo a produção tecnológica do complexo militar-industrial de "killingry" para "livingry." [17]

Como um exemplo desse último, o World Game foi criado originalmente para ser jogado na cúpula geodésica que Fuller construiu para a Agência de Informações dos Estados Unidos na Expo'67, em Montreal. Não realizado lá, assumiu uma vida própria e foi jogado de uma forma mais *ad hoc* em vários locais institucionais, geralmente por estudantes. O World Game é um jogo da "vida", de gerenciamento de populações e recursos no interesse da sobrevivência da espécie humana enquanto espécie, ao invés de uma categoria particular de humanos. Participantes foram convidados a experimentar com as consequências ambientais de diferentes cenários para a distribuição de recursos em mapas mundiais interativos modelados a partir daqueles usados pelos estrategistas de gestão de risco da Guerra Fria. A seu modo, então, o World Game é um jogo de linguagem – um jogo praticado com sinais e símbolos de acordo com protocolos denotativos e prescritivos que transformam o positivismo tecnocrático numa experiência lúdica, com uma série de cenários narrativos diferentes que se desdobram numa combinação de códigos linguísticos e cartográficos. Porém, sobre balanças comerciais e outras quantidades que são medidas e rearranjadas nesse jogo, o que está sendo contestado não é essa ou aquela micronarrativa no agitado mar sem direção do capitalismo tardio. Em vez disso, como os futuristas trabalhando na RAND Corporation ou no Hudson Institute, o World Game supõe um conjunto de narrativas mestras concorrentes que contam a história do futuro global como tal.

A futurologia de Fuller reflete a teoria geral de sistemas subjacente a ela, a qual Lyotard veio a condenar no final dos anos 1970 por sua lógica totalizante[18]. No entanto, em outro nível, o World Game é mais que apenas um jogo de futuros possíveis que (como na futurologia) inevitavelmente se assemelham ao sistema do qual são extrapolados. Ele é também um jogo administrativo. Usando mapas, estatísticas e outros meios de abstração, o World Game busca reorientar o sistema mundial de dentro, jogando com a própria *ideia* de uma direção traçada coletivamente e compreensível para o que Fuller chamou de "Nave Espacial Terra". Está em questão aqui a presumida capacidade da arquitetura em modelar as leis que regem a transformação histórica, de uma maneira comparável à vocação clássica da disciplina conforme interpretada pela Renascença, de mapear a axiomática do cosmos nas superfícies internas de uma cúpula com uma mistura de subtextos seculares e religiosos. A diferença é que no caso de Fuller, como em muitas práticas comparáveis que operam nas margens do pós-modernismo, a estabilidade de qualquer projeção desse tipo, despojada de sua autoridade metafísica *a priori* e condenada a habitar infraestruturas seculares, técnicas, modernas, como a cúpula geodésica, é posta em dúvida desde o começo.

O World Game também indica um conflito pós-modernista com o futuro em outro sentido relacionado. Seu formato de planejamento de cenários foi modelado nos jogos de guerra praticados por combatentes da Guerra Fria e, então, oferecem alguma percepção das epistemologias do Vietnã. Uma diferença notável, no entanto, foi que as premissas maniqueístas de soma-zero e "caia morto" desses últimos (baseadas na teoria dos jogos do matemático e cientista de computação John von Neumann) foram substituídas aqui por uma formulação distintamente fulleresca: "Todos devem ganhar."[19] Isso era utópico, com certeza, mas com alguma precisão tautológica. Uma vez que, se o objetivo do jogo era imaginar uma redistribuição de recursos em que todos ganhassem, ainda assim era impossível vencer o World Game, não porque seu cenário "ideal" estivesse permanentemente fora de alcance, mas porque sua disponibilidade estava baseada numa agonística do conhecimento (jogar o jogo para vencer ao conceber o cenário "correto") que, desde o início, cancelava a cooperação sinergética necessária para que todos os jogadores ganhassem.

Assim, o World Game era disputado em dois níveis contraditórios ao mesmo tempo – um intrínseco, outro extrínseco. Intrinsecamente, ele era um tipo de jogo de linguagem pós-moderno, no qual nenhum cenário tinha direito metafísico ou empírico *a priori* sobre qualquer outro, nem assumia nenhum diferencial de poder entre os jogadores (em outras palavras, uma política de conhecimento); nesse sentido, ele era "pós-político"[20]. Extrinsecamente, por outro lado, ele permanecia completamente modernista, no sentido de que postulava um espaço mapeado e modelado pela própria cúpula geodésica no qual algo mais que um consenso temporário podia ser atingido, uma vez que o computador tinha, com o auxílio de seus "jogadores" humanos, explorado todos os cenários possíveis. Nesse nível extrínseco ou externo, o World Game permanecia um jogo modernista de otimização na escala do sistema mundial, ao invés de um jogo pós-modernista de perpétua inovação competitiva.

Extrinsecamente, então, o World Game também não era tão pós-político ou pós-ideológico como Fuller frequentemente gostava de afirmar. Pelo contrário, ele implicava num deslocamento da política para o nível da cartografia. Tratava-se de um mapa de caminhos para um futuro utópico, mas em que a questão política era, em parte, quem estava no comando dos mapas cognitivos. Para o próprio Fuller essa era uma não questão, comparável a perguntar quem estava pilotando os vários aviões nos quais ele circulou o globo. O árbitro final no World Game seria o computador *mainframe* e não uma entidade política. Conforme Fuller: "O que propus foi baseado em minha observação de que as pessoas no mundo se tornaram extremamente confiantes na infalibilidade do computador e de seus processos controlados eletronicamente", um estado de coisas verificado pela "equanimidade com a qual viajantes de avião ao redor do mundo agora colocam suas vidas na confiabilidade do computador" quando chegam para um pouso noturno[21].

Isso pressupunha que o destino para o qual a Nave Espacial Terra devia ser dirigida fosse pré-programado ou, para colocar de outra forma, que o futuro utópico pudesse ser representado de forma transparente e assim

HISTÓRIA • **73**

otimizado. Mas em contraste com as utopias modernistas de Le Corbusier, por exemplo, que eram representadas em vistas aéreas panorâmicas e planos diretores integrados, os futuros de Fuller eram representados discursivamente e probabilisticamente em cartas, gráficos e estatísticas, descrevendo a "tendência" histórica mundial (seu termo). Foi dado como certo que esses documentos, arquivados em sua "sede" na Southern Illinois University, eram incontestáveis e representavam tendências objetivas e não um projeto ideológico. A um nível, isso não passava de positivismo puro. Mas, num outro nível, isso era uma aposta, em que o que estava em jogo não residia realmente no problema de as estatísticas serem verificáveis cientificamente e, portanto, constituírem uma fundação sólida em que um futuro ótimo pudesse ser construído, quer de forma agonística ou consensual. Em vez disso, o que estava em jogo residia mais profundamente na conversão das utopias modernistas de forma (Le Corbusier) para as utopias pós-modernistas de risco (Fuller).

Os cálculos de risco/recompensa, que subsidiam tanto o World Game quanto os *think tanks* políticos nos quais ele se baseou, dependiam da tradução de diversas variáveis ambientais em um conjunto de unidades linguísticas ou protolinguísticas. Essa lógica técnica correspondia – mas não mostrava exatamente – a uma conexão com aqueles aspectos da mudança linguística da arquitetura que mais tarde tornaram-se identificados com o discurso pós-modernista em geral. Por exemplo, eis Jameson montando as "unidades" mínimas de uma gramática arquitetônica: "essas 'sentenças' – se isso é realmente o que se pode dizer que um edifício 'é' – são lidas por leitores cujos corpos preenchem as várias passagens e posições do sujeito; enquanto o texto maior no qual essas unidades estão inseridas pode ser atribuído à gramática textual do urbano como tal (ou talvez, em um sistema mundial, para geografias ainda mais vastas e suas leis sintáticas)"[22]. O que preocupa Jameson é a dificuldade crescente de mapear esses "textos" em múltiplas escalas, que ele descreve com a ajuda da casa de Frank Gehry em Santa Mônica: "os anos 1960 tornaram-se tóxicos, uma completa 'bad trip' histórica e contracultural, na qual a fragmentação psíquica é elevada a um poder qualitativamente novo, a confusão estrutural do sujeito descentrado agora promovida à verdadeira lógica motora e existencial do próprio capitalismo tardio"[23].

Outro nome que Jameson usa para essa "bad trip" socioespacial que requer um novo conjunto de mapas cognitivos é "espaço corporativo"[24]. Mas em sua inclinação para ler os "textos" como a casa de Gehry ou o hotel Bonaventure de John Portman como alegorias desse novo espaço globalizado e os múltiplos deslocamentos que esse implica, ele é compelido a negligenciar (ou ao menos subestimar) algumas das propriedades reais de espaços corporativos mais literais, como os edifícios de escritórios. Esses espaços foram produzidos por novos regimes organizacionais cada vez mais dedicados a princípios tecnológicos e estéticos, como a flexibilidade, que possibilitou uma relação receptiva e interativa com formas de capital naturalizadas e cada vez mais móveis. Isso significa que, como nos padrões geodésicos sem escala que organizavam tanto as cúpulas de Fuller quanto os mapas do World Game, as dinâmicas inerentemente sem escala dessas construções, bem como sua reprodutibilidade técnica, suportavam um modo de produção pós-industrial, descentrado e aparentemente desorganizado. Porém, em outro nível, essas mesmas dinâmicas trabalhavam sistematicamente para reorganizar o conjunto humano-ambiente em redes integradas e baseadas em padrões. Em termos estéticos, a aura foi tanto perdida quanto recuperada como resultado da reprodutibilidade técnica, na forma de padrões reconhecíveis como a onipresente grelha (pós-)modernista. Nesse sentido, muitos desses edifícios de escritórios são, simultaneamente, originais e cópias.

As paredes em cortina de vidro que fechavam muitos edifícios de escritório durante os anos 1950 e 1960, especialmente nos Estados Unidos, são exemplares nesse aspecto. Nas mãos de um arquiteto como Ludwig Mies van der Rohe (em colaboração com Philip Johnson) no Seagram Building, em Nova York (1958), o fechamento em parede cortina modular de metal e vidro pode parecer a epítome da abstração modernista – uma redução greenbergiana, não tanto para a superfície plana desenhada como para a plástica grelha tridimensional, um símbolo vazio. O mesmo fechamento também pode aparecer como o próprio diagrama da racionalidade capitalista, na forma de um parcelamento em grelha do espaço de vida qualitativo em bens imóveis quantitativos. A tensão resultante entre obra de arte autônoma e mercadoria reificada tem feito vários analistas, entre esses especialmente Tafuri, a ver no Seagram Building um tipo de caso limite, em que a arquitetura, como uma mônada liebniziana reimaginada por Theodor Adorno, dá um testemunho trágico dos malefícios da expansão capitalista mesmo quando se ergue em justaposição silenciosa e heroica a eles. A parede cortina reflexiva/transparente do Seagram, portanto, alegoriza um tipo de resistência final para a obra de arte autônoma como um espelho da dissolução ambiental[25].

Mas há outra lógica em ação entre as linhas da parede cortina, particularmente em edifícios de escritório para grandes corporações como o

Seagram. Trata-se da lógica do que chamei de "complexo organizacional", ou a extensão estética e tecnológica do complexo militar-industrial pós-Segunda Guerra Mundial[26]. Em particular nas suas variações mais comerciais, com frequência chamada de modernismo do pós-guerra, há muito foi entendido (novamente com a ajuda de Tafuri) que tal arquitetura representa a capitulação completa do projeto social emancipatório (ainda que tragicamente falho) do modernismo entreguerras para os imperativos da indústria cultural, mais vividamente por meio da suposta redução da arquitetura moderna à imagem corporativa. No entanto, essa arquitetura e o discurso que a cerca é também evidência de uma mudança histórica na organização do poder e do conhecimento em redes de controle cada vez mais horizontais e baseadas em padrões, caracterizadas por um *organicismo* baseado em sistemas, e não pela desnaturalização e desencanto implícitos pela perda da aura, por meio da redução à imagem reproduzível.

Se o World Game é uma alegoria lúdica da biopolítica, o complexo organizacional é uma máquina biopolítica consumada. Dentro de suas redes moduladas de controle espaço-temporal, a arquitetura organiza e é organizada por uma troca de imagens na forma de padrões regulatórios, numa cadeia sem escala que varia dos organogramas corporativos aos interiores dos escritórios, do exterior das paredes cortina aos diagramas do planejamento urbano. Essa cadeia de padrões, da qual os mapas, gráficos e diagramas do jogo de Fuller também fazem parte, antecipa a produção baseada em imagem do pós-modernismo arquitetônico. Mas significantemente, na sua falta de escala e na permutabilidade de seus padrões, as topologias de troca (incluindo as relações de dentro e fora, frente e fundos) também foram achatadas. Então, uma das principais figuras pós-modernistas – o que Robert Venturi e Denise Scott Brown chamaram, em sua análise, de Las Vegas em 1972, de "galpão decorado", ou de estrutura utilitária revestida com imagens (um edifício, em outras palavras, que declara num grande *outdoor* acima de seu telhado: "Eu sou um monumento!") – torna-se menos convincente como um modelo interpretativo[27]. Em vez da significação, simplesmente, superando ou ofuscando a utilidade (ou do ornamento sobrepujando a estrutura), no complexo organizacional as mídias, tal como a arquitetura, bem como os sinais e as imagens circulando por elas, tornam-se na verdade tecnologias da organização, imagem-máquinas nas quais estrutura e ornamento, forma e função, base e superestrutura, tempo e espaço continuamente trocam de lugares em um *hall* de espelhos comparável àquele que Jameson encontrou dentro do hotel Bonaventure de Portman, em Los Angeles[28].

Como a matriz técnica e estética a partir da qual esse *hall* de espelhos é montado, entretanto, o complexo organizacional também implanta seu novo organicismo baseado em sistemas para integrar esses níveis numa rede única e autorreguladora de redes. Aqui pode ser útil lembrar que, para Jameson, o Hotel de Portman está homologamente lado a lado com o deslocamento alucinatório e a desorientação associados (nos Estados Unidos) à Guerra do Vietnã e representados em textos tais como *Dispatches*, de Michael Herr, que relata as experiências de Herr trabalhando como jornalista no Vietnã. Do ponto de vista de uma dialética tafuriana das vanguardas, isso é de se esperar, uma vez que a ginástica espacial de Portman já tinha trazido a experimentação arquitetônica vanguardista ao serviço do capital multinacional (pode-se dizer que o plano do hotel sintetiza as linguagens espaciais experimentais de Piranesi e Louis Kahn). Mas a parede cortina de vidro espelhado em que o hotel está encapado, quando reconectada aos edifícios de escritório em que se originou, requer uma interpretação ligeiramente diferente.

O crítico Colin Rowe, em seu importante ensaio de 1956, "Chicago Frame", se esforçou para distinguir entre edifícios de escritório projetados por arquitetos comerciais e aqueles projetados por arquitetos como Mies. Reiterando tal distinção, na sua introdução de 1972 ao *Five Architects* (um documento essencial no debate Gray/White), Rowe achou necessário se referir indiretamente à parede cortina que, por aquela época, havia se tornado uma marca da arquitetura corporativa. Lá, ele colocou a obra de Peter Eisenman, Michael Graves, Charles Gwathmey, John Hejduk e Richard Meier contra o pano de fundo de uma recepção estadunidense pós-ideológica do modernismo europeu, que converteu a retórica revolucionária da arquitetura moderna no que Rowe chamou de "uma aparência adequada para as atividades corporativas do capitalismo 'esclarecido'"[29]. Segundo Rowe, a evidente "lacuna" entre as promessas utópicas da década de 1920 e o modernismo comercial do pós-guerra, entregue para os consumidores estadunidenses sob a forma de uma tal aparência, "estabelece a linha de base para qualquer produção contemporânea responsável". O retorno dos cinco arquitetos (os Whites) às fontes europeias, e em particular a Le Corbusier, era, assim, uma operação de resgate.

Contudo, o próprio fato de um arquiteto como Mies já ter empregado há tempos técnicas que podiam ser classificadas ao lado daquelas utilizadas por firmas comerciais também sugere a inseparabilidade de sua obra frente a um fenômeno de *massa*, a despeito das afirmações em contrário de críticos como Rowe. O que significa que a crise na arquitetura aqui (se há alguma), em última instância, oferece pouca semelhança com aquela vivida por Ulisses, amarrado ao mastro e exposto aos encantamentos das sereias enquanto seus remadores conduziam o navio com os ouvidos tapados, separando, assim, a experiência estética da vida prática, e no processo assegurando a rígida abstração como a base de ambos[30]. Não é suficiente, portanto, localizar o silêncio miesiano numa oscilação dialética, em cujo outro extremo está uma indulgência culpada e sublimada, obscurecida quase ao ponto de ser irreconhecível, nos prazeres da comunicação de massa. Por quê? Porque a crise aparente não resulta de um confronto entre a arquitetura *e* a mídia de massa moderna. Ela emerge daquele momento em que a arquitetura reconheceu a si mesma, refletida na parede cortina, *como uma entre as muitas mídias.*

O debate Gray/White é sintomático desse momento, marcando um tipo de estágio arquitetônico do espelho no qual a neovanguarda e a retaguarda se uniram na tentativa de restaurar a coerência disciplinar interna da arquitetura como tal. É por isso que Rowe fica próximo da violação dos códigos não escritos do debate quando ele mede a obra dos Cinco de Nova York contra a "linha de base" constituída pela "lacuna" aberta pelo modernismo corporativo estadunidense em relação a seus antecedentes europeus. Contextualizações desse tipo não foram buscadas por quaisquer dos porta-vozes dos *Five Architects*, que foram reunidos em outro documento central para o debate, a crítica "Five on Five", publicada na *Architectural Forum*, em 1973. Aqueles outros (Gray) cinco, apegados que estavam aos termos de um discurso que eles entendiam como interno à arquitetura, estavam sem disposição e sem capacidade para questionar diretamente seus próprios papéis na articulação de uma indistinção entre obra de arte e meio de massa. E assim Robert A.M. Stern, Jaquelin Robertson, Charles Moore, Allan Greenberg e Romaldo Giurgola olharam no espelho seus duplos. O que eles viram, e o que escreveram sobre, foram onze casas desenhadas por cinco arquitetos – sem "linhas de base" e sem "lacunas" organizando o campo, apenas obras de arquitetura que podiam ser avaliadas como tais[31].

Acima de tudo, eles não viram quaisquer paredes cortina. Certamente, a escala doméstica das obras basicamente impediu o uso desse dispositivo. Mas o próprio espelho, no qual cinco estavam refletidos como cinco e a arquitetura como tal ainda podia ser discutida – por arquitetos – estava invisível por diferentes razões. Ele estava invisível porque estava por toda a parte, na forma sublimada. Estava lá na forma da "arquitetura de papel" associada aos cinco Whites (e a Eisenman em particular), na brancura pura de suas paredes, na esterilidade de suas "estruturas" e nas superfícies vazias pelas quais a *arquitetura como tal* afirmava sua precária autonomia. Estava lá também (como um agente da desmaterialização) na tendência sobredeterminada de seus cinco porta-vozes confrontarem esse vazio com "materiais", ou melhor, imagens de materiais – mensagens com o nome da *arquitetura como tal*: telhas, estacas, placas de fechamento.

Vicent Scully, a contraparte de Rowe como apologista dos outros cinco (Gray), demonstrou o mesmo ao resumir os atributos de certas casas estadunidenses do século XIX no prefácio da edição revista de 1970 do *The Shingle Style and the Stick Style*, uma fonte importante para a citação pós-modernista:

> Consideradas puramente como arquitetura, essas casas eram certamente ainda melhores do que eu pensava que fossem quando escrevi sobre elas, e elas provaram ser ainda mais importantes num sentido histórico como a própria inspiração para a nova arquitetura [...]. À sua maneira, elas eram também as formas mais gentis: as mais tranquilas e espiritualmente abertas [...].
>
> Generosas e gentis: não são palavras que podemos aplicar facilmente a nós mesmos nesses anos de sangue e loucura. Também havia o mal no século XIX. Mais uma razão para valorizar essas casas e seus arquitetos, há muito mortos, cujos propósitos eram humanos.[32]

E assim retornamos ao Vietnã. Encorajando seus leitores a olhar no espelho com ele, Scully viu guerras, mas não viu a arquitetura na qual seu "sangue e loucura" se tornaram visíveis. Ele viu apenas uma imagem de humanidade, "generosa e gentil", encarnada num sistema de símbolos arquitetônicos (*shingle style*), apresentado como um arquivo para a prática pós-moderna contra o pano de fundo das atrocidades do tempo de guerra, cintilando ao longo de uma tela.

No entanto, a guerra no Vietnã não era simplesmente um contexto para a arquitetura em questão (embora ela fosse isso), nem tampouco meramente abastecia a arquitetura com algum tipo de assunto latente (embora ocasionalmente o fizesse). Tal como os esforços arte-históricos, como o combate de Scully ao vazio televisual da parede cortina com imagens de plenitude tiradas da "história", historiadores até hoje têm geralmente distinguido a singularidade do Seagram (entendido como uma autêntica obra de arte) da massa de cópias que gerou. Mas como as muitas repetições históricas deformadas, executadas pelos admiradores de Scully, essas cópias – a parede cortina como fenômeno de massa – exibem uma singularidade própria, que não é a singularidade da obra de arte, mas do meio. Como uma massa e como um meio, elas constituem um campo onde o edifício de Mies aparece, para emprestar uma expressão de James G. Ballard, como um "mero módulo".

Como Ballard coloca, em *The Atrocity Exhibition* (1969): "Nas perspectivas da praça, as junções de passagem subterrânea e aterro, Talbot finalmente reconheceu um módulo que podia ser multiplicado na paisagem de sua consciência. O triângulo descendente da praça foi repetido na geometria facial da jovem mulher. O diagrama de seus ossos formou uma chave para suas próprias posturas e musculatura..."[33]

Unidades de imagem são trocadas ao longo desse livro (para Jameson, um exemplo que indica o pós-modernismo literário), em que as atrocidades do título, figuradas nas batidas de carro, assassinatos e crimes de guerra, que aparecem em segmentos televisuais e desarticulados, são mostrados, em última análise, nas próprias trocas que destroem toda contiguidade espacial e coerência comunicativa. Novamente a parede cortina dá testemunho: "A parede cortina de vidro formava um elemento num céu vertical, um espelho dessa paisagem em deterioração."[34]

Mas se o livro de Ballard descreve o novo regime de fluxo regulado e comoditizado, também exemplificado pela televisão, o papel da parede cortina como espelho esconde outra função, mais instrumental. Numa linha similar à noção de Jameson de "fluxo total", Jonathan Crary sugeriu que a justaposição heterotópica de segmentos de mídia feita por Ballard – o filme *Zapruder*, Jacqueline Kennedy, a Guerra do Vietnã, automóveis destruídos – "coincide com a dissolução da legibilidade gerada pela própria eficácia e supremacia do espetáculo"[35]. A qualidade indecifrável dessas colisões é assegurada pela equivalência de seu conteúdo e pela comoditização cibernética da informação como fluxo de dados. Em lugar de objetos há apenas trocas, canais e – podemos acrescentar – dispositivos de registro e reprodução como o videocassete. Esse tipo de abstração corresponde à abstração da parede cortina. Em Mies, mas também em Skidmore, Owings & Merrill, Emery Roth & Sons e muitos outros, a parede cortina atua tanto como um dispositivo de registro, que dá testemunho da violência efetuada no tecido urbano por sua própria reduplicação quanto, por meio da modulação de suas grelhas, como um dispositivo de troca que canaliza os mesmos fluxos de trabalho e capital que registra. A paisagem resultante, diagramada no e pelo complexo organizacional, já não é mais um conjunto de processos estéticos autônomos ou semiautônomos. É uma paisagem na qual todos esses processos tendem à integração por meio de ligações midiáticas como aquelas catalogadas no livro de Ballard.

Em *The Atrocity Exhibition,* partes de corpos, posições sexuais, edifícios, junções rodoviárias e imagens da morte mecanizada tornam-se espelhos um do outro numa modulação contínua e indecifrável em sequência através de paisagens internas e externas, aumentando e diminuindo em escala. Cada unidade na troca é um "mero módulo", marcando a total neutralização dos próprios limites da experiência subjetiva – sexo e morte – no que Ballard chama um "jogo conceitual". Como dr. Nathan coloca, brutalmente:

> Qualquer grande tragédia humana – o Vietnã, digamos – pode ser considerada experimentalmente como um modelo maior de uma crise mental mimetizada em ângulos de escada ou junções de superfície defeituosos, falhas na percepção do ambiente e da consciência. Em termos de televisão e de revistas de notícia, a Guerra no Vietnã tem uma significação latente muito diferente de seu conteúdo manifesto. Longe de nos repelir, ela nos *atrai* em virtude de seu complexo de atos poliperversos. Precisamos ter em mente, embora com tristeza, que a psicopatologia não é mais reserva exclusiva dos degenerados e perversos. Congo, Vietnã, Biafra – esses são jogos que qualquer um pode jogar.[36]

Assim, nos "jogos conceituais" dos Cinco de Nova York, como nos jogos semióticos de seus adversários Gray, a guerra estava qualquer coisa, menos acabada. Retraindo em horror de sua própria dissolução no dispositivo de troca da parede cortina, a arquitetura não pôde se livrar de sua cumplicidade com a violência da mídia de massa. Em vez disso, ela internalizou essa violência, na forma de uma "crise mental mimetizada em ângulos de escada ou junções de superfície defeituosos, falhas na percepção do ambiente e da consciência" – os deslocamentos e "atos poliperversos" que se tornaram característicos do pós-modernismo. Assim, a guerra no Vietnã e as guerras nas cidades foram escritas nas mesmas grelhas e telhas dos objetos supostamente arquitetônicos em torno dos quais o debate Gray/White girou. Cada elemento de cada casa, incluindo seu arquiteto, era um módulo numa corrente de equivalências. A possibilidade da obra de arte autônoma estava perdida nessa cadeia espelhada, mesmo como um polo de um movimento dialético. Em seu lugar estavam apenas as mídias, reproduzindo umas às outras e interagindo umas com as outras, *ad infinitum*.

Nesse sentido, *contra* Tafuri, os prazeres dos textos pós-modernos da arquitetura eram inteiramente públicos. Eles eram os mesmos prazeres que

Ballard associa à televisão, os prazeres de testemunhar uma atrocidade de uma distância suficientemente segura para reagir com ultraje moral mesmo experimentando uma perversa satisfação por meio da reduplicação mimética de tais atos em forma estetizada. A parede cortina com seus ritmos A-B-A estava, como os mapas que organizavam o World Game de Fuller, entre os muitos tabuleiros de xadrez nos quais essas jogadas eram feitas. Isso também quer dizer que os jogos linguísticos disputados nas superfícies da arquitetura pós-moderna eram, precisamente, *jogos de guerra*. E não digo isso metaforicamente. Esses jogos eram disputados por combatentes seguindo os movimentos da militância vanguardista, cujos prazeres derivavam não do recolhimento privado, mas da publicidade da própria guerra – uma guerra abstrata, embora bastante real que, igual ao Vietnã como visto nas televisões estadunidenses, deve ser chamada de guerra midiática[37].

Aqui nos aproximamos da categoria do *risco*, que é indispensável a qualquer análise das epistemologias do Vietnã. Os esforços de pensadores como Jameson para mapear as dimensões culturais, sociais e econômicas de uma mudança histórica mundial com o auxílio ocasional da arquitetura foram igualados e por vezes desafiados por variantes do discurso de modernização que tomam o risco como uma figura epistemológica central. Esse discurso vê transformações tais como a articulação do risco ambiental ao nível de sinais e símbolos abstratos (e longe da experiência direta) como contínuas à modernidade, ao invés de marcarem uma passagem para um regime propriamente *pós*-moderno. Ilustrativo aqui é o trabalho dos sociólogos Anthony Giddens (com quem encontramos Jameson ocasionalmente duelando) e Ulrich Beck. De maneiras diferentes, ambos, Giddens e Beck, defenderam que o equilíbrio de risco ambiental e ontológico é a marca de uma nova modernidade "reflexiva" e autocorretora[38]. Jameson é, eu creio, justamente desconfiado do projeto político centrista e homeostático com o qual essa tese é frequentemente alinhada, particularmente no caso de Giddens. Cálculos de risco/recompensa são, afinal, aplicáveis igualmente à guerra nuclear, ameaças ambientais e investimentos financeiros. Na medida em que Giddens e Beck oferecem um paradigma baseado em risco e seus *loops* de *feedback* como modelos de reflexividade, eles parecem não ter conseguido pisar para *fora* da lógica técnica do capitalismo tardio, mas sim tê-la internalizado.

Ainda assim o *loop* de *feedback* cibernético, que subsidia o organicismo baseado em sistemas do edifício de escritórios em parede cortina, a teoria dos jogos (e jogos de guerra) disputados nos *think tanks* da Guerra Fria, bem como o lúdico World Game de Fuller, oferecem um modelo interpretativo diferente, e um modelo de causalidade distinto, daquele da dialética histórica em que tanto Tafuri como, em um sentido diverso, Jameson se apoiam. Nessa perspectiva, o problema pode não ser apenas que o pós-modernismo traga consigo a forma final de desencantamento, mas sim, que seu desorientador *hall* de espelhos também oculte \ que acompanham o movimento do "sistema" como tal em estágios cada vez mais oníricos. Essas naturalizações são familiares em discursos econômicos neoliberais em que a magia "autorreguladora" dos mercados, comparada a sistemas biológicos, frequentemente assume o controle da mão invisível como motor principal. Mas elas são muitas vezes negligenciadas como indicadores de um tipo diferente, porém relacionado, de modulação epistemológica característica do pós-modernismo.

Tais naturalizações, e suas correspondentes restaurações de aura, estão em conflito com o caráter delirante, fragmentado e esquizofrênico do pós-modernismo, conforme enfatizado por Jameson e outros. Em termos históricos, qualquer período dado é necessariamente atravessado por seus próprios contraexemplos. E, contudo, como Jameson sugeriu, refletindo sobre a fragilidade historiográfica e filosófica de todos os gestos de periodização, "não podemos não periodizar" se quisermos combater as mitologias de um eterno presente[39]. Mas essas aparentes anomalias, tais como a mistura de Fuller de técnicas modernas e pós-modernas, são mais que meramente idiossincráticas ou transitórias. Em vez disso, elas registram uma dinâmica da própria periodização que, ao invés de traçar linhas entre épocas históricas, produz agrupamentos de oscilações do tipo nomeado pelo termo mais técnico de *periodicidade*. A periodicidade opera como uma pulsação recorrente ou uma modulação. Ela se move em ciclos autorreflexivos que traçam mais do que apenas o eterno retorno. Esses ciclos ou *loops* retrocedem mesmo quando se movem para diante, lutando, de fato, duas guerras ao mesmo tempo.

Quero, portanto, sugerir que o fechamento insinuado pelos vários "fins" do pós-modernismo, e preeminentemente pelo "fim da história", é o (semiaberto, pulsante, modulado e videográfico) fechamento do *loop* de *feedback* e não a chegada-a-um-fim do arco narrativo. Em um ensaio que identifica uma pós-história predominantemente hegeliana (diferenciada da pós-história francesa) com o pós-modernismo, Jameson sugeriu, por meio de uma comparação com o *The Frontier in American History* (1893), de Frederick Jackson Turner, que, de qualquer forma, o "fim" em questão com Fukuyama é mais espacial do que temporal em caráter. Para Jameson, escrevendo em 1998, as ansiedades capturadas na tese de Fukuyama "revelam o fechamento de outra e mais fundamental fronteira no novo mercado mundial da globalização e das corporações transnacionais"[40]. Outra versão da claustrofobia provocada pelo saguão do Bonaventure Hotel, esse ambiente quase total é assolado por uma falência da imaginação definida, por um lado, por uma sensação de catástrofe ecológica iminente que constrange a expansão industrial (pense aqui no World Game de Fuller) e, por outro lado, pela intensificação das conexões pós-industriais dentro da ordem cibernética de coisas que torna a "desconexão" quase impossível de conceber (pense aqui na parede cortina como mídia de massa). Mas seja no espaço ou no tempo, ou melhor, na transição da temporalidade moderna (evolução, progresso) para a espacialidade pós-moderna (claustrofobia, esquizofrenia), parece que ainda estamos lidando com uma passagem de um estágio histórico para outro.

Então o que pensar da "última guerra" repetida infinitamente (como se) na televisão? Outra versão do fechamento pós-moderno, a piada cibernética final da história, um *loop* de *feedback* de proporções infernais? Ou, mais contraintuitivamente, uma abertura para um novo campo espaço-temporal (isso é, *histórico*), com passado, presente e futuro, dentro e fora, ligeiramente deslocados um do outro, em vez de unidos pela narrativa ou alienados pela montagem? A análise arquitetônica pode ajudar aqui a reconstruir um sentido de surpreendente periodicidade assíncrona do pós-modernismo, um sentido que desafie o movimento naturalizado para diante do *loop* de *feedback*, ao vê-lo se repetir em seu próprio topo ou recuar em si mesmo, sem se fechar completamente[41]. Essa análise também pode ajudar a entender o anacronismo geralmente chamado de "pós-moderno". Em termos benjaminianos, isso pode parecer algo como a dialética numa situação de imobilidade. Porém, conectada às economias e ecologias de risco que organizam a globalização corporativa, ela pode também traçar caminhos circulares pelos interiores pós-modernos que de outra forma parecem apenas abrigar jogos de salão desengajados e *think tanks* paranoicos[42]. Esses caminhos podem até levar a um exterior pós-pós-moderno que, não obstante Jameson, não pode ser capturado em sua integridade no saguão de um hotel da década de 1970. No mínimo, eles oferecem um mapa de um campo de batalha diferente.

Só é preciso olhar para o próprio Vietnã. Uma guerra imperial na própria fronteira do imperialismo, com nenhum território real em disputa, a Guerra do Vietnã foi, da perspectiva estadunidense que ocupa muita teoria pós-modernista, uma guerra esquizo-simbólica, embora mortal. Da perspectiva vietnamita (tanto do Norte quanto do Sul), ela foi certamente diferente. Aqui está um vislumbre de uma entrevista da RAND Corporation com um soldado norte-vietnamita que havia desertado: "Se eu soubesse quando a guerra iria acabar, eu teria tentado permanecer no [National Liberation] Front para lutar até o fim."[43] Guerra perpétua, sem final à vista, organizada ao redor de uma série de testes laboratoriais experimentais de gestão de risco de "sistemas de armas", incluindo, entre outras coisas, bombas de fragmentação, sensores de calor antipessoal e os desfolhantes químicos responsáveis pela destruição de mais de seiscentos mil hectares de terra rural só em 1967[44]. Tudo isso ajudou a limpar o solo, por assim dizer, para outro movimento incremental no voltar atrás poliperverso do capitalismo tardio, como diria Fuller, de "killingry" para "livingry".

Indo adiante para 1994. A periodicidade assíncrona que ecoa através da frase "lutando a última guerra" pode ser medida em eventos extemporâneos como esse: naquele ano, Skidmore, Owings & Merrill (SOM), os arquitetos de tantos edifícios de escritório canônicos, que também iam comandar o projeto para o Marco Zero, em Nova York, ganharam um concurso de planejamento urbano para projetar "Saigon South", na cidade de Ho Chi Minh. Em adição à oferta de habitação, escritórios e equipamentos culturais, o plano incorporou "cividades" como universidades, equipamentos esportivos, jardins botânicos, um zoológico, um parque aquático, recinto para feiras, pista de corrida e campos de golfe, "tudo ligado por uma via--parque ajardinada"[45]. Entre suas palavras-chave estava a "sustentabilidade", que descreve uma "estrutura ambiental" integrada projetada para gerenciar os riscos à hidrologia urbana, qualidade da água, inundações, margens e qualidade do ar colocados pelo crescimento urbano. Sem ironia, essa "estrutura" foi aplicada a uma paisagem previamente sujeita aos riscos colocados pelo napalm, entre outras tecnologias ambientais pós-modernas.

Nesse sentido, o plano substitui emblematicamente (mas também reproduz) iniciativas ambientais anteriores dos EUA no Vietnã, tal como a Operação Igloo White (1967-1972), cuja linha de sensores, disfarçada por galhos e rochas e espalhada pela trilha de Ho Chi Minh passava informações sobre os movimentos das tropas vietcongues para um posto de comando central dos Estados Unidos na Tailândia. Essa mesma operação também incluiu um plano proposto (mas não executado) de usar desfolhantes químicos para limpar uma faixa de floresta intransponível de dezesseis quilômetros de largura que atravessava o Vietnã na zona desmilitarizada[46].

A guerra no Vietnã foi uma guerra de modernização, travada com as ciências sociais tanto quanto com a tecnociência. Foi uma guerra na qual, por exemplo, o ex-professor de Fukuyama, o cientista político Samuel P. Huntington, sugeriu, em um relatório confidencial para a Usaid – United States Agency International Development (Agência dos Estados Unidos Para o Desenvolvimento), escrito em 1969, que os Estados Unidos acelerassem os programas existentes para "induzir migração substancial de pessoas do campo para as cidades", bem como construir "interligações de transporte e comércio" por todo o Vietnã do Sul[47]. Tal sugestão foi feita na esperança de desmoralizar ou cooptar a resistência da NLF – National Liberation Front (Frente de Libertação Nacional) no interior empobrecido, oferecendo o incentivo do desenvolvimento econômico. Embora essas recomendações sejam reconhecidas como parte de uma abordagem de "corações e mentes" para a contrainsurgência, as técnicas reais que elas implicam contam uma história mais elaborada. No caso do relatório de Huntington, evidentemente supôs-se que a aceleração da migração para a cidade iria continuar sendo "induzida" por meio de "bombardeamento incessante, criação de zonas de cessar-fogo e destruição de colheitas"[48]. Em outras palavras, [tratava-se da intervenção de] uma biopolítica, ou de uma política estabelecida não ao nível da ideologia política ou da jurisprudência e da lei, mas por meio do gerenciamento tecnoespacial de uma população e seu território. Essa foi uma política para a qual, em última instância, não importava se os camponeses sul-vietnamitas realmente mudavam o direcionamento de sua lealdade, mas tinha apenas como objetivo o apaziguamento deles diante da promessa de uma vida melhor sob a modernização capitalista.

Essa é uma das incontáveis ironias (leia: *loop* de *feedback*) da história, materializada no fato de que Huntington teve de esperar até o fim da Guerra Fria (apenas para ser substituída por um fictício "choque de civilizações") para que suas recomendações fossem concretizadas. Em 1994, o mercado imobiliário global substituiu a ciência social aplicada e a guerra tecnológica como instrumento organizador num Vietnã reunificado. Em vez de sensores e napalm, o plano do escritório SOM ofereceu "uma gama de incentivos econômicos e de desenvolvimento competitivos". Isso representou uma melhoria, talvez, mas não isenta de certa repetição compulsiva. Foi como se o aviso de Tafuri estivesse perversamente estampado em cada fachada contextualmente adequada e em cada gramado bem cuidado propostos para Saigon South: "A guerra acabou."

Qual guerra? Nos anos 1970, as táticas de choque mecanizadas da "linguagem de luta" modernista não haviam exatamente encalhado na ausência de transformação social geral, como quis Tafuri. Elas, ao contrário, foram assimiladas, durante o período nomeado erroneamente de "pós-guerra", em sistemas arquitetônicos organicistas desenvolvidos por firmas como SOM e construídas em paredes cortina corporativas e outras tecnologias de organização. Simultaneamente, os deslocamentos ontológicos amplificados pelas tecnologias da guerra (fria ou quente) estavam sendo gerenciados em jogos cibernéticos de risco ambiental e geopolítico como o World Game de Fuller.

Esses dois projetos finalmente se uniram no pós-modernismo arquitetônico exemplificado pela proposta do escritório SOM para Saigon South. Eles o fizeram na forma de uma volta para a casa, em que os deslocamentos estéticos associados a misturas de códigos linguísticos (que Charles Jencks chamou de "ecletismo radical") encontraram, em sua própria repetição dentro de uma monocultura globalizada, uma perversa capacidade de parecerem – na cidade de Ho Chi Minh e praticamente em todo lugar – enraizados, "locais", em virtude de seus apelos compensatórios à continuidade cultural. Enquanto isso, ao mesmo tempo, o próprio espectro de risco intensificado geopolítico e ambiental confrontado (com arrogância modernista) por Fuller foi cada vez mais domesticado por meio da produção de civilidades de estilo de vida reunidas sob o signo da "sustentabilidade", uma palavra que realiza sua própria naturalização do gerenciamento de risco referindo-se a um só tempo à ecosfera e aos mercados globais.

Embora estivessem lá desde o início, essas refundamentações reflexivas foram ofuscadas pelo sentido de sincronicidade histórico-mundial que frequentemente acompanha as batalhas na "última guerra". E assim um teórico como Jameson pôde ver o "pós-modernismo" como principalmente um processo de desencaixe, em vez de uma reterritorialização assíncrona que também acabou por ser. Nesse sentido, a arquitetura chega tanto cedo quanto tarde ao pós-modernismo. Cedo, na medida em que foi capaz de oferecer matéria-prima com a qual se pôde traçar as desterritorializações iniciais. E tarde, no sentido de que ela agora oferece evidência notável de como os próprios espectros que foram liberados nas câmaras de eco do espaço corporativo retornaram, não tanto para nos assombrar – e assim ameaçar nossas estabilidades em algum outro nível – mas para nos acalmar. Em meados dos anos 1990, a desorientação pós-modernista tinha dado uma volta completa, tendo sido cognitivamente remapeada, refundamentada e domesticada no próprio Vietnã. É dessa forma que os *loops* de *feedback* funcionam. Do mesmo modo, colaborações alucinantes entre tecnologia e estética com origem nos anos 1960 foram recicladas e revendidas, na forma de um "sentido de lugar" completamente pós-moderno,

HISTÓRIA ∎ **87**

massa-mediado, em certo número de planos que, como o do SOM, agora servem como instrumentos biopolíticos de uma ordem econômica neoliberal. E nas entrelinhas dessas "estruturas adaptáveis" oferecidas em apoio a fantasmas como um "mercado dinâmico na cidade de Ho Chi Minh" está escrita, talvez, outra frase ainda mais sinistra do que aquela que marcou a melancolia de Tafuri: "A guerra, ao que parece, apenas começou."

3 LINGUAGEM
Meio Ambiente, c. 1973

Uma condição para a emergência do pós-modernismo arquitetônico foi a transformação do "meio ambiente" como categoria epistemológica durante o final dos anos 1960 e os anos 1970. A arquitetura foi pensada durante esse período ou como uma parte do "meio ambiente", entendido como uma mistura de efeitos naturais e culturais, ou ontologicamente excluída dele, e, portanto, das instrumentalidades da teoria e da prática ambientalistas. Isso, por si só, não era novo. Mas essas duas posições compartilhavam um entendimento em geral implícito de que o escopo e a natureza do "meio ambiente" haviam se tornado tão vastos, tão abrangentes e tão *abstratos*, e haviam acumulado um tal impulso independente, a ponto de escapar (ou ameaçar) a capacidade da arquitetura de modelá-lo, quer por meio de metonímia ou como uma *imago mundi*.

O meio ambiente como um tipo de sublime pós-moderno, então, ou era evitado em nome da prática estética autônoma ou sujeito aos imperativos domesticadores que guiavam em boa parte a pesquisa e o ativismo ecológicos. A base para ambas as opções, entretanto, era o que Michel Foucault identificou, de maneira provisória e não muito adequada, em notas para si mesmo escritas no final da década 1970, como uma "ambientalidade" expansiva – um conjunto de procedimentos e protocolos técnicos que o filósofo-historiador via surgindo no horizonte de sua própria experiência histórica[1]. Na arquitetura, isso de forma um tanto inesperada incluiu toda uma série de comparações com a linguagem, das quais só vamos lidar aqui com aquelas que mais explicitamente buscaram uma gramática e uma sintaxe arquitetônicas consideradas capazes de definir um campo autônomo de prática.

Para reconhecer as consequentes implicações, devemos examinar os desafios colocados por uma nova noção de meio ambiente baseada em risco conforme tratada no discurso arquitetônico e nas políticas públicas. Devemos também estar preparados para descartar qualquer distinção absoluta entre o que está "dentro" de uma disciplina e o que está "fora" dela, sem descartar a noção de disciplinaridade como tal. Como com os problemas de espaço e território que já encontramos, proponho que consideremos a questão da autonomia disciplinar como fundamentalmente topológica em caráter. Sob essa óptica, o que a análise formalista na arquitetura, pintura, ou literatura pode tomar como sendo um movimento para dentro, em direção às gramáticas e sintaxes do objeto estético, seja objeto ou texto, também constitui um movimento para fora, em direção ao "meio ambiente" e a tudo o que ele implica: autonomia então como uma condição para a imanência, em vez de uma alternativa a ela.

Vamos começar do lado de fora. Em 1º de janeiro de 1970, o presidente dos Estados Unidos, Richard M. Nixon, assinou a Nepa – National Environmental Policy Act (Lei Nacional de Política Ambiental), declarando que "os anos 1970 devem ser os anos em que os Estados Unidos pagam seu débito com o passado recuperando a pureza de seu ar, de suas águas e do nosso ambiente de vida. É literalmente agora ou nunca"[2]. Em 10 de fevereiro do mesmo ano, Nixon delineou um programa antipoluição com 37 pontos, observando ainda que "conforme aprofundamos nossa compreensão dos complexos processos ecológicos [...] muito mais será possível"[3]. Ao assinar a Nepa e ao anunciar as medidas antipoluição, Nixon implicitamente evocou uma série de construções que estavam sendo favorecidas simultaneamente por arquitetos e teóricos da arquitetura, entre outros. Prioritariamente, entre tais construções estava um sujeito humano implícito, o habitante do "meio ambiente". Para Nixon, como para grande parte do discurso ambiental e ecológico, esse sujeito era um instrumento de integração em uma totalidade sociopolítica, embora com fins diferentes. Mas o que espero esclarecer aqui é o grau em que o discurso arquitetônico também evocou esse mesmo sujeito numa tentativa de isolar a arquitetura-como-tal das forças sociopolíticas e sociotécnicas em ação no discurso sobre o "meio ambiente". Enfatizo esse ponto porque a imanência da arquitetura, com respeito a essas forças, acaba sendo mais ativa e mais visível precisamente quando ela parece se recolher numa autonomia disciplinar protecionista.

Para Nixon, a assinatura da Nepa, com sua injunção "agora ou nunca" suplementada por seus 37 pontos, apontou em direção ao que ele chamou de "um objetivo comum urgente de todos os estadunidenses: a recuperação de nosso *habitat* natural como um lugar tanto habitável quanto hospitaleiro para o homem"[4]. Na invocação do meio ambiente como um objeto de regulamentação governamental, Nixon invocou repetidamente um povo – "nosso" meio ambiente, "nosso" *habitat* natural. Mas suas palavras também agiram para forçar esse povo a se tornar um sujeito unificado, ao mesmo tempo colapsando dois territórios aos quais esse sujeito e seu meio ambiente implicitamente correspondiam, o nacional e o supranacional, quando ele identificou o "objetivo comum" da "purificação" ambiental tanto com "todos os estadunidenses" quanto com o "homem" como tal. Com esse colapso também vem o colapso peremptório da habitabilidade e hospitalidade que Nixon presumivelmente buscava no "meio ambiente", porque durante a era da Guerra do Vietnã e do napalm dificilmente era evidente que os objetivos de todos os estadunidenses, incluindo seus objetivos ambientais, coincidissem. Nem estava claro que esses coincidissem com os interesses do assim chamado homem. Esse conflito é obscurecido na linguagem de Nixon, que apenas se apoia naquela do ambientalismo dominante no período ao evocar um humano universal como o habitante do meio ambiente. Nos detalhes da legislação, esse meio ambiente é convertido em um objeto de conhecimento tecnocientífico associado ao regime de risco lógico-matemático. Então a linguagem de Nixon, a linguagem da ecologia, também reconstitui o humano (também se pode ler: "nação") como um sujeito *em* e *de* risco, um sujeito só aparentemente estável, que na prática ocupa a posição de uma *variável* ou de um parâmetro num complexo cálculo ecológico *e* econômico.

Nesse ponto encontramos o meio ambiente desvinculado de suas origens do século XIX na forma do "meio" sociobiológico mais imediato, porque como regra o risco ambiental não se apresenta à observação ou como experiência direta, mas sim, como Ulrich Beck observa, está "localizado na esfera das *fórmulas físicas e químicas*"[5]. Em ação, aqui está o que Foucault já havia descrito em 1966 como "o princípio da decifração primária", que prometeu invalidar o "homem" tanto como objeto pré-constituído quanto como destinatário implícito do conhecimento científico. É um princípio dado na sua especificidade histórica pelo o que Foucault chama de a "contraciência" da linguística, por meio do aparato de uma "estrutura" lógica e racionalizada também encontrada na descrição matemática – na qual, como Foucault coloca, "as coisas ganham existência apenas na medida em que sejam capazes de formar os elementos de um sistema significativo"[6]. Assim também para o meio ambiente, porque é igualmente através de um sistema significativo, ou um sistema de sinais – um ecossistema tal como descrito por fórmulas físicas e químicas – que o que Beck chama de "sociedade de risco" percebe as conexões entre as modulações ambientais e seus efeitos geográfica e/ou zoologicamente remotos. Com base nesse sistema, tanto o risco ambiental *quanto* a solidariedade ecológica (ou o que Beck chama de "solidariedade das coisas vivas") são articulados[7]. Mas esses mesmos sinais também podem ser refuncionalizados economicamente (como, por exemplo, no caso do consumo e da exploração do petróleo) pela tradução de projeções ambientais probabilísticas em projeções financeiras probabilísticas por meio de técnicas como análises de custo e benefício, e cálculos de risco e recompensa.

Entre as disposições na lei assinada por Nixon (que em seguida, naquele ano, resultou na formação da Agência de Proteção Ambiental) estava uma que autorizou e orientou todas as agências federais a "utilizar um enfoque sistemático e interdisciplinar que assegurará o uso integrado das ciências naturais e sociais e das artes do projeto ambiental no planejamento e na tomada de decisões que possam ter um impacto sobre o meio ambiente do homem"[8]. Nessa questão, as "artes do projeto ambiental" estavam bem preparadas. Por exemplo, em 1972 apareceu o sétimo volume da série Vision + Value, editado pelo artista e teórico visual (e professor do MIT) Gyorgy Kepes, chamado *Arts of the Environment*. Esse livro, como os outros volumes que o precederam na série, tomou o requerimento da interdisciplinaridade literalmente, não por responder diretamente a ele (Kepes não era partidário de Nixon), mas sim por empregar o que a legislação chamou de "enfoque sistemático e interdisciplinar", integrando as "ciências naturais e sociais" com as "artes do projeto ambiental", uma estrutura que há algum tempo era típica do discurso ecológico. De fato, Kepes viu tanto a arte quanto a humanidade posicionadas na cúspide de uma segunda ordem de adaptação evolutiva, uma "evolução autoconsciente" regulada por comunicação social, na qual as aspirações de arte-na-vida das vanguardas do começo do século XX (onde Kepes tinha suas raízes) se transformavam numa simbiose homem-e-ambiente regulada por um complexo de conhecimento interdisciplinar[9].

A iniciativa ambiental de Nixon deixou seus próprios traços nesse discurso quando, por exemplo, o historiador Leo Marx, autor de *The Machine in the Garden* (A Máquina no Jardim, 1964), o mencionou em sua contribuição ao volume de Kepes no contexto de uma suspeita de que o foco da política ambiental também podia ter representado uma tentativa de desviar a atenção da Guerra do Vietnã e neutralizar os movimentos de direitos civis e contrários à guerra, cada vez mais frustrados, com o paliativo do ativismo ambiental convertido em política governamental[10]. Marx também questionou se a iniciativa foi de fato concebida "para prover a força coesiva necessária para uma união nacional sob o governo republicano"[11]. Mas ao apontar o fracasso de políticos e ecologistas messiânicos em aceitar a origem da crise ecológica iminente no expansionista capitalismo de consumo (em outras palavras, em reconhecer os elos entre *ecologias* e *economias*), Marx ainda postulou o que ele chamou de "unidade nacional" como a base para a ação efetiva, designando a tradição pastoral na literatura estadunidense como guia para pensar "uma concepção orgânica da relação do homem com seu meio ambiente"[12]. Para uma sensibilidade informada por essa tradição estética, de acordo com Marx, "a natureza como transmissora de sinais e ditadora de escolhas está agora presente para nós no sentido bem literal de que o desequilíbrio de um ecossistema, quando entendido cientificamente, define certos limites precisos ao comportamento humano"[13]. Aqui ele faz alusão àquilo que une o ecossistema à teoria de sistemas: a noção de um meio ambiente natural, que ele chama de "transmissor de sinais", como um organismo comunicativo ou (eco) sistema com o qual os seres humanos interagem. Marx pega essa ideia do discurso ecológico em sua tentativa de unificar o tecnológico com o social ao nível da nação, guiado por uma literatura nacional[14]. O resultado, no discurso de Marx, é que o sujeito humano do "meio ambiente", desunido pelos interesses incomensuráveis de uma nação dividida propensa a destruir remotamente enquanto conserva localmente, é amalgamado de volta pelos sinais, ou pelo que podemos chamar de "linguagem" emitida por um ambiente construído como um sistema significativo.

A iniciativa ambiental de Nixon também fez uma breve aparição na época no livro de Tomás Maldonado, *Design, Nature, and Revolution: Toward a Critical Ecology* (Design, Natureza e Revolução: Em Direção a uma Ecologia Crítica), que foi a tradução e revisão para o inglês, publicada em 1972, de seu *La speranza progettuale* (A Esperança Projetual), de 1970[15]. Maldonado, que dirigiu a Technische Hochschule für Gestaltung (Faculdade Técnica de Design), em Ulm, de 1954 até 1967, com ênfase numa ciência do design racionalizado, observou a origem do termo *ecologia* no grego *oikos*, que significa "família" ou "lar", que também forma a raiz de *economia*, com os dois termos etimologicamente traduzidos como o "estudo" e a "gestão" do lar, respectivamente. Apesar de Maldonado ter observado o sentido etimológico de *ecologia*, ele não observou a conexão para *economia*, preferindo, em vez disso, adotar a abordagem de sistemas de Ludwig von Bertalanffy por meio de uma análise do "sistema social" construído em torno de uma oposição entre sistemas abertos e fechados,

LINGUAGEM • **93**

derivados da escola pós-weberiana da sociologia estadunidense formada nos anos 1950, em torno de Talcott Parsons. Essa estrutura compele Maldonado a analisar as rebeliões fracassadas do final da década de 1960 por meio da noção de uma tendência do sistema em direção a um "equilíbrio dinâmico" que absorve e neutraliza o conflito. E assim o encontramos referindo-se sarcasticamente à campanha ambiental de Nixon como evidência de um fechamento autoritário e neutralizante imposto ao sistema social, refletido na sua apropriação dos protocolos ecológicos, ou o que Maldonado chama de "moda da ecologia"[16]. Como ele coloca em uma das muitas e prolongadas notas de rodapé do livro: "De fato, de um dia para o outro, como se estivessem respondendo a um *Decreto*, os principais órgãos da imprensa estadunidense – *Time, Newsweek, Life, Fortune, Business Week* e, até mesmo, a *Playboy* –, todos se mostraram muito preocupados com o tema." Portanto, para Maldonado a farsa era simples: "O escândalo da sociedade agora está culminando no escândalo da natureza."[17] Mas o verdadeiro escândalo, ao qual Maldonado permanece insensível a despeito de sua visão crítica, está na naturalização do "meio ambiente" como um sistema significativo.

Esse escândalo fica evidente na acusação de Maldonado ao que ele chama de "abuso semiológico" perpetrado por Tom Wolfe e por Robert Venturi e Denise Scott Brown em suas apresentações de Las Vegas como um modelo de riqueza ambiental. Ele vê o fechamento desses "exercícios em ginásticas conformistas" (como ele os chama) exemplificados pela obra de Venturi e Scott Brown em particular, quando eles apresentam Las Vegas como um ambiente comunicativo, ou o que Maldonado denomina como "sistema de signos"[18]. Para Maldonado, o que é objetável não é a comunicação, mas a sua ausência em Las Vegas, pois é sufocada pelo "ruído" da sinalização urbana. Ele chama essa "comunicação fictícia, [de] simulacro de comunicação", que é outra forma de lamentar essa irrealidade ou artificialidade da cidade.

Medido contra tais abusos, para Maldonado "o único conjunto de ideias semióticas realmente bem articulado é o de Charles W. Morris", o importante semiólogo estadunidense que vinha tentando ler obras de arte como sistemas de signos desde o final dos anos 1930[19]. Maldonado descarta a associação bem conhecida do pensamento de Morris, e da semiótica em geral, com o behaviorismo, preferindo, em vez disso, enfatizar as raízes de Morris na filosofia de Charles Sanders Peirce e seus vínculos com o Círculo de Viena do positivismo lógico, bem como com o pragmatismo estadunidense, ambos consolidados durante seu mandato na Universidade de Chicago. Uma vez em Chicago, Morris também fez amizade com Kepes e ministrou cursos no New Bauhaus/Institute of Design liderado pelo amigo e colega de Kepes, László Moholy-Nagy, no final dos anos 1930 e meados dos anos 1940. As semióticas de Morris também foram uma fonte importante para o livro *Language of Vision* (Linguagem da Visão, 1944), de Kepes, uma tentativa de reconciliar questões de organização formal e espacial na arte e na arquitetura modernas com a disseminação de significado visual na publicidade moderna[20]. De fato, em sua crítica a Venturi e Scott Brown, Maldonado percebe paralelos notáveis entre o relato de Las Vegas, feito por eles, e as geografias urbanas visuais mapeadas por Kevin Lynch, colega de Kepes no MIT, em *The Image of the City* (A Imagem da Cidade, 1960), um livro que se apoiou fortemente em noções de orientação visual e reconhecimento da Gestalt que Kepes havia formulado anteriormente, por meio de suas leituras de psicologia da Gestalt[21].

O débito substancial de Lynch para com Kepes, que colaborou estreitamente com ele na pesquisa de base para o livro, fica clara no capítulo de abertura, "A Imagem do Meio Ambiente", bem como no próprio título do livro, que anuncia a intenção de seu autor de remapear a cidade como um campo visual[22]. Já em 1946, Kepes havia ampliado a estrutura perceptiva orientadora de *Language of Vision* para a escala urbana em sua contribuição numa importante conferência na Universidade de Princeton, "Planning Man's Physical Environment". A apresentação de Kepes referiu-se a uma "segunda natureza", um "meio ambiente moldado pelo homem" e distorcido pelo mercado, e demandou uma restauração humanística da ordem visual e, portanto, do significado por meio das técnicas visuais modernistas[23]. Entre as técnicas enumeradas em *Language of Vision* estava aquela a que Kepes se referiu de forma geral como "transparência" ou o efeito de interpenetração gerado na pintura moderna por meio da superposição de planos. E assim quando, em seu ensaio seminal de 1955-1956 (publicado em 1963), Colin Rowe e Robert Slutzky adotaram essa noção, citando Kepes extensivamente para distinguir entre transparência "literal" e "fenomenal", ou entre o que eles chamaram de "qualidade inerente da substância" e "qualidade inerente da organização", eles completaram a inversão: da projeção de Kepes de uma linguagem visual como sistema organizacional voltado ao ambiente urbano externo (mais tarde adotado por Lynch), para a contração desse campo visual voltado àquele ocupado apenas pelo próprio objeto, que eles reformularam como um sistema perceptivo relativizado[24].

Rowe e Slutzky reconhecem isso na parte II do mesmo artigo, publicado em *Perspecta*, v. 13-14, em 1971, quando, ao comparar a Vila Farnese de Vignola, em Caprarola, com a Mile-High Tower de I.M. Pei, em Denver, eles se declararam desinteressados com cada aspecto do contexto histórico, social e técnico dos dois edifícios, exceto "as manifestações que se revelam aos olhos"[25]. Essa contração, em última análise, corresponde a uma abstração ainda maior do "meio ambiente" no sentido de Kepes/Lynch, uma abstração que Rowe e Slutzky reconhecem indiretamente ao citar outra fonte que compartilham com Kepes, Rudolph Arnheim, que afirma, em relação às premissas psicológicas da Gestalt de oscilação figura-fundo nas quais se baseia a transparência fenomenal, que "os processos de organização ativos na percepção de certa forma fazem justiça à organização externa no mundo físico"[26]. Para Rowe e Slutzky, "a Gestalt supõe que a atividade mental e o comportamento orgânico estão sujeitos às mesmas leis", que eles entendem como leis da percepção visual. Essa conexão, essa internalização semiabstrata do meio ambiente, autoriza, assim, suas leituras des-historicizadas e descontextualizadas como mais do que meramente arbitrárias, porque pressupõe uma similaridade ao nível da experiência subjetiva, a experiência do sujeito sem contexto e a-histórico da psicologia da Gestalt[27].

Em uma série de artigos publicados entre 1970 e 1973, Peter Eisenman desenvolveu uma teoria do ambiente firmemente tecida nesse discurso. Ele não fez isso em tantas palavras. Nem fez isso por contraste implícito e simples com outras reformulações mais explícitas da teoria arquitetônica ou urbana em torno do ambientalismo ou em torno das tecnologias ambientais, como aquela tentada por Reyner Banham em *The Architecture of the Well-Tempered Environment* (A Arquitetura do Ambiente Bem Temperado, 1969) ou *Los Angeles: The Architecture of Four Ecologies* (A Arquitetura de Quatro Ecologias, 1971) ou por Ian McHarg em *Design with Nature* (Design Com a Natureza, também de 1969). Nem voltou a abordar diretamente a noção cibernética de "ajuste" ambiental formulada na dissertação de Christopher Alexander em Cambridge, que foi publicada como *Notes on the Synthesis of Form* (Notas Sobre a Síntese da Forma), em 1964, e contra a qual, como admitiu posteriormente, Peter Eisenman escreveu sua própria tese em Cambridge[28]. Em vez disso, a teoria do ambiente de Eisenman é discernível apenas dentro de uma rede discursiva para a qual, nos termos de Foucault, "as coisas só existem na medida em que são capazes de formar os elementos de um sistema significativo".

As primeiras palavras notáveis de Eisenman sobre o assunto são as seguintes: "A arquitetura moderna demandou do indivíduo uma nova atitude para a compreensão e a percepção de seu ambiente físico."[29] Essa é a sentença de abertura de "From Object to Relationship: The Casa del Fascio by Terragni" (Do Objeto ao Relacionamento: A Casa del Fascio de Terragni), publicada na *Casabella*, em janeiro de 1970. Ao primeiro olhar, o uso por Eisenman do termo *ambiente* parece casual ou genérico, e ele não o qualifica mais no resto do artigo ou em escritos subsequentes. Mas já aparecem os sintomas de um discurso mais amplo quando ele oferece a Casa Dom-ino, de Le Corbusier, como evidência de um meio tecnológico em que estava incorporado um deslocamento "da concepção do espaço como um resultado da limitação pragmática para o produto da intenção semântica"[30]. Esse exemplo é seguido pela Casa del Fascio, de Giuseppe Terragni – uma escolha obviamente provocativa em suas conotações políticas – como evidência de uma alteração subsequente "do domínio semântico para o domínio sintático" em que a forma, em última instância, se separa da estrutura tecnológica, com as correspondentes conotações semânticas igualmente eliminadas. Para Eisenman, essa separação pede um novo modo de apreensão porque "uma tal arquitetura, além de ser experimentada perceptivamente como um objeto estético, deve também ser entendida no nível conceitual das relações formais"[31].

Nesse ponto, Eisenman transpõe as hipóteses linguísticas de Noam Chomsky para o campo arquitetônico, correlacionando a distinção feita por Chomsky na linguagem entre a "estrutura superficial" contingente e a "estrutura profunda" universal a dois atributos da forma arquitetônica. O primeiro nível é o do próprio objeto, incluindo seus elementos – pisos, paredes, colunas – capaz de acumular significado como "signos" não literais, embora potencialmente arquetípicos, enquanto o segundo é o da relação interna entre esses elementos que "provê a matriz para tornar o objeto inteligível"[32]. Significativamente, além disso, Eisenman correlaciona essa distinção com aquela feita por Rowe e Slutzky entre transparência literal e fenomenal, nesse caso, a "estrutura superficial" correspondendo às qualidades espaciais literalmente perceptíveis de um edifício e a "estrutura profunda" às suas lógicas formais subjacentes. E assim, com essa transposição de termos que Eisenman encontra em Chomsky para as categorias de Rowe e Slutzky (que, por sua vez, se apoiavam em Kepes), retornamos à hipótese linguística formulada por Kepes em *Language of Vision*, com o auxílio de Charles W. Morris.

Para Kepes, a "linguagem visual", ou "comunicação visual", é um meio potencialmente universal para a disseminação de uma nova semântica moderna. Mas a primeira tarefa dessa linguagem é envolver a participação do observador naquilo que Kepes descreve como "um processo de organização [...] uma disciplina da maior importância no caos de nosso mundo sem forma"[33]. Kepes chama esse processo de reorientação subjetiva de "pensar em termos da estrutura", um processo resumido em suas dimensões linguísticas em um prefácio a *Language of Vision*, por S.I. Hayakawa, professor de inglês no Instituto de Tecnologia de Illinois, autor de *Language in Action* (Linguagem em Ação, publicado um ano depois), e líder do movimento General Semantics (Semântica Geral). Nos termos de Hayakawa, "[Kepes] nos dá a 'gramática' e a 'sintaxe' da visão [...] uma reorganização de nossos hábitos visuais de forma que não percebamos 'coisas' isoladas no 'espaço', mas a estrutura, a ordem e a relação dos eventos no espaço-tempo", uma distinção a que Hayakawa se refere em outro lugar em seus comentários como a diferença entre uma orientação visual "atenta ao objeto" e uma "atenta à relação entre eles"[34].

No entanto, o ponto de contato com Peter Eisenman, o autor de "From Object to Relationship" (Do Objeto à Relação), não é o movimento General Semantics mas, sim, a semiótica de Morris. Em uma nota de rodapé à segunda versão, expandida, de "Notes on a Conceptual Architecture: Toward a Definition" (Notas Sobre uma Arquitetura Conceitual: Rumo a uma Definição), publicada na *Casabella* em 1971, Eisenman se refere à distinção de Morris entre as dimensões pragmática, semântica e sintática da linguagem[35]. Mas onde Morris reúne esses três ramos para descrever mais clara e sinteticamente o que ele chama de "o processo unitário [...] da semiose como um todo", Eisenman, via Chomsky, se refere a eles para isolar a sintaxe como um objeto de estudo privilegiado[36]. Da mesma forma, onde Kepes buscou uma síntese unitária entre a dimensão organizacional (ou sintática) dos signos visuais – que Morris chama de relações entre os signos – e a dimensão iconográfica (ou semântica) – que Morris chama de relações dos signos com os objetos aos quais se referem –, Eisenman segue Rowe e Slutzky ao isolar o que ele entende ser o nível da percepção relacional, sintática.

Aqui Eisenman introduz uma distinção adicional entre os aspectos perceptivos de uma sintaxe arquitetônica, conforme tratada por Rowe e Slutzky, e o que ele chama de "estrutura conceitual" ou "aquele aspecto da forma visível, seja ele [*sic*] uma ideia, num desenho, ou num edifício, que é intencionalmente colocado na forma para dar acesso à forma interior ou às relações formais universais"[37]. Isso porque, para Eisenman, a arquitetura, diferente da pintura, sempre irá implicar tanto o uso quanto o significado semântico na forma de paredes, portas, banheiros e assim por diante, que devem, portanto, também ser destacados de uma "matriz conceitual" que ele chama de "estrutura". O argumento então prossegue como segue:

> A maioria dos ambientes, sejam eles linguísticos, biológicos, sociais ou físicos têm uma estrutura. Isto é, eles têm uma série de elementos que tanto têm propriedades definíveis quanto relações definíveis entre si. Essas estruturas geralmente podem ser descritas em termos de suas diferenças ou similaridades com outras estruturas. Embora muitas tentativas tenham sido feitas comparando arquitetura e linguagem, principalmente usando analogias linguísticas, a classificação semiológica de pragmática, semântica e sintática [Morris] pode servir como um começo útil, mesmo se apenas para descrever os aspectos diferentes da arquitetura.[38]

Com respeito à experiência subjetiva, Eisenman segue fazendo mais uma distinção, entre as impressões sensoriais do indivíduo, que ele compara à noção de Chomsky de estrutura superficial, e a apreensão da sintaxe conceitual, a "estrutura profunda" de Chomsky ou (para Chomsky) "a estrutura abstrata subjacente que determina a interpretação semântica [de uma sentença]"[39].

Embora Eisenman complete o restante de sua exposição principalmente em relação à pintura e escultura, seu objetivo final é estabelecer os parâmetros sob os quais uma arquitetura verdadeiramente "conceitual" possa ser gerada. De fato, toda a operação é conduzida sob o signo de uma crítica implícita, na forma de um comentário feito de passagem na sentença de abertura do texto em relação ao que ele chama de "compromisso atual da arquitetura com uma polêmica social e tecnológica"[40]. Entre os aspectos principais de tal compromisso, abrangente como era no final dos anos 1960, estava o que foi resumido por Maldonado em suas reflexões sobre a noção do meio ambiente como um receptáculo para o projeto tecnológico e social da arquitetura. Porém, onde Maldonado viu a obliteração das relações sociais na sublimação do meio ambiente sob um consenso tecnocrático na retórica de Nixon, e encontrou no "abuso semiológico" de Venturi e Scott Brown um conformismo populista e intolerável contra o qual ele se sentiu compelido a mobilizar a força totalizante de uma consciência ecológica integrada, Eisenman se move na direção oposta. Numa palavra, Eisenman persegue a *abstração* do ambiente, discernível nos empréstimos de Rowe e Slutzky, a partir de Kepes, até sua conclusão lógica.

Eisenman, em "From Object to Relationship II: Giuseppe Terragni, Casa Giuliani Frigerio", publicado em 1971, na mesma edição dupla de *Perspecta* (v. 13-14) em que está o segundo artigo sobre a "transparência" de Rowe/Slutzky, retorna à noção de uma "estrutura" conceitual virtualizada que espreita no interior dos edifícios, em parte, comparados a pinturas. Ele repete: "É possível dizer que a estrutura de um ambiente linguístico, ou mais explicitamente uma linguagem, exibe características similares à de um ambiente físico e, nesse caso, a uma arquitetura."[41] E assim, a teoria de Eisenman da arquitetura-como-linguagem acaba sendo – de novo – uma teoria do ambiente, com o ambiente linguístico substituído pelo ambiente físico. Mais uma vez há uma sintaxe e mais uma vez há uma "estrutura profunda" invisível e psíquica que, ele aponta, "diz respeito a prover uma estrutura conceitual ou abstrata para as regularidades formais comuns a todas as linguagens"[42]. Em outras palavras, a estrutura profunda é profunda no que ela é comum, universal, e assim indicativa daquilo que é próprio da arquitetura-como-tal, independente da variação semântica ou pragmática[43].

Dois anos antes, em 1969, Eisenman havia publicado uma resenha elogiosa da *Perpecta* v. 12, o volume imediatamente anterior àquele em que seu próprio artigo foi publicado. Para ele, *Perspecta* v. 12, devia ser distinguida de seus predecessores imediatos em virtude de um foco implicitamente polêmico que conferiu à arquitetura algo como um rigor disciplinar interno por meio da análise histórica teoricamente informada[44]. No entanto, um olhar mais atento à *Perspecta* v. 11, que apareceu em 1967 e estava entre aqueles volumes da *Perspecta* que Eisenman identificou especificamente como desfocados, sugere que a situação poderia ser um tanto mais complexa, porque da mesma forma que a série Vision + Value, de Kepes, no mesmo período, *Perspecta* v. 11 buscou o que seus editores chamaram de "uma nova preocupação com o meio ambiente total sintético e natural" por meio de uma *mistura* de disciplinas[45]. Assim, nos é dada uma entrevista com o economista liberal Robert Theobald, uma conversa sobre urbanismo com Shadrach Woods, um texto de Buckminster Fuller, questões colocadas a John Cage, um texto sobre "World Dwelling" (Habitação Mundial), por John McHale, e "The Invisible Environment: The Future of an Erosion" (O Meio Ambiente Invisível: O Futuro de uma Erosão), de Marshall McLuhan, entre outras contribuições. Frequentemente evocando um modelo de sistemas, o que esse material tinha em comum era o desafio que colocava à noção da arquitetura-como-tal – que mais tarde viria a ser chamada de autonomia da arquitetura, ou, para Eisenmen, sua "interioridade" – uma universalidade ou similaridade linguística interna que Eisenmen buscava, durante esses anos, na "estrutura profunda" de Chomsky.

O texto de McLuhan é revelador a esse respeito. Ele também vê uma virtualização do meio ambiente físico por meio da aplicação de uma hipótese linguística, embora significativamente diferente da que Eisenman encontra em Chomsky. Para McLuhan, o teórico da mídia, a linguagem é um meio de comunicação incorporado no substrato material (isto é, os sistemas de comunicação) por meio dos quais ela circula. Usando uma combinação de cibernética, teoria de sistemas e teoria das comunicações, ele postula o sujeito humano como uma caixa-preta opaca se comunicando com e sendo construído por um ambiente multimídia por meio de constante *feedback*. Na *Perspecta*, McLuhan observa a necessidade do que ele chama de "reconhecimento de padrões" como uma nova forma de compreensão ambiental. Entre seus instrumentos estaria a linguagem, mantida coesa por padrões relacionais *invisíveis* (o que McLuhan chama, em seu título, de "ambiente invisível") que podemos reconhecer como afins à sintaxe de Eisenman, mas disponibilizada aos seres humanos apenas por meio da interação com as máquinas. Para McLuhan, "o futuro da linguagem, como uma estrutura complexa que pode ser aprendida sem aprender as palavras, é uma possibilidade que o computador apresenta cada vez mais"[46]. Assim, quer você seja uma máquina ou um humano, seu acesso à linguagem é condicionado pela sua habilidade de reconhecer padrões ocultos. McLuhan, escrevendo aqui em uma revista de arquitetura, ressalta as implicações pedagógicas para o projeto ambiental, ao qual seria demandado "programar o ambiente de tal forma que possamos aprender uma segunda linguagem como aprendemos a língua materna"[47]. Em outras palavras, para McLuhan o reconhecimento de padrões é um processo comparável àquele de adquirir uma nova língua materna, um lar linguístico que dá abrigo ao sujeito humano submerso num ambiente multimídia delirante, treinando ele ou ela a "ver" os padrões reguladores escondidos – a gramática, mas também o *software*, se preferir – que estavam rodando as novas máquinas que estavam rodando os novos ambientes em um *loop* de *feedback* recorrente.

Sob essa luz, a tentativa de Eisenman de recuperar um terreno para a arquitetura na "estrutura profunda" linguística torna-se reconhecível como uma medida defensiva tomada para postergar a absorção no espetáculo midiático-ecológico descrito por McLuhan, direcionando a arquitetura para o interior em vez de para o exterior. No entanto, isso também funcionou como treinamento em reconhecimento de padrões, ou o reconhecimento de uma "língua materna" arquitetônica, que em última instância serviu para *integrar* a arquitetura e seu sujeito – o sujeito da linguagem e o sujeito do ambiente – nessa mesma ecologia midiática.

Assim, a materialidade do meio arquitetônico tornou-se o próximo alvo de Eisenman, no que deve ser visto como um esforço (consciente ou inconsciente) para permanecer um passo à frente do movimento das comunicações liderado por figuras como McLuhan. Em 1973, Eisenman publicou "Cardboard Architecture" (Arquitetura de Papelão), na *Casabella,* com comentário crítico de Mario Gandelsonas (sobre "Linguistics in Architecture"). Eisenman define *arquitetura de papelão* como "um termo que questiona a natureza da realidade do ambiente físico", marcando uma mudança para um entendimento notacional da forma arquitetônica dessa forma submetida ao estudo direto[48]. São mostrados a nós quatro projetos, dois dos quais (Casas II e IV) são apresentados com o artigo; isso desencadeia o que Eisenman chama de "processo de *feedback*" entre teoria e prática, em que a forma física pode ser "usada como uma indicação para produzir, por assim dizer, uma nova imagem mental de um ambiente diferente daquele que estamos realmente vendo", dessa forma, efetuando uma conversão final do ambiente físico, perceptível, para a arquitetura, em um sistema sintático (pré-) significativo[49].

Em 1976, Manfredo Tafuri então considera que Eisenman, nas casas apresentadas como arquitetura de papelão, atingiu a "'virtualidade' perfeita do próprio objeto"[50]. De fato, ele cita Eisenman sobre a alienação do sujeito, especificamente em relação ao ambiente da casa, como segue:

> Enquanto o sistema arquitetônico pode estar completo, o ambiente "casa" é quase um vazio. E sem querer [...] o proprietário foi alienado de seu ambiente. Nesse sentido, quando o proprietário entra pela primeira vez na "sua casa" ele é um intruso; ele precisa começar a recuperar a posse – a ocupar um contêiner estrangeiro.[51]

Em outras palavras, o sujeito dos ambientes linguísticos projetados por Eisenman é potencialmente alienado apenas na medida em que ele ou ela os vivencie no nível pragmático ou semântico, agora abolido, mas ele ou ela é perfeitamente capaz de "recuperar a posse" por meio da reconstituição da interioridade subjetiva ao nível sintático do reconhecimento de padrões tornado disponível pelo que Eisenman se refere como a consumação do "sistema arquitetônico". Novamente recordando que o termo *ecologia* se refere etimologicamente à lógica do lar, ou *oikos*, podemos dizer que reocupar uma casa como se fosse um "contêiner estrangeiro" é submeter o espaço alheio e estrangeiro do ambiente linguístico a uma política econômica especificamente doméstica baseada na lei de uma gramática ambiental absoluta e pura, ou o que Eisenman chama, seguindo Chomsky, um conjunto de "regras transformacionais"[52]. O mesmo vale para o apelo de Nixon de integrar as ciências naturais e sociais com as artes do projeto ambiental no interesse de purificar "nosso ambiente de vida", mas pela direção oposta. Essas regras, essas políticas que projetam o doméstico no estrangeiro, evocam ambos, um *oikos* unificado e um sujeito unificado, não mais vinculados à fisicalidade quer da nação, quer da casa, mas às gramáticas nas quais essas são constituídas como signos.

Assim, enquanto Tafuri realiza certa desmistificação que revela o fechamento da crítica neovanguardista adotada por Eisenman e pelos outros membros dos Cinco de Nova York, ele ignora a questão crítica do que é *conservado* – em vez de o que é alienado – no encontro de Eisenman com Chomsky. Seguindo o fechamento linguístico não comunicativo até sua conclusão lógica com os Cinco, Tafuri delineia "os limites dessa cela onde eles só são capazes de deixar um *grafite* na parte inferior das paredes"[53]. Mas o grafite de Eisenman, tanto escrito quanto construído, também deve ser medido em relação aos padrões, de outro modo incomensuráveis, representados por Chomsky, que buscou uma "gramática universal" calibrada para a competência do que ele chama em outro lugar de "interlocutor ideal", e por Nixon, que ordenou a restauração dos ambientes "habitáveis e hospitaleiros para o homem", mesmo quando o "homem" se tornou uma variável abstrata no cálculo do risco ambiental[54].

Dado o longo histórico de corajoso ativismo político de Chomsky, tal conjunção pode parecer injusta ou bizarra. E, no entanto, ela permanece necessária, mesmo que apenas para destacar a mudança de registro exigida aqui pela análise do discurso. Embora Chomsky tome cuidado em distinguir entre a gramática universal que ele esboça e as particularidades dos sujeitos falantes, ele continua a insistir sobre as origens da "estrutura profunda" naquilo que ele chama de "natureza humana", precisamente para explicar a criatividade "generativa" tornada possível pelas regras constantes da linguagem. Essa insistência é um pouco amplificada no formato pseudo-opositivo de um debate com Foucault que foi transmitido pela televisão holandesa em 1971, justo quando Eisenman estava citando Chomsky. Embora Chomsky tenha sido relutante em traçar paralelos definitivos entre a sua linguística e a sua política, fica claro no debate que aquilo que, em última instância, conecta esses dois aspectos de seu pensamento é um certo humanismo centrado nessa noção de criatividade linguística baseada na natureza humana, que gradualmente se torna "liberdade" na sua conversa com Foucault[55]. Para Foucault, a "natureza humana" de Chomsky, e, portanto, o "humano" para o qual sua gramática universal foi endereçada, é um conceito especificamente histórico que não pode ser traduzido em uma base universal por justiça política (por mais autoevidente que a

LINGUAGEM   ▪   **103**

justificativa possa parecer), porque ele permanece indiferente à questão do poder. Respeitosamente caracterizando o que ele chama de guerra de Chomsky contra a polícia, Foucault observa um tanto secamente, "faz-se a guerra para vencer, não por ser justa"[56].

Assim, ao basear o discurso sobre o meio ambiente nas necessidades universais de um sujeito humano idealizado, Nixon pôde se apropriar de uma causa justa como um instrumento de guerra. Esse exercício de poder tomou a forma de um projeto unificador nacional e ecológico exatamente quando a unidade do meio ambiente e da nação, uma nação em guerra, estava em crise. Então, retomando, quando Tafuri anuncia, em seu réquiem posterior pelas vanguardas que gira em torno dos jogos de linguagem conduzidos pelos Cinco de Nova York, que a "guerra acabou", ele não podia estar mais errado[57]. O que havia ocorrido em vez disso foi uma confusão de linhas de batalha no nível do sujeito da linguagem e do sujeito do ambiente. Na arquitetura, essa confusão era encontrada de forma mais vívida na suposta falta de hospitalidade e de habitabilidade dos escritos de Eisenman e das suas casas, ambos os quais efetivamente abstraíram as ecologias sobredeterminadas da cidade e do campo visual colocados por outros em uma arquitetura de pura sintaxe. Seguindo Chomsky (e apesar de Tafuri), esse era precisamente o lar mais profundo e seguro que qualquer humano poderia ter. Nesse sentido, ao pegar emprestado de Chomsky a noção de "estrutura profunda", Eisenman também pegou emprestado seu humanismo. Da mesma forma, o recuo de Eisenman para a casa da linguagem teve a consequência, presumivelmente não intencional, de carregar com ela o *oikos* de ambos, ecologia e economia, efetivamente reequipando a arquitetura tanto como um instrumento quanto como um objeto de reconhecimento de padrões que, em vez de resistir, *garantiu* a sua integração às novas economias midiático-ecológicas organizadas como sistemas de signos. Esse recuo, essa suposta abstração foi, portanto, apenas aparentemente alienante e, se alguma coisa, nem abstrata nem alienante o suficiente, porque ela também trabalhou secretamente para preservar a universalidade de uma arquitetura reconstruída como "ambiente linguístico".

Em 15 de agosto de 1971, Nixon apresentou outra atuação verbal, em discurso televisionado sobre política econômica: "Eu instruí o Secretário [do Tesouro John B.] Connally a suspender temporariamente a convertibilidade do dólar em ouro ou outras reservas."[58] Essa medida, uma tentativa protecionista para conter o crescimento da inflação, tornou-se permanente em 1973. Naquele ano também houve um crescimento massivo no afluxo de petrodólares especulativos como resultado da quadruplicação dos preços de energia durante o embargo do petróleo pela Opep, o que efetivamente minou os esforços do Estado para proteger sua moeda. Até a ação executiva de Nixon, o valor do dólar era fixado ao do ouro como resultado do Acordo Bretton Woods de 1944, que buscou uma moeda estadunidense estável como a base para o que ficou conhecido como "comércio mundial". Mas, nas décadas subsequentes, através de sucessivos ciclos inflacionários, a oferta de dólares no mercado internacional chegou a exceder em muito a do ouro depositado em garantia pelo Tesouro dos Estados Unidos. Em outras palavras, na linguagem da semiótica, o signo destacou-se de seu referente, ou o significante do significado.

Em seu desafio aos postulados de uma linguística chomskiana em torno de 1980, Gilles Deleuze e Félix Guattari encontraram um processo similar de atuação em outro ato de discurso governamental de uma era anterior: em 20 de novembro de 1923, o reichsmark alemão foi substituído pelo rentenmark, declarado por decreto como sendo lastreado em títulos físicos do Estado, incluindo a terra, quando na verdade não era. Recusando-se a colocar a pragmática como externa à semântica ou sintática, Deleuze e Guattari descrevem esse ato como uma "transformação semiótica" que, embora indexada à terra e a ativos materiais, agiu incorporeamente, mas programaticamente para reformular um regime econômico muito real ao nível da significação[59]. Em outras palavras, em um nível econômico, a mudança de regras de significação tem consequências muito pragmáticas, mesmo em 1923. Como Foucault, e argumentando especificamente *contra* a autonomia das árvores gramaticais hierarquicamente ramificadas de Chomsky, enraizadas na estrutura profunda, Deleuze e Guattari elucidam o que eles chamam de "política da linguagem", que pressupõe a existência material de um aparato coletivo, como um Estado ou um sujeito socializado, por meio do qual circulam o que eles chamam de "palavras de ordem" que "compelem à obediência" no nível da própria linguagem. Assim, "uma regra de gramática é um marcador de poder antes de ser um marcador sintático". E assim, com Deleuze e Guattari, nós vemos que "as árvores de Chomsky estabelecem relações constantes entre variáveis de poder. Formar sentenças gramaticalmente corretas é para o indivíduo normal o pré-requisito para qualquer submissão às leis sociais. [...] A unidade de linguagem é fundamentalmente política. Não há língua materna, apenas uma tomada de poder por uma língua dominante"[60].

Assim, enquanto Eisenman estava promulgando suas próprias políticas protecionistas na forma de uma transformação semiótica do objeto arquitetônico, Nixon estava realizando uma transformação semiótica no *status* do dólar, convertendo-o oficialmente em um significante flutuante intercambiável em seus próprios termos, desvinculando-o de um referente estabilizador na forma de propriedade (ouro), e – bastante pragmaticamente – identificando-o como um objeto de especulação financeira, o que acabou minando suas intenções protecionistas. Embora o próprio padrão ouro tivesse meramente baseado moedas em mais outro significador (ouro), o ano de 1973, quando a desvinculação tornou-se permanente, foi então visto por alguns como o marco da emergência de uma nova fase na economia global dominada pela troca especulativa de *risco* estatístico, completamente abstraída do valor de quaisquer bens ou serviços subjacentes, na forma de novos instrumentos financeiros, como os derivativos[61].

Foi nesse contexto que Nixon também declarou, ao assinar a Lei do Programa das Nações Unidas para o Meio Ambiente de 1973, que "nós mantemos a Terra – seu meio ambiente e seus recursos num compromisso pelas gerações futuras", um enunciado que novamente atuou especificamente para obscurecer a função pragmática de seu ambientalismo, num momento em que camadas sempre crescentes de abstração lógico-matemática separavam as especulações virtualizadas e baseadas em risco, de uma economia global de materialidades – quer na forma de trabalho, terra, petróleo ou edifícios – de onde o valor foi inicialmente extraído[62]. O ambientalismo de Nixon ajudou, assim, a perpetrar uma violência econômica e ecológica inquestionável que foi permitida pela própria distância de seus instrumentos em relação ao que estava supostamente mantido em confiança como o "meio ambiente", por meio de seu efeito instantâneo e pragmático em designar o "meio ambiente" como sempre já sujeito à extração de risco, quer seja expresso na linguagem da ecologia ou da economia.

Com seus empréstimos de Chomsky, Eisenman, bem versado na formação de "sentenças gramaticalmente corretas" imbuídas dos rigores de uma história devidamente arquitetônica, realizou uma série comparável de atos verbais chamada de "teoria". "Palavras de ordem" como "estrutura profunda" atuaram pragmaticamente para preservar a "unidade de linguagem" sintática na qual a arquitetura-como-tal podia encontrar seu próprio lar supostamente isolado, como as árvores de Chomsky, de fatores externos pragmáticos e semióticos, ou o que Maldonado chamou de "escândalo da sociedade". E se, como Deleuze e Guattari nos lembram, todas essas operações linguísticas pressupõem um aparato social imanente à linguagem, Eisenman se viu provido com tal aparato na forma de uma máquina de ensino (The Institute for Architecture and Urban Studies, 1967) e de uma máquina de discurso (*Oppositions*, 1973). Assim, também em 1973, elementos desse aparato interagiram com aqueles de outro aparato falando seu próprio dialeto no debate Gray/White, uma luta de poder interna de cinco contra cinco, para a qual a arquitetura-como-linguagem era uma conclusão precedente. Não fez diferença que um lado falasse de semântica enquanto o outro falava de sintática, porque esses dois níveis ao final convergiram – mais uma vez, bastante pragmaticamente – no novo lar da arquitetura dentro de uma ecologia e de uma economia de signos.

Visto que, se a desvinculação do signo dólar sob a administração Nixon pode ser vista como um esforço final por parte do Estado-nação para controlar preventivamente sua soberania econômica num momento de desterritorialização político-econômica, cultural e tecnológica, que é agora chamada de globalização, a progressiva desvinculação de Eisenman do signo arquitetônico tanto do meio físico quanto do significado também pode ser vista como um esforço preventivo, por parte daquilo que a legislação chamou de "artes do projeto ambiental", para manter a soberania sobre um ambiente que atinge a existência apenas como um sistema significativo. Com certeza, ao tentar reformular a arquitetura numa abstrata "estrutura profunda", Eisenman estava combatendo o jogo semântico defendido por seus adversários pós-modernistas "gray" (Robert A.M. Stern, Charles Moore, Allan Greenberg, Romaldo Giurgola e Jacquelin Robertson), que já haviam começado a provar seu valor no mercado corporativo. Mas a guinada para dentro de Eisenman interage com o capital global em outro nível. Como Michael Hardt e Antonio Negri apontaram, precisamente quando o risco estimado de uma crise ecológica iminente aponta para um limite externo à exploração do ambiente físico, a autoperpetuadora "ecologia do capital" também se volta para dentro, para a circulação reflexiva e troca dos signos em si[63].

No final do século xix, o historiador Frederick Jackson Turner havia traçado o início desse processo em seu famoso comentário sobre o fechamento da fronteira estadunidense; muito mais tarde, Fredric Jameson atualizou isso para descrever o pós-modernismo[64]. Em resumo, quando não há mais nada para consumir, o capital consome a si mesmo. Não há contradição, portanto, entre o ambientalismo de Nixon e suas políticas econômicas. O primeiro identifica um limite exterior para a exploração do ambiente físico externo, enquanto o segundo compensa por dentro, ao nível semiótico do capital-como-tal. Assim, também, encontramos com Eisenman, no *interior* do ambiente linguístico construído pela arquitetura, uma nova gramaticalidade que existe não na mente de um sujeito alienado condenado a habitar uma casa virtual da linguagem, mas sim em uma economia global muito real naturalizada como uma mídia-ecologia global. De fato, quanto mais para dentro vamos, mais para fora chegamos, conforme abordamos essa exterioridade pura em que todos os signos (incluindo os signos arquitetônicos em circulação desde 1973, em que alguns leram as palavras *comércio mundial*) permanecem sujeitos aos atos verbais mortais que suscitam mais ações executivas daqueles que – em teoria ao menos – fazem as regras[65].

4 IMAGEM
Alguma Vez Já Fomos Pós-Modernos?

Em seu prefácio à tradução inglesa de 1984, *The Postmodern Condition* (A Condição Pós-Moderna), de Jean-François Lyotard, Fredric Jameson chega ao ponto de dizer – referindo-se à denúncia feita por Jürgen Habermas de que o pós-modernismo, por seu "repúdio explícito à tradição modernista [revolucionária ou crítica]", era a expressão de um "novo conservadorismo cultural" – que "o diagnóstico [de Habermas] é confirmado pela área na qual a questão do pós-modernismo foi apresentada de maneira mais extrema, a saber, na arquitetura"[1]. No entanto, embora lamentando o abandono pela arquitetura pós-moderna de ambas as utopias, a política e a estética, Jameson defende seu humor, sua superficialidade autoconsciente, bem como sua disposição populista em "aprender com Las Vegas", contra o recalcitrante modernismo de Habermas. Ele também defende a arquitetura pós-moderna contra o que ele vê como uma narrativa principal à espreita no interior do ataque de Lyotard às principais narrativas: uma promessa neomodernista do "novo", agora na forma de inovação *científica* em vez de estética, esgueirando-se pela porta dos fundos da alusão pós-modernista e da citação histórica.

Mas se Jameson pode descrever esse momento, no argumento de Lyotard, como uma contradição produtiva, suas próprias referências à arquitetura tendem a ignorar as narrativas que a arquitetura extrai da ciência, incluindo a peculiar sobrevida de um modelo de sistemas que já encontramos. Consideradas em conjunto com a arquitetura da própria ciência, que também estava "aprendendo com Las Vegas", essas narrativas menos conhecidas abordam um tipo de ficção científica, um gênero literário sobre o qual Jameson teve muito a dizer[2]. Isso se torna mais evidente quando a arquitetura do laboratório científico extrapola um modelo de sistemas para a esfera da imagem. Ao fazê-lo, uma arquitetura nominalmente pós-moderna modifica as apostas das "guerras da ciência" conforme elas aparecem, por exemplo, na ecologia política desenvolvida aproximadamente ao mesmo tempo por Bruno Latour. Tudo isso gira em torno dos muitos problemas que surgem quando o discurso arquitetônico tenta distinguir entre o que é verdadeiro e o que é falso, bem como entre o que é real e o que não é, numa forma que inverte o que podemos chamar de "jargão da autenticidade" da arquitetura moderna.

Em 1964, Theodor W. Adorno usou a expressão "jargão da autenticidade" para estruturar dialeticamente sua crítica ao existencialismo heideggeriano, sob o argumento de que um certo conjunto de coloquialismos filosóficos em circulação no discurso acadêmico e popular (incluindo "a fraseologia aumentada dos representantes dos negócios e da administração") mistificou os processos históricos pelos quais um absolutismo e essencialismo, em última instância fascista, mascarado na teologia que fora mascarado na filosofia, finalmente se refugiou na linguagem[3]. A *autenticidade* está entre esses termos, que Adorno associa, de novo dialeticamente, às celebres reflexões de Walter Benjamin sobre o declínio da "aura": "Como palavras que são sagradas sem conteúdo sacro, como emanações congeladas, os termos do jargão da autenticidade são produtos da desintegração da aura."[4] Para Adorno, isso é evidência não tanto da linguagem convertida em ideologia, mas sim da "ideologia como linguagem", um certo "tom de voz" padronizado que investe contra a estandardização sem alma mesmo quando reproduz seus formatos[5]. Algo semelhante pode ser dito sobre a crítica do pós-guerra à arquitetura moderna, que buscava uma poética da experiência autêntica ou de contextualidade e que, por fim, encontrou seu próprio jargão em Heidegger. Contudo, seu tom foi definido, durante os mesmos anos em que Adorno estava escrevendo, numa busca criptoteológica por significado oculto que é discernível, por exemplo, em obras como *The Eternal Present* (O Presente Eterno), de Sigfried Giedion[6].

Considera-se em geral que o que é comumente chamado pós-modernismo na arquitetura rejeitou esses esforços metafísicos anteriores em favor da troca lúdica e mais ou menos arbitrária de elementos significativos. Mas essa troca tinha seu próprio jargão. Seus termos mais destacados foram formulados em 1972 por Robert Venturi e Denise Scott Brown em *Learning from Las Vegas*. Lá, Venturi e Scott Brown afirmam a possibilidade dramática de classificar a totalidade da arquitetura em duas categorias: o "pato" e o "galpão decorado". O "pato" recebe esse nome jocosamente em função de "The Long Island Duckling", uma loja em forma de pato que vende patos. Como categoria, se refere a um edifício no qual as particularidades arquitetônicas como espaço, estrutura e função estão sintetizadas em uma "forma simbólica geral" ou imagem da qual eles são inseparáveis, como em muitos monumentos modernistas. Ao contrário, um "galpão decorado" é como os cassinos alinhados na *Strip* de Las Vegas no final da década de 1960, um edifício ao qual o simbolismo, na forma de sinalização e imagens ornamentais, está aplicado como um letreiro[7].

Traduzido para os rudimentos de uma teoria estética, em um "pato", forma e conteúdo são inseparáveis, enquanto em um "galpão decorado", sua relação é contingente, e assim abre-se uma lacuna (às vezes literal) entre eles. Ou ainda, na linguagem da semiótica, em um "pato" o edifício é o signo, na medida em que significante e significado são inseparáveis, enquanto podemos arriscar chamar o signo deixado no estacionamento de um "galpão decorado", um significante "flutuante". Porém, mais significativamente para a polêmica que Venturi e Scott Brown herdaram da arquitetura moderna, em um "pato", a estrutura e o ornamento são indistinguíveis, enquanto em um "galpão decorado", imagens e sinalizações ornamentais são separados da estrutura que suporta o próprio edifício e estão em liberdade para proliferar por suas superfícies, aparentando sufocar a lucidez epistemológica da estrutura-como-tal que era tão cara à arquitetura moderna.

Para ilustrar isso, Venturi e Scott Brown fornecem uma série de exemplos, incluindo um que contrasta dois edifícios de altura média projetados para ocupantes idosos: o Crawford Manor, de Paul Rudolph, em New Haven, que eles descrevem como um pato tardo-modernista "heroico e original", e a própria Guild House, de Venturi, na Filadélfia, que eles descrevem como um galpão decorado "feio e comum". Mas isso não é simplesmente uma questão de um edifício (Crawford Manor) que expressa visivelmente sua estrutura espacial em suas superfícies, e assim participa das narrativas modernistas de verdades fundamentais e concomitantes mitos tecnocientíficos do progresso histórico, que o outro (Guild House) sacrifica ao jogo irônico de signos permutáveis. De fato, é quase o oposto, uma vez que Venturi e Scott Brown efetivamente acusam o edifício de Rudolph, com seu exterior monolítico de concreto bruto, de ocultar suas verdades internas (incluindo seu arcabouço estrutural bastante convencional, invisível na superfície) em nome de uma plasticidade espacial mítica. Em contraste, eles descrevem a articulação da Guild House, onde janelas são "francamente janelas" em vez de elementos espaciais abstratos, em termos prosaicos que reproduzem a pretensão habilidosa do edifício a um tipo de veracidade em virtude de seu uso declaradamente *pop* de elementos culturalmente comunicativos – para não dizer estereotipados – numa espécie de senso comum arquitetônico[8].

Tal caracterização pode parecer uma reversão, uma vez que o leitor de *Learning from Las Vegas* entende que, no todo, Venturi e Scott Brown claramente preferem os galpões decorados aos patos. E ainda assim eles parecem defender a Guild House como se ela fosse um pato – um edifício no qual "as janelas parecem familiares; elas *parecem com*, bem como *são*, janelas…"[9] Mas esse não é apenas um caso de arquitetos visualmente orientados escrevendo uma prosa ambígua. Ele é indicativo de um deslocamento fundamental. Caracterizando seu próprio edifício como um "galpão decorado", em contraste com o "pato" de Rudolph, Venturi e Scott Brown efetivamente transpõem a busca da arquitetura moderna por verdades irredutíveis para o domínio do ornamento e da sinalização. Em outras palavras, de acordo com seu(s) arquiteto(s), o que é autêntico e não falso na Guild House é sua decoração, que inclui grafismo simples e comunicativo, materiais apropriados usados para exprimir significados específicos, janelas superdimensionadas, ainda assim familiares, e uma heráldica (falsa) antena de televisão dourada montada na cobertura como um *outdoor*, planejada como uma escultura abstrata de "imitação", bem como um "símbolo para os idosos"[10].

Como Venturi e Scott Brown os descrevem, esses são signos estáveis, transparentes, enraizados na cultura popular e aplicados a uma concha funcional de outra forma banal. E assim, se a Guild House, de fato, é um galpão decorado, é apenas porque a transparência espacial e cognitiva, celebrada por historiadores como Giedion em *Space, Time and Architecture* (Espaço, Tempo e Arquitetura) três décadas antes, e ainda buscada por arquitetos como Rudolph numa plasticidade visceral que rompe com a retórica da funcionalidade, havia sido transferida para a superfície bidimensional por arquitetos como Venturi e Scott Brown. Em vez de construir *espaços* que atestassem o *zeitgeist* funcionalista tanto no nível simbólico quanto no prático, podendo assim ser interpretados como autênticos, Venturi e Scott Brown alegavam essencialmente estar construindo *imagens* autênticas. É apenas um pequeno passo daqui para a plena metafísica da imagem que vira de ponta cabeça a noção de Benjamin do declínio da aura. Visto em retrospectiva, não apenas a proliferação de imagens falhou em privar a arquitetura do que Benjamin chamou de "valor culto"; ela elevou a imagem sem profundidade ao *status* de um ícone, uma autoridade quase teológica plenamente capaz de emitir uma aura própria.

Venturi e Rauch, Guild House, Filadélfia, 1963. Foto: William Watkins. Cortesia de Venturi, Scott Brown and Associates, Inc.

Mas essa metafísica baseada em imagem torna Venturi e Scott Brown *pós*-modernos? Ao menos um observador influente à época não pensava assim, embora por razões ligeiramente diferentes. De acordo com Charles Jencks, o populismo estético e comunicativo de Venturi e Scott Brown apenas inverteu o elitismo estético não comunicativo do modernismo ortodoxo, enquanto permaneceu comprometido a um "argumento pelo gosto [...] modernista na sua essência", e não a uma teoria que aproveitasse os desenvolvimentos recentes em semiótica prontamente disponíveis em outros campos[11]. Assim, Jencks buscou corrigir essa omissão pela descrição sistemática da arquitetura como uma "linguagem". Porém, isso também tinha suas raízes no modernismo.

Como já vimos, a obra do semiólogo estadunidense Charles Morris foi uma fonte importante para as noções de comunicação visual articuladas pelo artista e teórico visual Gyorgy Kepes em seu livro, amplamente lido, *Language of Vision*, de 1944[12]. O trabalho de Morris ajudou a alinhar o visual à linguística de uma forma que era prontamente transmitida aos arquitetos e urbanistas, enquanto também lembrava abordagens iconográficas na história da arte. No MIT, Kepes trabalhou, em próxima colaboração com Kevin Lynch, em estratégias de organização visual e "imageabilidade" na escala da cidade que viria a formar a base do livro de Lynch, *Image of the City* (A Imagem da Cidade), publicado em 1960. Lá, usando as noções da Gestalt-psicológica da comunicação visual de Kepes para representar a cidade como um sistema de signos legíveis, Lynch elaborou as técnicas do que Jameson mais tarde descreveu, com referência a Lynch, como "mapeamento cognitivo".

Assim, somos levados de volta a Jameson, que apelou para uma "estética do mapeamento cognitivo" pela qual um sujeito confuso poderia recuperar a orientação no delírio do espaço pós-moderno, ainda que levando em conta seus descentramentos irreversíveis[13]. *Learning from Las Vegas* serve como emblema para o que Jameson identifica como um pós-modernista "apagamento [...] da antiga (essencialmente alto-modernista) fronteira entre alta cultura e a chamada cultura de massa ou comercial", com a arquitetura vista como uma entre muitas práticas estéticas que não mais apenas "citavam" a cultura de massa (*à la* Joyce ou Mahler), mas sim incorporavam completamente "toda essa paisagem degradada 'barata' e *kitsch*" em seu tecido. Essa ascensão do populismo estético era apenas um traço da correlação da cultura com o capitalismo tardio, cujo escopo era tão vasto e abrangente (hoje: "global") que desafiava os modos de cognição mais antigos e, portanto, requeria novas ferramentas de orientação e análise, enquanto outro traço talvez mais pungente dessa correlação era um tipo de desorientação espacial (e cognitiva) supremamente exemplificado pelos desorientadores e intricados espaços internos "públicos" do hotel Westin Bonaventure, no centro de Los Angeles, um conjunto de cilindros espelhados projetado pelo arquiteto John Portman e concluído em 1977[14].

De acordo com Jameson, o que torna a arquitetura do hotel pós-moderna é precisamente o fato de ele não ser nem mero estilo nem mero sintoma (uma mera expressão superficial das forças econômicas). Em vez disso, ele é um mundo em si mesmo, uma enorme máquina em moto-perpétuo que efetivamente *modela* os vastos descentramentos do capital global. Nessa "nova máquina", causa e efeito, base e superestrutura, tempo e espaço trocam continuamente de lugar de uma maneira que pode ser comparada aos descentramentos da guerra pós-moderna, exemplificados por Jameson numa citação alucinatória do relato do jornalista Michael Herr de suas experiências no Vietnã:

> Nos meses após a minha volta, as centenas de helicópteros em que eu tinha voado começaram a se atrair até que formaram um meta-helicóptero

coletivo, e na minha mente ele era a coisa mais *sexy* a acontecer; salvador-
-destruidor, provedor-esbanjador, mão direita-mão esquerda, rápido, volú-
vel, sagaz e humano; aço quente, graxa, correia de lona saturada de selva,
suor esfriando e aquecendo de novo, fita cassete de rock and roll em uma
orelha e a arma de fogo na outra, combustível, calor, vitalidade e morte,
a própria morte, dificilmente uma intrusa.[15]

Para Jameson, os esforços linguísticos de Herr representam uma tentativa de encontrar um modo de descrição adequado para um novo tipo
de guerra, caracterizado pela "quebra de todos os paradigmas narrativos
anteriores, junto com a quebra de qualquer linguagem compartilhada"[16].
Em outro lugar, Jameson descreve isso em termos psicanalíticos como uma
"quebra da cadeia significativa" lacaniana[17]. Em ambos os casos, o resultado é um campo heterogêneo de significantes não referenciais libertos
de sua orientação no tempo narrativo e postos à deriva num desequilíbrio
temporal que, por sua vez, corresponde a uma "crise na historicidade".
Essa crise acabou sendo escrita como o fim da história e sua substituição
por um presente eterno de signos simultâneos e intercambiáveis. Tudo
isso é, novamente, dada sua manifestação mais tangível no que Jameson
chama de "espaço pós-moderno", exemplificado pelo hotel de Portman,
uma vez que:

> algo mais tende a surgir nos textos pós-modernistas mais energéticos, e isso
> é a sensação de que além de toda temática ou conteúdo, a obra parece de
> alguma forma tocar as redes do processo reprodutivo e, assim, nos permite
> algum vislumbre num sublime pós-moderno ou tecnológico, cujo poder
> é documentado pelo sucesso de tais obras ao evocar todo um novo espaço
> pós-moderno em emergência ao nosso redor. A arquitetura, portanto,
> permanece nesse sentido a linguagem estética privilegiada; e as reflexões
> distorcidas e fragmentadas de uma enorme superfície de vidro para outra
> podem ser consideradas como paradigmáticas do papel central do processo
> e da reprodução na cultura pós-modernista[18].

Tomada pelo valor de face, essa afirmação sugeria que podíamos encontrar
evidência adicional da autenticidade contraintuitiva do pós-modernismo –
seu efeito esquizoide e poderosamente eufórico – dentro do próprio
discurso arquitetônico. Ainda assim, em *The Language of Post-Modern
Architecture* encontramos Jencks condenando o hotel de Portman como
uma "joia" espelhada e excessiva, cuja suntuosidade reflete a crescente

IMAGEM • 115

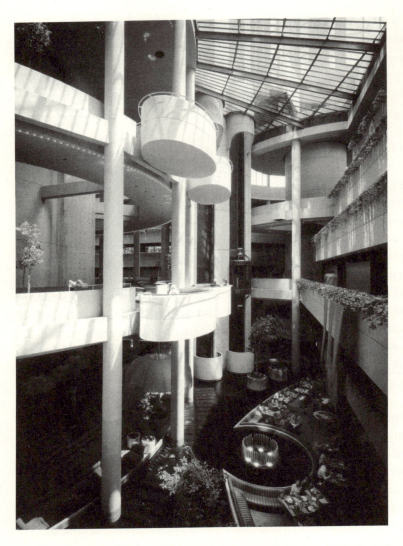

John Portman & Associates, Hotel Westin Bonaventure, Los Angeles, 1977. Interior. Foto: Nakashima Tschoegel and Associates.

privatização das obras públicas de larga escala, na forma de grandes hotéis e outros edifícios comerciais, monumentos à "riqueza privada e à miséria pública"[19]. Em outro lugar, Jencks ilustra mais favoravelmente um edifício de uso misto explicitamente "esquizo" em Roma – assim designado por críticos por sua sobreposição de três estilos arquitetônicos, um sobre o outro – como forte evidência de uma "impureza" estilística pós-moderna[20].

Mas ele assimila tanto o comercialismo de Portman (uma leitura mais literal do hotel tardo-capitalista do que a leitura metaforicamente espacial de Jameson) quanto a justaposição estilisticamente "esquizofrênica" em uma narrativa geral do desenvolvimento histórico que também domestica as impurezas identificadas por Venturi e Scott Brown no deslizar promíscuo dos signos de Las Vegas.

Jencks faz isso reproduzindo o modelo de sistemas que já havia entrado na arquitetura, por meio do discurso de Kepes e de outros, pela forma de inovações na biologia teórica e na teoria das comunicações que se aglutinaram na ciência multidisciplinar da cibernética. Como também vimos, no começo dos anos 1970 essa montagem foi articulada como uma ciência do "ambiente" – visual, tecnológico e biológico – por figuras tão diversas como Lynch, Marshall McLuhan, Buckminster Fuller e outros[21]. Na segunda edição revisada de *The Language of Post-Modern Architecture* (1978), Jencks internaliza esse ambiente externo em uma "árvore evolutiva" de estilos arquitetônicos, ilustrando o surgimento de distintas linhagens de pós-modernismo, convergindo gradualmente numa Babel de linguagens arquitetônicas que ele chama de "ecletismo radical". Modelada como uma árvore linguística, sua versão de raízes e galhos da história arquitetônica postula um futuro pluralista que corresponde às pluralidades de escolha guiada do consumismo global. Como Jencks coloca, "o ecletismo é a evolução natural de uma cultura com escolha"[22]. E mais, diferentemente do passado modernista piedosamente unívoco do qual evoluiu, tal futuro encontra sua expressão arquitetônica em códigos diversos baseados em imagens que ele rastreia ao longo do livro, alguns dos quais sacados de estilos históricos (incluindo o modernismo) e outros de vários vernáculos.

Nesse sentido, a "evolução" para um futuro pós-moderno como descrita por Jencks era estranhamente natural. Com seus sistemas e árvores, ela também pertencia a uma reorganização do campo epistêmico sugerida na noção de Michel Foucault de ambientalidade, embora de uma maneira bem diferente daquela elaborada pelas ciências ambientais. Consistente com a caracterização de Jameson da exuberância tardo-capitalista do pós-modernismo, uma consequência disso foi a naturalização da variedade consumista na forma arquitetônica. Descrevendo a rápida disseminação de diversos códigos visuais ao redor do mundo, Jencks observa que "qualquer ser urbano de classe média, de Teerã a Tóquio, é compelido a ter um "banco de imagens" bem estocado, de fato supercarregado, que é continuamente reabastecido por viagens e revistas"[23]. Jencks atribui a esse estado de coisas, como o resultado natural de processos evolucionários rastreáveis linguisticamente dentro das próprias imagens, uma certa inevitabilidade pela qual qualquer esforço para transformar a situação estruturalmente é absorvido preventivamente como apenas mais uma expressão emitida no vazio do ecletismo radical.

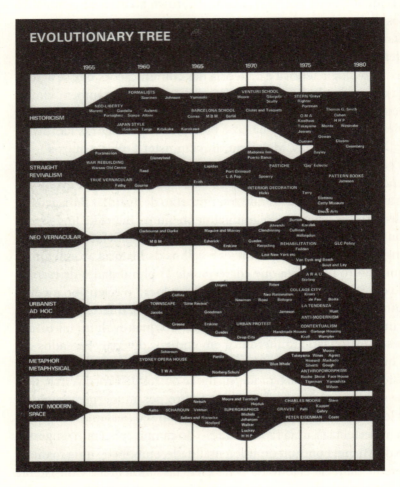

Charles Jencks, Evolutionary Tree, de *The Language of Post-Modern Architecture*, 2. ed. rev., New Haven: Yale University Press, 1978. Foto: cortesia de Yale University Press.

Antes no livro, Jencks oferece outro diagrama relacionado, descrevendo o que ele chama de "três sistemas de produção arquitetônica", direcionado a explicar a "crise na arquitetura" a partir da qual o pós-modernismo emergiu[24]. O resultado, nesse caso, é um relato quase estruturalista – na verdade, até mesmo cripto-marxista – das forças de produção (sistemas) conspirando para desarmar uma arquitetura moderna, em última instância, superestrutural de seu potencial transformador. Visto como um contexto profundo, os "três sistemas" de Jencks representados por três tipos de clientes – indivíduos privados, instituições públicas e empreendedores imobiliários – constituem um tipo de ambiente econômico externo no qual ocorre a evolução estilística interna anunciada pelo segundo diagrama evolutivo, enquanto relacionar os dois diagramas traz à superfície outro vínculo que se estende bem além das teorias quase populistas expostas pelo próprio Jencks e explica, em termos arquitetônicos, a capacidade retórica do pós-modernismo em afirmar o capitalismo tardio como sua condição *sine qua non*. Como acontece com os experimentos gramaticais conduzidos em casas por arquitetos como Peter Eisenman, escrito nas economias representadas pelos três sistemas de Jencks está o *oikos*, ou lar, que confere à palavra *economia* o sentido de algo como a lei, ou *nómos*, do lar. Como expressões desse *oikos*, o lar dentro de todas as economias, os três sistemas de Jencks podem ser descritos como um *eco*ssistema, tanto no sentido da associação tradicional desse termo com as *ecologias* como no sentido da associação desse termo com as *economias*. Outro nome para esse ecossistema é capitalismo de consumo, construído em ciclos de inovação estilística que perturbam o equilíbrio sistêmico de forma que ele possa ser restaurado em um nível superior. É o dado, o dado como certo, a nova ou segunda natureza que não é apenas incontestada, mas de fato *buscada* pelo livro de Jencks.

* * *

Jencks não foi, de longe, o único escritor a assimilar a proliferação de imagens num modelo ecológico durante os anos 1970. Por exemplo, em duas ocasiões em seu *Postmodernism*, Jameson cita o clássico de 1977 de Susan Sontag, *On Photography*, para descrever a totalidade sufocante ou o fechamento do sistema de imagens pós-moderno. Numa das vezes, Jameson cita a recomendação de Sontag, nas linhas finais de seu livro, do que ela chama de "remédio conservacionista" ou, como ela coloca, "ecologia não só das coisas reais, mas também das imagens"[25]. Para Jameson, essa é uma solução "classicamente liberal" aos desafios do pós-modernismo – "nada em excesso!" –, que é sobredeterminada por alternativas mais radicais percebidas negativamente por Sontag pela supressão de imagens na China maoísta. O modelo ecológico então, embora terapêutico, tende a impedir qualquer alternativa utópica em virtude de sua ênfase no equilíbrio homeostático, à despeito da associação frequente dos dois termos *ecologia* e *utopia*.

Da mesma forma, em seu diagrama evolutivo de linguagens proliferando na polifonia do "ecletismo radical", Jencks estabelece um modelo homeostático e ecológico precisamente para evitar qualquer quebra radical e imprevista em uma economia global de estilos arquitetônicos que circula dentro de uma economia global de produção e consumo arquitetônico. Em outras palavras, não há nada de radical no "ecletismo radical". Em vez disso, a frase codifica uma ansiedade não dita que corresponde bastante proximamente ao que Jameson chamou de "ansiedade da Utopia", mas trata-se de um medo, nesse caso, não tanto de um evento revolucionário (*à la* 1968), mas de uma imagem revolucionária que negue o próprio sistema e que o sistema, portanto, não possa simplesmente absorver, uma inovação autêntica dentro da ecologia da imagem que Lyotard bem poderia ter chamado de "pós-moderna".

Essa ansiedade é vivida intensamente no livro inicial e mais abertamente prospectivo de Jencks, *Architecture 2000: Predictions and Methods* (Arquitetura 2000: Previsões e Métodos), publicado em 1971. Lá, em um capítulo inicial sobre as armadilhas metodológicas da futurologia, Jencks vincula seus esforços para predizer o futuro da arquitetura ao que ele chama de "evolução crítica", que se baseia em recombinar os elementos dissecados de um "sistema" em vez de aceitar sua totalidade como inevitável[26]. Em certo nível, o que ele entende aqui por "sistema" está próximo ao que a linguística estrutural chamou de *língua* – as estruturas organizadoras da linguagem, distintas de suas manifestações específicas na *fala*, ou discurso do dia a dia. Assim, *Architecture 2000* já contém a premissa da arquitetura-como-linguagem do livro posterior de Jencks sobre o pós-modernismo. Além disso, ao descrever a mudança linguística como evolutiva, ele atribui muito mais explicitamente às estruturas profundas da linguagem arquitetônica todas as características de um sistema biológico.

Jencks reconhece isso ao comparar, em uma nota, a *língua* estruturalista com o sistema fechado da teoria dos sistemas (que se originou na biologia teórica)[27]. Levado à conclusão lógica, de acordo com Jencks, isso equivale a uma visão fatalista da história mantida por apologistas de um futuro tecnocrático, como Daniel Bell. Em seu esforço próprio para se afastar desse fatalismo, Jencks prefere seguir a teoria dos sistemas ao descrever a história como um "sistema aberto". Daí o termo *crítico* em sua noção de "evolução crítica", que indiretamente modifica os argumentos do biólogo e patrono da arquitetura moderna Julian Huxley, em *Evolution in*

Action (Evolução em Ação, 1953), a quem Jencks também cita. Nessa obra popular, Huxley desenvolve sua tese sobre o surgimento de uma evolução de segunda ordem, na qual a humanidade é capaz de moldar seu destino por meio da intervenção na evolução biológica com os instrumentos da cultura, incluindo tanto a ciência quanto a arte. Para Huxley, no princípio da sua carreira (nos anos 1920) isso significava eugenia, enquanto para Jencks, em 1971, isso significava engenharia genética, cujo impacto futuro na arquitetura é o assunto de seu capítulo final.

Lá, Jencks propõe algo como uma genética recombinante operando em múltiplos subsistemas dentro dos limites do "sistema geral" chamado arquitetura, uma vez que, como ele coloca, tomando emprestado a linguagem do biólogo Ludwig von Bertalanffy: "Na teoria geral de sistemas, a máquina, a natureza e a cultura são apenas níveis diferentes de um sistema organizado trabalhando em oposição à tendência para a entropia ou desorganização."[28] Nesse sentido, Jencks continua: "Podemos combinar sistemas semiautônomos para direcionar nossa evolução de várias maneiras: por meio de compras peça a peça, por meio de reforma legislativa *ad hoc*, por meio de ação política e mesmo por meio de cirurgia de transplante e engenharia genética."[29] De acordo com Jencks, esse último produziria vários híbridos genéticos contraentrópicos, mutantes e quimeras, subjacente a todos os quais estaria o próprio "sistema geral" homeostático – para Jameson, o capitalismo tardio – que, por meio de processos internos de seleção natural orientados por *feedback*, iria reterritorializar ou domesticar qualquer mutação. Para a arquitetura, isso significaria que não haveria nada autenticamente "novo" sob o sol, apenas repetições levemente modificadas de arquétipos existentes comparáveis, de acordo com Jencks, aos *objetos-tipo* de Le Corbusier, atuando como o que ele chama de "universais evolutivos". A linguagem torna-se a evidência principal para essa hipótese, quando Jencks pergunta, retoricamente: "E se os universais linguísticos que Noam Chomsky postula subjazerem a todas as línguas naturais, algumas das quais teriam que ser incorporadas em quaisquer autômatos de processamento de informação; ou os universais estruturais que Lévi-Strauss alega poder ser encontrados em qualquer sociedade?"[30]

Entre esse capítulo final do *Architecture 2000* e as reflexões no início do livro sobre futurologia está a própria arquitetura. Utilizando novamente um tipo de estruturalismo ameno e não dialético, Jencks diagrama seis tradições arquitetônicas diferentes – lógica, idealista, autoconsciente, intuitiva, ativista, não autoconsciente – ao longo de eixos de intersecção x-y-z. Esse, por sua vez, fornece tanto o conteúdo quanto a forma de outra

IMAGEM • 121

árvore evolutiva que se estende até o ano 2000. Essa árvore é mais como um pântano, uma sopa primordial ou ecossistema em que uma pluralidade de estilos flutua, compete e se mistura, cada um aderindo frouxamente a uma ou mais das seis tradições básicas. E em contraste com a sua sucessora no livro posterior, essa árvore evolutiva avança no tempo, agindo como o que Jencks defende ser uma "estrutura para a especulação" em relação ao futuro da arquitetura. Aqui encontramos o que Jameson chamou de "colonização do futuro", comparável àquelas estruturas para a especulação que organizam o crescimento igualmente naturalizado do capital financeiro – diagramas, gráficos e projeções do desempenho futuro, com todas as variáveis concebíveis consideradas[31].

Embora as categorias efetivas desenvolvidas por Jencks em ambas as árvores evolutivas sejam dúbias ou, na melhor das hipóteses, intercambiáveis, elas dividem um *status* como imagens, um denominador comum que permite a miscigenação. De fato, o objetivo de toda a diagramação e de toda a classificação é, como Jencks coloca, "obter um quadro completo de eventos que possa subsequentemente ser *distorcido* conforme coisas surpreendentes comecem a acontecer"[32]. Ou seja, o objetivo é suprir os arquitetos com imagens, a matéria-prima – o material genético, se quiser – que lhes permite produzir novas mutações em conformidade com as mutações no sistema geral. Como os *objetos-tipo* de Le Corbusier, diz-se que seis tipos diferentes de imagens existem a-historicamente e universalmente e, portanto, impedem o aparecimento de algo totalmente inesperado. Essa é também a resposta de Jencks para as projeções "sem surpresa" do futurólogo Herman Kahn para o ano 2000, que eram extensões de fantasias paranoicas em circulação no Hudson Institute, no final dos anos 1960. Na futurologia de Jencks, como na de Kahn, as surpresas são consideradas na equação evolutiva, mas agora sob a veste de um pluralismo ilimitado onde, como Adorno e Max Horkheimer uma vez disseram sobre o crescimento capitalista em geral: "o próprio acaso é planejado"[33]. Essa, afinal, é a estrutura profunda da história arquitetônica que organiza a caracterização posterior, por Jencks, do pós-modernismo da mesma forma que sua futurologia: seis grandes linhagens persistindo ao longo do tempo, miscigenando ao longo de eixos estruturais e produzindo inovação estilística ininterrupta, embora de fato mantendo um *status quo*: evolução, em vez de revolução.

Vale a pena notar aqui que, sem o estruturalismo, esse modelo de sistemas (embora popularizado), com sua ênfase na heterogeneidade interna, também admite certa comparação com a ênfase muito mais rigorosa no dissenso e no paradoxo na noção de arte de Niklas Luhmann como um "sistema social" autopoético. Para Luhmann, todos esses sistemas mantêm uma "complexidade organizada" em evolução contínua e dinâmica por meio da autorreferencialidade recursiva. Distinguida pela primazia das "observações de segunda ordem" feitas por um observador que observa a si mesmo ou a outros observando a obra de arte, uma arte distintamente moderna (isto é, pós-iluminismo), nesse caso, multiplica seus termos de referência internamente, enquanto mantém sua coerência ou autonomia sistêmica externamente. Observações de segunda ordem atuam para aumentar a diferenciação por meio de um paradoxo da observabilidade: só se pode observar a si mesmo observando se alguém renuncia à "observação de primeira ordem" enraizada em favor da "observação de segunda ordem" contingente. Mas, diferentemente de Lyotard e, em um sentido distinto, de Jameson, e em acordo com a cibernética de segunda ordem ou autopoética na qual Luhmann se apoia, a unidade do sistema é mantida por meio de seu impulso determinado de expansão (para Luhmann: "evoluir"; para Jameson: como capital) por meio de inovação restrita em vez de por meio de consenso[34]. No lugar do equilíbrio homeostático, há uma autodiferenciação aparentemente indefinida, por meio da qual (de novo de forma um tanto paradoxal) o "sistema", não obstante, se consolida, um efeito entendido por Lyotard e outros críticos de Luhmann como uma reviravolta pós-moderna autorreguladora na racionalidade administrativa modernista[35].

Por si só, no entanto, seria difícil dizer se os traços de um modelo de sistemas, que persistem no livro do pós-modernismo de Jencks conforme o *pool* genético arquitetônico é descrito em termos mais explicitamente linguísticos, torna o próprio Jencks mais moderno ou mais pós-moderno. Jameson, por sua parte, se contenta em tratá-lo como um porta-voz do pós-moderno na arquitetura que, no entanto, está atento à persistência do moderno em suas várias formas. Ele ainda elogia Jencks por enfatizar o manifesto populismo da arquitetura pós-moderna, que Jameson encara mais como uma evidência de um entrecruzamento de alto e baixo, clássico e vernacular, em vez de uma troca de um pelo outro. No entanto, como também é típico nas discussões arquitetônicas do pós-modernismo, Jameson não faz menção das pretensões proto- ou pseudocientíficas subjacentes nas "árvores evolutivas" de Jencks. Dado que a substância do argumento frequentemente contraditório e frouxo de Jencks não é necessariamente central à tese geral de Jameson com respeito às credenciais pós-modernas da arquitetura, isso pode não ser um problema. Ainda assim, se formos acreditar que o que é chamado de pós-modernismo na arquitetura, conforme representado discursivamente por obras como *Learning from Las Vegas* e *The Language of Post-Modern Architecture*, tem qualquer relação com o "espaço pós-moderno" de edifícios claramente não discursivos como o hotel de Portman, precisamos perseguir o problema um pouco mais.

Em seu *Postmodernism*, de 1991, Jameson também inscreve a arquitetura na equação do capitalismo tardio por meio de diferentes canais, analisando a obra inicial de Frank Gehry como a modelagem, de certa forma involuntária e na forma de um quebra-cabeça espacial, da totalidade quase inapreensível das "redes de poder do próprio capitalismo multinacional"[36]. Mas se a vocação de Jameson como um crítico literário, bem como seu foco no pós-modernismo como uma "lógica cultural" podem levá-lo a notar a tendência contemporânea da teoria arquitetônica para a análise narrativa protoliterária, a discussão acima sugere que talvez devêssemos insistir numa representação igual de encontros da arquitetura com a ciência.

Muito do que passou como pós-modernismo na ciência, ao menos do ponto de vista dos detratores, chegou precariamente perto de merecer a denominação de "ficção científica". Quando aplicado ao próprio conhecimento científico, isso seria ou um oximoro, no sentido de que a ciência, por definição, não pode *nunca* ser ficção, ou o oposto, em que *toda* a ciência é, em certo sentido, ficção – isto é, narrativa, texto, construção social. Uma figura que tradicionalmente foi associada à posição construcionista, mas que também buscou declarar uma espécie de trégua nas guerras científicas revendo os termos do debate, é Bruno Latour. Não querendo simplesmente transferir a fonte da autoridade científica de uma "natureza" universalizada para uma "cultura" relativizada, Latour explorou sistematicamente as múltiplas alianças entre as duas como constitutivas – e não como desvios – das afirmações da verdade (e das verdades) da ciência. Assim, pode não ser inteiramente fortuito que Jameson reproduza a lista de Latour, de 1984, de sinônimos sardônicos para o "mundo moderno", todos eles exibindo uma aversão aos híbridos impuros, em rede, que Latour defende constituir o verdadeiro firmamento do conhecimento científico[37].

O tempo todo evitando o rótulo pós-moderno, em *We Have Never Been Modern* (Jamais Fomos Modernos, 1991), Latour aponta como "natureza-culturas" as impurezas híbridas em que trabalha uma ciência não reducionista, não essencialista e "não moderna". Sua complexidade pragmática e irredutível une esses "quase-objetos" (Michel Serres) em redes de aliança e/ou antagonismo. Essas redes parecem reverter a quebra da cadeia significativa discernida por Jameson, dando sentido a justaposições esquizoides, de outra forma sem sentido, encontradas dentro de condições pós-modernas como as controvérsias acerca da pesquisa da Aids, conforme reportado em jornais onde "chefes de Estado, químicos, biólogos, pacientes desesperados e industriais se encontram pegos numa única história incerta misturando biologia e política"[38]. Ao reunir redes híbridas no que ele já chamou de "assembleias de assembleias", Latour busca colocá-las para trabalhar a serviço de uma renovação construtiva das instituições, ou da "constituição", da democracia parlamentar. Daí vem a sua proposta de um "parlamento de coisas" abrangente, que supere a grande divisão natureza/cultura, trazendo à tona as redes políticas e científicas de humanos e não humanos – os "ciborgues" de Donna Haraway – que proliferam logo abaixo dos absolutos dogmáticos do modernismo.

Latour pretende que esse modelo substitua um modelo representativo, em que a política é uma função de representantes que fazem representações em um espaço contratualmente limitado que pré-seleciona ou divide os materiais em classes rígidas de objetos. Entre esses estão a natureza, a sociedade e o discurso que, ele afirma (em 1991), a condição pós-moderna tem

> recentemente procurado justapor [...] sem nem mesmo tentar conectá-los. Se eles são mantidos distintos, e se todos os três estão separados do trabalho de hibridização, a imagem do mundo moderno que eles dão é de fato aterradora: uma natureza e uma tecnologia que são absolutamente melífluas; uma sociedade composta somente de falsa consciência, simulacro e ilusão; um discurso que consiste apenas de efeitos de significado destacados de tudo o mais; e todo esse mundo de aparências mantém à tona outros elementos desconectados de redes que podem ser combinados aleatoriamente por colagens de todos os lugares e todos os tempos. Suficiente, de fato, para se pensar em saltar de um penhasco[39].

No modelo alternativo de Latour, as questões de autenticidade tornam-se questões de autenticação, em que a verdade é uma função do testemunho, da manutenção de registros, de demonstração e contrademonstração, e assim por diante. E embora Latour não faça menção à arquitetura, como Jameson, ele confia em exemplos espaciais concretos para apresentar seu caso. O principal entre esses é o laboratório científico onde, desde o século XVII, experiências aparentemente bem organizadas e objetivas são vistas como altamente mediadas por meio – em um exemplo histórico – da complexa interação de bombas de vácuo, juntas vazando, penas de galinha,

IMAGEM   ■   **125**

técnicas de apontamentos e o depoimento de testemunhas versadas, entre outras coisas. Apenas por meio dessa mediação surge algo que pode ser chamado de fato científico[40]. Em virtude de sua função prática no âmbito de amplos debates filosóficos e políticos, os fatos científicos, cuja veracidade é autenticada pragmaticamente por meio de sua participação em montagens de natureza-cultura, testemunham, por sua vez, o fato de que "vivemos em comunidades cuja liga social vem de objetos fabricados em laboratórios"[41]. Embora a ênfase na contingência pareça ao menos fazer de Latour um relativista, senão um pós-modernista, ele é rápido em objetar que a virada semiótica que subscreveu a maioria dos pós-modernismos (incluindo, devemos insistir, os arquitetônicos) atribuiu à linguagem um grau indevido de autonomia e assim negligenciou seu papel real e mediador num campo composto concretamente de "quase-objetos" e "quase-sujeitos", ou, de novo, redes conectando políticas, filosofias, bombas de vácuo, juntas vazando, penas de galinha, técnicas de anotação e o depoimento de testemunhas versadas. Em outras palavras, para Latour, assim como para tantos outros, o problema da semiótica pós-modernista é que seus signos (e, devemos assumir, seus galpões decorados) são insuficientemente concretos, no sentido de sua capacidade para mediar as relações sociais humanas em termos práticos.

E, ainda, arquitetos como Venturi e Scott Brown já tinham exposto o contrário ao projetar verdadeiros laboratórios científicos. Na própria admissão de Latour, a produção do laboratório do final do século xx consistiu principalmente de elementos linguísticos, na forma de tabelas, gráficos, notas, conjuntos de dados, registros, pedidos de subvenção, artigos de referência e afins. Em um trabalho inicial dedicado a esse argumento, ele e seu colega Steve Woolgar documentaram a pesquisa etnográfica que empreenderam em um laboratório assim, que também aconteceu de ser uma das grandes obras da arquitetura do modernismo tardio, projetada por Louis Kahn, o mentor de Robert Venturi: o Salk Institute for Biological Science em La Jolla, Califórnia[42]. O Salk Institute foi representativo da busca de Kahn por uma arquitetura de conteúdo metafísico não mediado – o que Venturi e Scott Brown chamariam de "pato". Ele estava entre aquelas instituições modernas, incluindo outros laboratórios científicos e uma casa do parlamento, apresentadas por Kahn ao longo de sua carreira como monumentos que entraram fundo no reservatório de afeto simbólico trans-histórico da arquitetura, manifesto nas pesadas paredes de concreto do edifício e em pátios poeticamente vazios. De modo mais geral, a arquitetura de Kahn foi frequentemente invocada em tentativas neo-heideggerianas para recuperar uma "base" autêntica para o discurso arquitetônico.

O próprio Kahn descreveu as hierarquias espaciais internas do Salk Institute como a separação do domínio do "mensurável" (o laboratório delineado como uma concha utilitária) do "imensurável" (os escritórios e espaços sociais delineados como uma proteção simbólica)[43]. Esses mitos, o escrito e o construído, formaram um importante alvo da revolta pós-modernista personificada por Venturi e Scott Brown e codificada por Jencks, embora também representassem um dos seus modelos mais duradouros, como exemplificado pelo apoio contínuo que Kahn recebeu do apoiador de Venturi, o historiador Vincent Scully, não obstante, em seu relato do que chamaram de "vida de laboratório", em Salk, Latour e Woolgar simplesmente ignoraram as tentativas arquitetônicas de comunicação. Em seu lugar estava a arquitetura do tomar notas, rotular amostras, compilar dados, inserir dados nos computadores (que apenas produzem mais dados) e assim por diante[44].

"Vamos enfatizar a imagem", escreveram Venturi e Scott Brown em *Learning from Las Vegas*[45]. E assim fizeram. De muitas maneiras esse processo atingiu sua apoteose em uma série de laboratórios científicos projetados por seu escritório nos anos 1980 e 1990, que devem ser vistos em relação àqueles projetados anteriormente por Kahn, incluindo tanto o Salk Institute quanto o Richards Medical Center, na Universidade da Pensilvânia. Nos laboratórios pós-modernos de Venturi, Rauch e Scott Brown, as imagens aplicadas nas superfícies dos galpões eram inseparáveis da vida do próprio laboratório, por dentro e por fora. Isso correspondeu à tese de *Signs of Life: Symbols in the American City* (Signos da Vida: Símbolos na Cidade Americana), uma exposição instalada por Venturi e Scott Brown no Smithsonian Institution em Washington, em 1976. Lá, as lições de Las Vegas sobre a iconografia do exterior de um edifício na "The Strip" e na "Main Street" foram complementadas com a iconografia interior de "The Home", em que objetos e ambientes domésticos do cotidiano foram decodificados por sua semântica latente. Venturi e Scott Brown trouxeram essa domesticidade aplicada para seus projetos de laboratório, mais visivelmente no Lewis Thomas Laboratory for Molecular Biology (Laboratório Lewis Thomas de Biologia Molecular) da Universidade de Princeton, concluído em 1986.

O laboratório de Princeton foi projetado em colaboração com Payette Associates, um escritório reconhecido por sua expertise técnica no projeto de hospitais nos anos 1960 e 1970, com VRSB a cargo da parte externa do edifício (sua imagem) e Payette supervisionando o planejamento do interior tecnicamente complexo, em uma divisão de trabalho que, como o edifício, parecia seguir a lógica do galpão decorado. O resultado foi uma variação sobre a separação de Kahn entre o espaço "mensurável" do laboratório e o simbolismo "imensurável" dedicado ao coletivo social externo. Venturi descreveu o laboratório em termos prosaicos como um "edifício de *lofts* genérico" projetado para a máxima flexibilidade, com uma fachada de padrões ajustados ao ritmo visual dos edifícios adjacentes do *campus*[46].

Venturi, Rauch e Scott Brown, laboratório Lewis Thomas, Princeton, New Jersey, 1986. Exterior com salas salientes. Foto de Matt Wargo para Venturi, Scott Brown and Associates. Cortesia: Venturi, Scott Brown and Associates.

Mas nos dois extremos do volume retangular do edifício, Venturi e seus colegas pediram uma anomalia nos ritmos espaciais. O escritório Payette Associates cumpriu o pedido, provendo salas pequenas e informais, destinadas a encorajar a interação social entre os pesquisadores, de forma a que melhor compartilhassem seu conhecimento num campo que apenas existe em virtude de seus vínculos interdisciplinares. Esses, com muitos dos outros detalhes do interior do edifício, foram executados pelo escritório VRSB em consonância com a acessibilidade iconográfica amistosa, pela qual o escritório se tornou conhecido. Como as janelas que são "francamente janelas" na Guild House, essas partes do interior do edifício dedicadas à socialização – também reconhecidas por Latour e Woolgar (bem como pelos clientes de Venturi) como instrumentais para a produção linguística da "vida de laboratório" – carregam uma franqueza retórica que Venturi descreveu como "conformar uma atmosfera permanente onde se pode antecipar o conforto do familiar". Essas salas estavam em contraste com a relativa neutralidade dos próprios espaços do laboratório, que eram galpões flexíveis projetados para antecipar a mudança em uma "confusão de ação criativa, analítica, intuitiva, física" não diferente da azáfama de anotação que Latour encontrou em Salk[47].

Assim, em Princeton, especialistas em eucariotas superiores podiam socializar em um recanto de janela suave e confortável, projetado pelo VRSB, com especialistas em eucariotas inferiores, e virologistas podiam compartilhar suas ideias com botânicos durante o café. E assim, os "signos da vida" que Venturi e Scott Brown tinham lido na domesticidade suburbana agora ajudavam a organizar a vida do laboratório científico. Para quê? Não apenas para domesticar a ciência no *oikos* pós-moderno, ou lar, oferecido por uma ecologia de imagens codificadas mapeada com seriedade científica primeiro por Jencks, mas também para realimentar, com essas imagens, a própria ciência, como uma necessidade funcional para a inovação científica pós-moderna em que Lyotard apostou. A estética e o conhecimento tecnocientífico são inseparáveis aqui; as salas e outros acessórios, e a "vida de laboratório" que eles representam, são mais que mera ideologia. São reais, no sentido de que o edifício implanta a funcionalidade comunicativa das imagens lado a lado com a funcionalidade mecanizada do espaço. Seja moderna ou pós-moderna, a arquitetura do laboratório de Venturi e Scott Brown também se conforma ao projeto homeostático de Jencks ao traduzir uma domesticidade tranquilizadora para o domínio do imaginário científico: uma imagem familiar e frágil de um lar, apoiando uma ciência pós-moderna esquizoide, presidida por híbridos de natureza-cultura com nomes intercambiáveis como Genentech e Genzyme – em outras palavras, ficção científica.

O imaginário da ciência foi levado adiante em outras encomendas de laboratório recebidas pelo escritório de Venturi, Rauch e Scott Brown nos anos 1980 e 1990. E se o *feedback* instrumental das teorias positivistas da comunicação social no ambiente de laboratório também parecia confirmar os relatos anteriores de Latour, do laboratório como um campo social que está constantemente escrevendo e reescrevendo a si mesmo, a diferença é que agora a arquitetura havia entrado em cena, fazendo sua própria contribuição a toda a socialização, a toda a escrita e a toda a "comunicação". Mas ela não havia entrado em cena meramente como um espaço de *loft* flexível que acomodava essas práticas. A arquitetura havia penetrado o campo agonístico da ciência pós-moderna *como uma imagem* – uma imagem de domesticidade, um signo de vida, de sofás, café e comunidade, as matérias-primas do *oikos* tanto da economia quanto da ecologia.

Um modelo ecológico está também no centro do "parlamento de coisas" expandido de Latour (ou dos híbridos natureza-cultura). Mas ao contrário da ecologia de Jencks, a de Latour não é naturalizadora. Como ele a elabora em outros lugares, ela é uma ecologia política, que recusa a redução da natureza aos termos de qualquer das duas ciências "eco" – a "natureza verde e quente dos ecologistas" ou a lei da selva brutal de uma economia fundamentalista[48]. No modelo de Latour, o *oikos* naturalizado, ou lar, de ambas, a ecologia e a economia, está dividido em duas casas do parlamento, em um "novo bicameralismo" que desloca a partição modernista de fatos *versus* valores para dois níveis de atividade política. A primeira casa está encarregada com "levar em conta" e com a pergunta "quantos somos?", colocando as múltiplas perplexidades das natureza-culturas hibridizadas como questões práticas e sempre politizadas de enumeração e verificação, nas quais a autenticação pragmática de dados substitui a metafísica da autenticidade. Enquanto isso, a segunda casa está encarregada de fazer a pergunta "podemos viver juntos?" e em organizar, por ordem de classificação, as prioridades associadas com cada fato e com cada circunscrição.

A proposição de Latour gira em torno de uma nova divisão do trabalho para profissionais, uma redistribuição das "competências para o coletivo" na qual se espera que cada um faça uma contribuição igual, ainda que distinta. Há papéis para cientistas, ("fazer o mundo falar"), políticos (mediar e harmonizar), economistas (modelar) e moralistas (forçar o coletivo a ver a si mesmo do ponto de vista daqueles que foram excluídos)[49]. Mas dado que Latour segue essa lista com instruções para o que ele chama de "a organização do canteiro de obras", em preparação para erguer o novo edifício parlamentar, pode causar surpresa que não haja um papel designado para os arquitetos. Ou melhor, os arquitetos (incluindo, talvez, o próprio Latour) parecem efetuar um tipo de meta-política aqui construindo o espaço no qual tudo isso ocorre – de novo, uma casa do parlamento duplicada, modelada como um laboratório científico. Em acordo com seu arquiteto metafórico, essa nova casa dupla na verdade contém "bacias fluidas, tão múltiplas quanto rios, tão dispersas quanto afluentes, tão selvagens quanto os ribeirões em um mapa da França". Diante dessas multiplicidades, camufladas como casas, "nenhuma entidade é solicitada a declarar, antes que suas proposições sejam levadas a sério, se algo é natural ou artificial, apegado ou desprendido, objetivo ou subjetivo, racional ou irracional" ou, podemos acrescentar, autêntico ou inautêntico[50]. Assim, ao multiculturalismo pós-modernista é adicionado o que Latour chama de "multinaturalismo", e as guerras científicas, longe de estarem concluídas, são estendidas numa "guerra dos mundos" que busca substituir o transcendentalismo da ciência modernista e o relativismo do multiculturalismo pós-modernista pelo – de novo uma metáfora arquitetônica – "mundo comum a ser construído", o *oikos* da economia e da ecologia[51].

Porém, aqui está o subterfúgio de Latour, sua prestidigitação retórica. Ele alega:

> eu não tenho nenhuma utopia a propor, nenhuma denúncia crítica a oferecer, nenhuma revolução para esperar. [...] Longe de projetar um mundo por vir, tenho apenas compensado o tempo perdido colocando palavras para alianças, congregações, sinergias que já existem por todo o lugar e que apenas os antigos preconceitos nos impedem de ver[52].

E assim ele toma a arquitetura por garantida. Isto é, em contraste com Jameson, que talvez exagere a pós-modernidade antimetafísica da arquitetura, Latour a trata como uma constante quase metafísica, deixando de levar "em conta" o discurso e a produção próprios da arquitetura como um elemento das montagens não modernas e dinâmicas que ele enumera, não apenas no sentido da organização espacial da política *a priori* em duas casas, mas também no sentido da proliferação de imagens em que a arquitetura se tornou histórica e concretamente, incluindo a arquitetura do laboratório científico. Ainda assim, como um ecologista político que fornece o que ele chama de "designação do edifício a construir", Latour assume os deveres de um arquiteto, um guardião do futuro que, não obstante, recusa a se nomear como tal e que declara que tudo já existe – em outras palavras, um arquiteto realmente merecedor do nome "pós-moderno".

Contudo, se o parlamento de Latour é modelado como um laboratório científico, suas proposições conclusivas poderiam ser diferentes se a arquitetura em questão aqui fosse vista menos metaforicamente e mais literalmente. Afinal, desde ao menos os anos 1970, o que foi chamado de ecologia equivaleu em termos políticos não a um conjunto de imperativos

IMAGEM • **131**

tirados da experiência direta da ecosfera, mas de avaliações de *risco* calculadas, geradas em laboratório, incluindo o risco de catástrofe ecológica e/ou econômica. Assim as unidades linguísticas que saem dos laboratórios constituem, entre outras coisas, as verdadeiras matérias-primas de uma "sociedade de risco" e, como tal, são comparáveis aos cálculos de risco/recompensa que organizam a "colonização do futuro" de Jameson[53]. Nessa perspectiva, a função das árvores evolutivas de Jencks e dos laboratórios domesticados de Venturi e Scott Brown estava em lidar tanto com os riscos ontológicos quanto com os práticos, e com ambas as crises, de autenticidade e de autenticação, provocadas pelo reconhecimento de que signos, símbolos e imagens eram reais e não meramente decoração ideológica aplicada a galpões utilitários. Esse, então, era e continua sendo o problema de imagem da arquitetura: o problema de levar em conta a arquitetura-como-imagem. Não como uma grande ilusão ou mero efeito superficial, mas como um instrumento concreto que escreve o que poderíamos chamar de ficção científica, nesse caso, sobre a própria ciência.

Jameson, por sua vez, encontrou uma pós-modernidade diferente em certos autores de ficção científica. Tal como na sua apreciação das inovações linguísticas de Herr ao narrar a Guerra do Vietnã em antinarrativas não lineares, Jameson vê nos escritos de J.G. Ballard, por exemplo, uma maneira de narrar o espaço-tempo pós-moderno. Ele associa a ficção científica de Ballard ao que ele chama de "espacialização do temporal", impregnada com uma tendência desagregadora à entropia, que é precisamente o oposto do naturalismo antientrópico e homeostático das árvores evolutivas de Jencks e dos dóceis laboratórios de Venturi e Scott Brown[54]. E se, como Jameson se esforça para mostrar, sua opção em privilegiar exemplos arquitetônicos para descrever essa espacialização não busca restringir o espaço-tempo pós-moderno a uma experiência de lazer-entretenimento, seja em Los Angeles ou Las Vegas, o hotel de Portman se torna um tipo de arquitetura de ficção científica, um mundo desfamiliarizado em si mesmo no qual o sujeito humano está metaforicamente (se não literalmente) perdido no espaço.

Também vale notar que em meados dos anos 1970, quando arquitetos como Venturi e Scott Brown estavam ativamente rejeitando as utopias modernistas com seu *slogan* "Main Street é quase ok", enquanto Jencks estava elaborando as árvores genealógicas do "ecletismo radical" e Latour estava perseguindo cientistas no Salk Institute, Jameson estava trabalhando na ficção científica utópica de Ursula Le Guin, entre outros. Ele concluiu que as projeções ambivalentes ou mesmo sombrias dos experimentos socioecológicos utópicos de Le Guin, tal como o anarquismo grosseiro do planeta Annares em *Os Despossuídos* (1974), são evidências não da "utopia como tal, mas antes da nossa própria incapacidade para concebê-la em primeiro lugar"[55].

Às ficções de Le Guin, podemos acrescentar a arquitetura de ficção científica de Venturi e Scott Brown e muitas outras escalando as árvores evolutivas de Jencks, mas em reverso. Pois o que temos aqui, na ecologia dos estilos da qual esses laboratórios e o discurso ao seu redor constituem uma parte, é uma concessão voluntária, um suspiro de resignação de que está quase tudo bem não ser capaz de imaginar qualquer alternativa. Por sua parte, Latour, o ecologista político, buscou pelo lado da ciência desnaturalizar um sistema de signos relacionado sem desistir inteiramente de seu conteúdo. Tal perspectiva identificaria as árvores nas quais se penduram as "linguagens" arquitetônicas de Jencks, bem como a teleologia paradoxal que elas defendem, já que ainda pertencem à espécie "moderna" por seu naturalismo incontestado. O mesmo se aplica às tentativas de Venturi e Scott Brown de desenvolver uma teoria da linguagem arquitetônica autêntica sintonizada às mensagens vindas de baixo. Por outro lado, se o laboratório científico está entre os lugares nos quais as crises de legitimação da modernidade se desenrolam e onde uma verdadeira batalha material acerca dos signos e seu significado ocorre, sua arquitetura, também, deve estar entre as variáveis na equação pós-moderna.

Afinal, não é possível imaginar que a *política* da ecologia política possa estar em alguma pequena parte na disputa sobre as imagens específica e irredutivelmente *arquitetônicas* – imagens de laboratórios como imagens, talvez – que reimaginam e reorganizam ativamente, em vez de domesticar, a relação entre natureza e cultura? Longe de constituir mais um conjunto de itens de consumo para o "ecletismo radical" de Jencks, e ao contrário daquelas imagens que constituem o *oikos*, a casa bem mantida, ainda que mais inclusiva, da ecologia e da economia, na qual Latour afinal aposta sua asserção, tais imagens poderiam ser chamadas de autênticas. Mas sua autenticidade não estaria nem na sua legibilidade imediata nem na sua livre atuação. Ao contrário, ela residiria em sua real capacidade para despertar a imaginação em direção a algo diferente, algo como aquilo que os modernistas chamavam de Utopia, que para nossos olhos pós-modernos e cansados pudesse mais uma vez ser novo.

IMAGEM • **133**

5 MATERIALIDADE
Espelhos

Dois sólidos escuros e cristalinos estão colocados em cantos opostos numa diagonal e separados por um vão estreito e tenso. Por 28 andares, cada um deles consiste de um trapézio extrudado, na forma de um retângulo com um de seus cantos cortado. Dos pisos 29 até o 36, cada volume tem outro canto cortado em seção num ângulo de 45 graus, mas em direções opostas. Vista de frente (e a alguma distância), a figura resultante lembra a forma de uma casa arcaica e alongada, com uma fenda no meio. Vista de outros ângulos (e mais de perto), a figura se rompe e os dois sólidos competem pelo predomínio, conforme os ângulos retos e diagonais são refletidos de um para o outro, captados por suas superfícies escurecidas, reflexivas, como uma sobreposição de linhas e planos. Na base, essas reflexões tornam-se literais no exterior e virtuais no interior, conforme dois planos de vidro espelhado se estendem desde a calçada, em lados opostos do terreno, até a fenda de três metros de largura que separa os dois volumes. Dentro, essa cobertura do átrio é suportada por uma estrutura de vigas em treliça espacial que está alinhada com a grelha da parede cortina na qual os dois volumes estão envolvidos.

O objeto (se, de fato, uma composição de dois elementos ainda pode ser chamada de "objeto") tem muitos cantos. Há cantos internos e cantos externos; há cantos que dobram em ângulos retos, em ângulos agudos e em ângulos obtusos, tanto na planta quanto na seção. A cada virada de cada canto, alguma coisa acontece. A figura ou se afirma, alinhando certos cantos enquanto coloca outros em contraponto, ou se desintegra, com seus contornos desaparecendo à medida que os cantos competem em três dimensões, um virando para cá, outro para lá – um efeito que é particularmente evidente quando se olha para cima a partir da base para o jogo vertiginoso de um chanfro contra o outro no topo. Esses efeitos concorrentes colocam uma série de questões difíceis com notável eficácia: isso é um símbolo ou apenas uma forma? É representacional ou abstrato? Ou ambos? Ou nenhum? Independentemente da resposta a essas questões, sua própria colocação garante um fato incontestável sobre o objeto: ele é uma obra de arquitetura.

Philip Johnson e John Burgee, Pennzoil Place, Houston, 1976.
Foto: Richard Payne, FAIA.

Ou, será? Em 1992, o romancista e crítico cultural Amitav Ghosh perguntou por que a economia transnacional do petróleo, ao contrário do comércio de especiarias dos dias antigos, ainda não havia produzido uma grande literatura[1]. O mesmo pode ser perguntado sobre sua arquitetura, embora a indústria do petróleo tenha produzido, direta ou indiretamente, um grande número de edifícios. Entre esses estão vários projetados e construídos pelo escritório Philip Johnson/John Burgee, em Houston, Texas, incluindo o objeto descrito acima, Pennzoil Place (1976). Essas não são necessariamente obras executadas para as companhias petrolíferas, mas sim obras executadas dentro de e por um meio abastecido pelos petrodólares que fluíram livremente para a economia dos Estados Unidos durante a década de 1970. Philip Johnson pertencia a esse meio e lucrava com ele. Mas tanto as atividades de Johnson quanto as comissões que seu escritório recebia eram apenas indiretamente ligadas à indústria do petróleo. Por exemplo, sua longa amizade com membros da família De Menil, cuja riqueza derivava da companhia de equipamentos Schlumberger Oil, traduziu-se principalmente em instituições de arte como o museu Amon Carter, em Fort Worth (1961)[2]. Todas elas colocam importantes problemas metodológicos para qualquer análise interessada na interação da arquitetura, da materialidade e do capital.

Se podemos imaginar algo como o "dinheiro do petróleo", que papel exerce a arquitetura em sua circulação, se é que exerce algum? Inversamente, que papel exerce a circulação do petróleo como capital na produção da arquitetura, se é que exerce algum? Para evitar equações redutivas entre a arquitetura e o dinheiro ou, mais ao ponto, entre a efemeridade das imagens arquitetônicas pós-modernas e a imaterialidade percebida do capital financeiro, Frederic Jameson sugere que "elaboremos uma série de mediações entre a economia e a estética", começando com as mediações causadas pelas "novas tecnologias". Assim intermediadas, a estética e a economia operam como dois entre muitos "níveis" semiautônomos, mas que se interpenetram mutualmente[3]. Ainda resta a questão do valor, a respeito da qual Jameson, de maneira útil, compara Manfredo Tafuri e Rem Koolhaas numa luta imaginária sobre questões de "beleza" ou "espiritualidade" em suas respectivas interpretações do Rockefeller Center. Tendo já insinuado que as realidades sobre as quais o Rockefeller Center está construído são principalmente simbólicas e não imediatamente produtivas (petróleo e especulação da terra etc.), Jameson atribui a cada um de seus lutadores uma resolução antitética da ambiguidade inerente na obra de

MATERIALIDADE   ▪   **137**

arte entendida como um "ato simbólico". Essa avaliação decompõe-se ao longo de seu eixo de simetria, indicando ou um ato meramente *simbólico* (Tafuri) ou, inversamente, um *ato* produtivamente simbólico (Koolhaas)[4]. Jameson provisoriamente resolve a ambiguidade apelando às extrapolações de David Harvey a partir de Marx sobre a virtualização de longo prazo da "renda da terra" como um "capital fictício". Isso se refere à extração de valor da terra não baseado em trabalho, mas no que Harvey chama de "fluxo de capital fiável não bancado por qualquer transação de mercadorias", baseado apenas na expectativa do valor futuro, "uma pretensão sobre receitas futuras"[5]. Arriscando (ou cortejando) o que poderíamos chamar uma estetização da economia, Jameson imputa a essa economia essencialmente simbólica uma analogia com o que muitos críticos tomaram como sendo o valor "simbólico" (isto é, estético) do Rockefeller Center. O que, por sua vez, permite a ele nomear, com a ajuda da imagética vívida de Charles Jencks, um "modernismo à segunda potência" isotrópico, do qual, podemos considerar, o Rockefeller Center é um avatar[6].

O deslocamento do valor de uso pelo o que é de fato um intercâmbio de valores de troca, permitido na esfera econômica pela mediação tecnossocial das redes financeiras globais, leva Jameson a esse

> aspecto da abstração tardo-capitalista, a maneira como ela desmaterializa sem significar de qualquer forma tradicional uma espiritualidade: "destruindo a aparência de massa, densidade e peso de um edifício de cinquenta andares", como coloca Jencks. A evolução da parede cortina "diminui a massa e o peso enquanto realça o volume e o contorno – a diferença entre um tijolo e um balão"[7].

Embora possamos discordar de que esse processo não seja espiritual de "qualquer forma tradicional", é apenas uma distância curta daqui para outras formas estéticas, como a "conotação barthesiana [...] ou reflexão sobre a reflexão"[8]. Que Jameson, com Derrida, veja um fantasma nesse *hall* de espelhos dá alguma indicação de que a comoditização do futuro (a "planificação" de Tafuri) traz consigo cadáveres, mas também a possibilidade de retornos, desaparecimentos e reaparecimentos.

Jameson está bem ciente da possibilidade, seja no Rockefeller Center ou em seus futuros espectrais pós-modernos, de que a questão do valor possa ser simplesmente excluída por princípio, na eventualidade de que "tenhamos que nos haver com um mau ou, na melhor hipótese, medíocre conjunto de edifícios"[9]. Ainda assim, por mais comercial que possa parecer, mesmo a chamada arquitetura do mercado imobiliário nunca é inteiramente redutível aos interesses econômicos que lhe estão por trás. Ela permanece, em certo sentido, arquitetura. Como tal, sua liminaridade pode até servir para iluminar propriedades de outro modo obscuras de obras mais canônicas. Nesse sentido, o compromisso de longa data de Johnson com a arquitetura como uma forma de arte – podemos chamar a isso arquitetura com um A maiúsculo, ou Arquitetura – foi testado e confirmado em suas colaborações com empreendedores imobiliários e petrodólares em Houston e outros lugares. O contexto para isso era o mercado cada vez mais global também evocado por Jameson que, durante os anos 1970, gerou novas combinações de capital financeiro, capital cultural e especulação imobiliária. Mas apesar de sua crescente celebridade, Philip Johnson não se tornou exatamente uma "marca" durante esse período. Nem foi reduzido a uma mera mercadoria (ou "meretriz", para usar sua própria terminologia). Em vez disso, ele e sua obra eram, em um sentido técnico, mídia. Isso quer dizer: Johnson não era apenas uma figura da mídia, ele era também, com sua arquitetura, um meio e um mediador, ambos no sentido de Jameson e no sentido de uma figura que canaliza forças ostensivamente espirituais ou – mais ao ponto – transcendentais. E em Houston, ele e sua arquitetura canalizaram especificamente a força chamada "petróleo".

Ao circular, como faz, nos meios de comunicação de massa, mas também em vários contextos semiacadêmicos, o "petróleo" é, estritamente falando, um fetiche[10]. Um fetiche é algo que, ao mesmo tempo, tanto revela quanto esconde. É por isso que os estadunidenses foram informados que eram viciados em petróleo, em 2006, por George W. Bush, o homem que fundou uma companhia petrolífera com o nome cômico de Arbusto Energy, em 1977[11]. Em termos simples, o "petróleo" é algo que é nomeado, desejado e que, por vezes, leva à guerra, cuja aura funciona de fato para ocultar os complexos e muitas vezes violentos processos sociais e históricos que, em primeiro lugar, tornam isso possível. Nesse sentido, edifícios como o Pennzoil Place, de Johnson/Burgee, projetado e construído para o empreendedor Gerald Hines entre 1973 e 1976, não representam realmente o "petróleo"; em vez disso, eles o *produzem*, na forma de um fetiche – um objeto com poderes especiais.

Em outras palavras, esses edifícios não simbolizam apenas o poder das companhias petrolíferas. Isso em parte porque o que chamamos de "petróleo" é na verdade uma pluralidade híbrida de objetos reais, incluindo a substância química denominada petróleo em seus diversos estados de

MATERIALIDADE • **139**

refinamento, bem como os vários mecanismos a partir dos quais ele é extraído, e aqueles por meio dos quais ele é processado, e aqueles por meio dos quais é transportado, e aqueles por meio dos quais é vendido e queimado, e os gases assim emitidos, e os corpos humanos assim propelidos em máquinas, e aqueles (talvez na Nigéria) cuja terra é expropriada para que essas máquinas possam receber mais combustível, e as várias organizações que fazem a expropriação, o refino, a venda, a queima, e assim por diante. Todas essas realidades são, num sentido, unidas à força no fantasma chamado "petróleo", que por sua vez só existe em virtude de sua capacidade para manter à distância as contradições inerentes e os interesses conflitantes que abriga, para não falar de sua selvageria contínua e absoluta. Ao ajudar a canalizar esses objetos e as forças que fluem deles e por eles – amplificando algumas, filtrando outras –, a arquitetura ajuda bastante literalmente a construir esse fantasma, cuja existência e efeitos são inevitavelmente reais.

Mas, com o devido respeito a Jameson, tudo isso ocorre indiretamente, através de vários graus de mediação. De fato, a despeito de seu nome, Pennzoil Place nem sequer foi construído diretamente para uma companhia petrolífera. Ele foi construído por um empreendedor do mercado imobiliário que havia sido abordado por uma companhia petrolífera para construir um edifício de escritórios no centro de Houston. Como se revelou, o edifício envolveu duas companhias petrolíferas. Em 1954, o presidente da Pennzoil e cliente de Hines, Hugh Liedtke, formou uma sociedade com o primeiro George Bush em uma entidade chamada Zapata Petroleum (em homenagem ao filme *Viva Zapata!*). Em 1959, Bush vendeu seus interesses na Zapata Petroleum para o conglomerado Pennzoil, de Liedtke, enquanto criava para si a Zapata Offshore Oil Company[12]. Durante a fase de planejamento do edifício de Johnson, Hines e Liedtke incluíram a Zapata Petroleum como um inquilino principal adicional e, com ela, a condição de ambas as companhias serem reconhecidas na arquitetura do edifício[13]. O resultado foi um tipo de Seagram Building duplicado, colocados de viés ao longo de uma diagonal que vai de uma esquina a outra do terreno. Cada torre tem uma cobertura diagonal distinta, porém contraposta. Na base, o átrio une as duas torres, enquanto apresenta para a rua um outro volume diagonal mais baixo. Outros grandes inquilinos do complexo incluíam a United Gas Pipeline Company, propriedade da Pennzoil, e o escritório de Houston de Arthur Andersen, que mais tarde veio a se envolver no colapso da Enron.

Contudo, a arquitetura de Johnson também canalizou *a si mesma*, como Arquitetura, um tipo de *loop* de *feedback* da mediação. Estilisticamente, Pennzoil Place estava entre os últimos edifícios reconhecidamente "modernos" de Johnson. Em 1954, ele já havia teorizado as diversas formas de fetichismo características da arquitetura moderna, chamando-as de "muletas", ainda que admitisse depender delas ocasionalmente. Mas, de acordo com Johnson, arquitetos que confiam demais nessas muletas obscurecem a essência estética da arquitetura – seu *status* verdadeiro e irrestrito como um objeto de arte[14]. A arquitetura sem muletas é uma arquitetura autônoma, uma arquitetura independente, uma posição com a qual o nome de Johnson há muito foi associado. E assim podemos testar sua teoria aplicando-a a seu edifício.

Primeira muleta: a muleta da história. Embora em 1954 Johnson pudesse declarar essa muleta como relativamente inoperante, em 1973 ela era certamente uma questão e incluía, nesse caso, a história do próprio modernismo. Essa história é capturada aqui na forma de uma citação amaneirada do módulo de 1,41m do Seagram, encolhido em unidades de 0,76m de comprimento e espalhadas no que Johnson chamou de "padrão em tudo", que se estende sobre as "coberturas" chanfradas do Pennzoil[15].

Segunda muleta: a muleta do desenho bonito, ou da "planta bonita". Johnson uma vez comparou a planta do Pennzoil ao então novo logotipo da NBC, invertido e com um vão no meio. Ainda assim, é verdade que desenhos de apresentação não foram muito importantes no Pennzoil. Em seu lugar estava um modelo com pouco mais de um metro quadrado de Houston, um modelo do edifício de um metro e meio de altura, dois modelos do interior do átrio, uma apresentação de *slides* com quinze telas estrelada pelo próprio Johnson, em que ele explicava aos potenciais inquilinos a enorme onda de emoção que experimentariam ao entrar no edifício a cada manhã[16].

Terceira muleta: a muleta da utilidade. Aqui está Johnson, em 1954: "Dizem que um edifício é uma boa arquitetura se funcionar. Naturalmente, isso é tolice. Todos os edifícios funcionam."[17] O Pennzoil certamente funciona, e pela maioria das contas funciona bem. O que ele faz? Entre outras coisas, ele ajuda a produzir o fantasma chamado "petróleo".

Quarta muleta: a muleta do conforto, na qual o "controle ambiental começa a substituir a arquitetura". Em um eco do espaço ambientalmente controlado do átrio anterior de Johnson/Burgee no, adequadamente nomeado, Investors Diversified Services (IDS) Center, que protegia contra os frios invernos de Mineápolis, o átrio com ar-condicionado do Pennzoil está entre suas características arquitetônicas mais notáveis. Dadas as pressões de custo de um edifício de escritórios especulativo, ele provavelmente não existiria a não ser por sua capacidade de defender os trabalhadores da indústria de petróleo contra o calor extremo de um verão em Houston.

Quinta muleta: a muleta do baixo preço, ou o que Johnson chamou de "motivo econômico". Comparado a edifícios de escritório especulativos, Pennzoil foi relativamente caro. Ainda assim, seu aspecto econômico nunca esteve longe da superfície, e como Gerald Hines sugeriu na época, seu alto nível de desenho – sua proximidade à Arquitetura (e devemos supor, ao nome de Philip Johnson) – tornou-o atraente para os inquilinos dispostos a pagar alguns dólares a mais por metro quadrado[18].

Sexta muleta: a muleta de servir ao cliente. Como Johnson coloca: "Servir ao cliente é uma coisa e a arte da arquitetura é outra."[19] Verdade. Mas em Pennzoil, entre os serviços oferecidos pelo escritório de Johnson ao seu cliente Hines, estava produzir uma obra de arquitetura, uma obra de arte. Por quê? Porque ela ia atrair aluguéis mais altos[20].

Finalmente, há a sétima muleta: a muleta da estrutura, da qual Johnson admitiu alegremente, "eu próprio usei-a o tempo todo"[21]. E, de fato, ela está lá em Pennzoil, na grelha regular de pilares e nas treliças que suportam a cobertura do átrio, cujo precedente é a cobertura sobre o espaço tipo átrio de vários níveis da galeria de esculturas na propriedade de Johnson, em New Canaan, completada em 1970. Porém, em uma inversão perfeita, a estrutura real em Pennzoil foi construída pelo próprio "petróleo": nesse caso, por uma subsidiária da Zapata Petroleum, a Zapata Warrior Constructors[22].

Isso significa que a arquitetura, tendo se tornado dependente ou viciada nessas sete muletas, é incapaz de se manter por si só em Pennzoil? Sim e não, porque a Arquitetura também ajuda a sustentar todas as muletas. Para demonstrar, eu gostaria de adicionar à lista de Johnson uma oitava muleta – ou, na verdade, uma contramuleta. Vamos chamá-la a "muleta da quina", uma vez que é dito frequentemente que o teste verdadeiro para qualquer Arquitetura (com A maiúsculo) é como ela vira o canto (considere, por exemplo, Ludwig Mies van der Rohe no Illinois Institute of Technology). O próprio Johnson gostava desse critério, como quando sugeriu que Mies havia alcançado no Seagram Building uma quina de nuances suficientes para merecer comparação com a rotação em pilastras executada por Karl Friedrich Schinkel no Altes Museum, em Berlim. De acordo com Johnson, tal comparação oferecia uma demonstração salutar do grau em que "a arquitetura pode ser julgada pelo tratamento da quina"[23].

Como já sugeri, Pennzoil é, em certo sentido, todo cantos, no interior e no exterior. Ele é, portanto, potencialmente todo Arquitetura, no interior e no exterior, ao menos até o nível em que a rotação de seus cantos seja esteticamente prazerosa, senão, por vezes, sublime. Mas a dependência evidente do edifício em muletas, de um a sete, parece contradizer essa possibilidade, ou ao menos reduzi-la a um compromisso honroso entre o arquiteto e um empreendedor-cliente que identificava uma boa arquitetura quando a via. Uma vez que os cantos do Pennzoil também servem sublimemente ao cliente com alguns dos escritórios de canto mais dramáticos ao redor, para não falar da facilidade relativa com que atenderam o orçamento de Hines, ou do conforto relativo do átrio de múltiplos cantos, ou da elegância da planta, ou da ressonância estrutural do módulo, ou da economia com a qual o programa está acomodado ou, subliminarmente, a história é invocada.

O antigo mentor-colaborador de Johnson, Mies, notoriamente costumava dizer que Deus (leia aqui: arquitetura) está nos detalhes. Tendo em conta que as teorias do fetichismo da mercadoria a que tenho aludido com respeito ao "petróleo" começam com uma definição do fetiche como um objeto religioso mais frequentemente encontrado nas chamadas religiões pagãs, e dada a possibilidade de que para o quase-miesiano Johnson a Arquitetura fosse uma dessas religiões, é apenas lógico que procuremos seus deuses nos detalhes do Pennzoil. Entre esses, um se destaca. É a rotação do canto no pico de cada torre, conforme a parede cortina dobra diagonalmente sobre o volume do edifício para produzir o perfil de dupla inclinação que dá ao edifício sua identidade distintiva. Johnson chamou o efeito resultante de "forma pura" e celebrou a economia de meios pela qual ela foi alcançada. Aparentemente, esse bônus arquitetônico adicionou aproximadamente oito dólares e meio por metro quadrado ao custo final do edifício[24]. Em retorno, Hines obteve o que alguns (incluindo Johnson) viam como o fantasma do minimalismo ou, de novo nas palavras de Johnson, uma "forma prismática básica"[25].

O detalhe pelo qual isso foi alcançado não é particularmente elegante. De fato, um membro do escritório em Houston, S.I. Morris Associates, que na verdade o resolveu, chamou-o de "um verdadeiro dândi"[26]. Ainda assim, o detalhe da quina fez o que tinha que fazer. Ele até contribuiu com um pouco de cripto-classicismo para o *pot-pourri* estético ainda em evolução de Johnson, na forma de um frontão cindido quase imperceptível na escala de todo o edifício, que Frank Gehry mais tarde (e bastante perceptivelmente) identificou como um possível predecessor para a cobertura Chippendale sobre o edifício AT&T, de 1984, de Johnson/Burgee[27]. Assim, quando a forma de templo do Pennzoil aparece, e com ela o deus chamado Arquitetura, parece difícil dizer que o edifício também adora o deus chamado "petróleo". Porém, de novo, não se trata necessariamente de uma questão de representação *per se*; nem é meramente uma questão de um edifício dito icônico fazendo uma homenagem simbólica aos poderes constituídos.

É uma questão do que você não vê tanto quanto do que você vê quando assiste à Arquitetura aparecer e desaparecer no horizonte da história.

Juan Pablo Pérez Alfonzo, ex-ministro do petróleo venezuelano e fundador da Opep, uma vez chamou o petróleo de "o excremento do diabo"[28]. Sua promessa corruptora de riqueza instantânea, na forma de um "ouro negro" digno do El Dorado, opera em um nível mítico. Ele funciona de uma maneira que é comparável ao Santo Graal que os mercadores de moedas chamam de arbitragem, que é, na verdade, uma exploração quase sem risco de um desequilíbrio momentâneo nos mercados financeiros. Talvez nenhum lugar no mundo exemplifique isso melhor do que a Nigéria, onde as brutalidades do que Michael Watts chamou de "petroviolência" incluiu uma guerra civil, uma sucessão de golpes militares e outros conflitos mortais que são em grande parte guerras pelo controle do petróleo vendido a grandes corporações transnacionais. Watts mostrou como essa economia encontra sua expressão fantasmagórica em Lagos, onde a violência periódica das gangues irrompe com rumores do roubo organizado da genitália masculina, cujos despojos são considerados (como o petróleo) capazes de produzir magicamente riqueza instantânea[29]. Que a Nigéria seja ocasionalmente chamada de Texas da África deveria fazer pensar nesse aspecto. Considerando que, embora ainda não tenha havido qualquer caso de roubo genital reportado em Houston, essa cidade também abriga uma economia especular e onírica na qual fetiches, como o "petróleo", circulam com suas promessas de poderes mágicos.

Referindo-se aos interesses financeiros a que o Pennzoil Place serviu, um crítico descreveu-o favoravelmente como um "monumento à liquidez"[30]. Ele foi projetado com o propósito de fazer dinheiro e estava 60% arrendado na época do lançamento e 97% arrendado – cerca de 5% por cento a mais do que as taxas de mercado – na época da inauguração. A estratégia de redução de risco do "pré-leasing", comum hoje em dia, desencadeou o que o mesmo crítico chamou de "rio de rendimento" que, por sua vez, tornou possível uma hipoteca de U$ 60 milhões, com base em 75% do valor presumido do edifício, garantida pelas locações que, por sua vez, foram possíveis, como o próprio Hines afirmou, pela arquitetura distinta do edifício[31].

Em Houston, em meados da década de 1970, o líquido chamado "petróleo" estava na base de toda essa liquidez. Um tanto misteriosamente, o nível do subsolo do Pennzoil Place alimenta uma série de túneis subterrâneos com ar-condicionado que interceptam a cidade. Parentes distantes das galerias parisienses do século XIX em que Walter Benjamin discerniu um mundo de sonhos de imagens de desejo, esses interiores escuros e frescos conectam o saguão no nível da rua do Pennzoil (que foi inicialmente ocupado por um banco) e sua galeria de compras em nível inferior com seus vizinhos de Houston. Entre os últimos está o Number One Shell Plaza, o edifício de escritórios projetado para Hines por Bruce Graham, do escritório Skidmore, Owings & Merrill, e alugado para a Shell Oil (um ator principal na Nigéria), que estabeleceu um precedente para Hines contratar arquitetos conhecidos, como Johnson. Nos anos que se seguiram, Johnson/Burgee vieram a adicionar uma série de conexões a essa rede. Trata-se de uma rede tanto virtual (no sentido de um espaço pelo qual o fetiche chamado "petróleo" circula) quanto real, no sentido das infraestruturas financeiras, tecnológicas, políticas e culturais que ligam as companhias petrolíferas, os bancos e governos em Houston e em todo o mundo. Essas infraestruturas são visíveis, podemos dizer, no circuito de túneis, mas também nos edifícios acima.

Entre outras conexões nessa rede está a isolada Transco Tower, de 1983, de Johnson/Burgee, localizada dezesseis quilômetros a oeste, e, bem ao lado do Pennzoil (e ligado a ele por um túnel), seu Republic Bank Center, de 1984. Quando vistos em série com o Pennzoil, esses edifícios contam uma história sobre liquidez e circulação. Trata-se de uma história sobre o ar do ar-condicionado que preenche esses edifícios e o dinheiro do petróleo que flui por eles. Mas o mais importante para qualquer reconsideração da transição da arquitetura do moderno para o pós-moderno é que essa história é sobre o fetiche irresistível chamado Arquitetura, que tanto revela quanto esconde tais fluxos e a violência que eles frequentemente envolvem, visto que ela literalmente ajuda a produzir essa coisa mágica e perigosa chamada "petróleo".

*   *   *

Em 1990, emprestando uma citação da campanha presidencial estadunidense de 1988, David Harvey descreveu os fundamentos da pós-modernidade como "economia com espelhos". Na campanha, essa caracterização referia-se ao que ficara conhecido como Reaganomics. Para Harvey, ela capturava a natureza especulativa do capital financeiro de uma forma mais geral. Junto com as políticas econômicas que a suportavam, o que George H.W. Bush também chamou de "economia vodu" resumia o que Harvey e muitos outros entenderam como a desmaterialização pós-modernista da produção cultural num jogo especular de imagens. Seguindo Neil Smith e outros, Harvey considerou essa desmaterialização aparente para sinalizar uma "crise do materialismo histórico". Que a evidência empírica sugerisse algo menos que uma substituição completa da "modernidade fordista" pela "pós-modernidade flexível", e algo mais como uma coexistência ou justaposição dos dois regimes, ele entendeu como uma confirmação de que esses dois eram de fato polos na dialética histórica do próprio desenvolvimento capitalista, tanto num sentido sincrônico como diacrônico. Dentro dessa dialética, como Harvey a coloca, "aonde quer que o capitalismo vá seu aparato ilusório, seus fetichismos e seu sistema de espelhos seguem não muito atrás"[32].

Ao incluir nessa análise a famosa proposição de Marx de que "erguemos nossa estrutura na imaginação antes de erguê-la na realidade", Harvey pareceu atribuir à cultura uma função premonitória, a de sinalizar em termos estéticos o inexorável impulso econômico subjacente a ela, enquanto encobre seus efeitos reais[33]. Ele assim atribuiu também à produção cultural pós-modernista uma função ideológica que o marxismo tradicionalmente atribuiu ao fetiche: a de esconder a violência econômica, que nesse caso foi ajudada e incitada por uma mudança cultural na qual "a ética é [...] submersa pela estética"[34].

Espelhos, que têm sido usados como materiais de construção ao menos desde o século XVII, com frequência foram considerados detentores de características únicas. Por vezes, pareceram revelar segredos escondidos, enquanto, por outras, aparentaram enganar ou distorcer[35]. Assim, o fato de muitos dos edifícios construídos em cidades como Houston e em seus subúrbios afastados nas décadas de 1970 e de 1980 serem revestidos em vidro espelhado, reflexivo ou escurecido poderia potencialmente confirmar a hipótese de Harvey. O que, afinal, poderia ser mais ilusório do que um edifício erguido para uma companhia de energia que dissimulava sua função em uma superfície fina e uniforme que repelia opticamente (mas também metaforicamente) todos os esforços para revelar seu conteúdo?

Mas esses edifícios também eram coisas reais, revestidos com vidro real, que foi recoberto ou infundido com metais reais. Não há nada particularmente ilusório nesses monumentos pós-modernos, a menos que a equação modernista entre transparência óptica e cognitiva seja levada adiante, junto com uma distinção contraintuitiva entre materialidade autêntica e inautêntica. Nesse sentido, invertendo a perspectiva pela qual discernimos um material fantasmagórico – petróleo – na materialidade arquitetônica do Pennzoil Place, deveríamos conseguir olhar para esses espelhos – e não para suas imagens – e assim vislumbrar um tipo diferente de relação entre cultura e capitalismo, ou entre arte e política.

Olhe para um espelho. Não nele, para ele. Essa é nossa tarefa com respeito à preocupação da arquitetura pós-moderna com o vidro espelhado ou (como no Pennzoil) o vidro escurecido. Ainda que dificilmente possa ser dito que o material estivesse por toda a parte durante as décadas de 1970 e de 1980, é plausível sugerir que essa era sua função – estar "por toda a parte" e assim apresentar uma espécie de ubiquidade, um tipo ausência de lugar que, de fato, tomou o lugar antes ocupado pela universalidade modernista (em termos arquitetônicos: a transparência) no imaginário capitalista. Assim certos truques com espelhos foram favorecidos. Entre esses estava a técnica da rerreflexão. Baseado na rotação das quinas, a rerreflexão pode ser definida como uma *mise en abyme* produzida pela colocação de espelhos em ângulos específicos entre si. Johnson/Burgee utilizou essa técnica no IDS Center, em Mineápolis, completado em 1974. A torre de escritórios de 51 andares é um octógono alongado em planta, cujos quatro lados diagonais são serrilhados com sete entalhes em ângulo reto, solução extrudada até o topo. Todo o volume é revestido em vidro reflexivo, num módulo de ordenamento pequeno (isto é, 0,762m). Como resultado, quatro dos oito lados do edifício são quebrados em linhas de sete cantos dentro-fora que refletem a si mesmos mesmo quando refletem faixas da cidade ao redor e do céu. O efeito é aumentado na base, onde um átrio em treliça cúbica envidraçada, conhecido como Crystal Court, está ligado a dois dos lados. Dentro desse átrio, a repetição da grelha da estrutura da cobertura é dividida e repetida no revestimento do serrilhado espelhado na pele do edifício à qual está ligada, mas pela qual também parece passar.

No IDS, a junção interior do teto em grelha do átrio e da parede cortina em grelha reflexiva lembra-nos que o conteúdo das reflexões não é o ponto. O que conta é a sua estrutura modular, a repetição de reflexão sobre reflexão. No entanto, o Crystal Court, como a torre que se eleva acima dele, não é um castelo de cartas, nem mesmo um salão de espelhos no sentido barroco[36]. Em vez de produzir uma ilusão da extensão espacial que disfarça o que está por trás – o regime de acumulação flexível sobreposto a um fordismo terceirizado, talvez –, ele revela seus princípios básicos. Nesse aspecto, o edifício pode até ser chamado axiomático, uma vez que em um nível arquitetônico ele consuma o princípio do canto dentro-fora reflexivo com incansável consistência. Olhe para esses cantos espelhados e olhará para a materialidade da acumulação flexível. Sim, é uma "materialidade imaterial", para emprestar (e inverter) um neologismo de outro arquiteto (El Lissitzky) de um outro tempo mais utópico. Sua função não é esconder, mas revelar, tornar visível a abstração efetiva do capital financeiro, sua capacidade espectral de estar aqui e aqui e aqui ao mesmo tempo.

Philip Johnson e John Burgee, Investors Diversified Services. Center, Mineápolis, 1974. Foto: Richard Payne, FAIA.

Esse tipo de ubiquidade é diferente do que Harvey chama de "compressão do espaço-tempo"[37]. Para Harvey, a expressão, projetada a partir do modernismo, significa taxas aceleradas de produção, consumo e fluxo de informação. Ao contrário, uso "ubiquidade" aqui para referir-me a uma situação quase estática, um correr no lugar, uma circularidade capaz de tomar todas as coisas em seus *loops* de *feedback*. Isso é o que um espelho é; um *loop* de *feedback*. Vemos isso quando olhamos para os espelhos de Johnson/Burgee: entrada saída entrada saída entrada saída. Ou, em relação aos dois lados de um canto dentro-fora: direita esquerda direita esquerda direita esquerda. Ou, de novo, para a modularidade não sincopada da cobertura do átrio, que ecoa os cantos da parede cortina conforme diminui em seção: horizontal vertical horizontal vertical horizontal vertical. Essas imagens de espelho são menos opositivas ou complementares do que são redundantes, uma volta da superfície em si mesma, na qual a função de proteção do recinto envidraçado arquitetônico – o edifício como uma "gaiola de ferro" gigante ou sistema de janelas – é trocado por pura interação. Não há nada por detrás da cortina. Nem mesmo mais cortina. É só isso.

Mas o que é isso? O que, afinal, é um espelho? Apesar da equação tradicional entre espelhos e mimese, uma arquitetura de espelhos não reflete meramente, seja diretamente ou por meio de um tipo de transliteração disciplinar, os protocolos dos novos arranjos socioeconômicos. Ela ajuda a produzir esses arranjos, no espaço e no tempo. A arquitetura, portanto, não (ou não apenas) representa ou "espelha" o capitalismo tardio como seu equivalente cultural. Ela *pertence* ao capitalismo tardio. Afirmar isso pode parecer o mesmo que atribuir ou conceder à arquitetura uma imanência quase absoluta. Mas vista de outra direção, a afirmação também estende o modelo dialético que tanto Harvey quanto Jameson apresentam, talvez até um ponto de não retorno, um ponto no qual o que é cultura e o que é capital não pode ser distinguido de nenhuma maneira útil. Um nome para esse ponto poderia muito bem ser "Philip Johnson", que, junto com a sua arquitetura e a despeito de suas altas credenciais burguesas, permanece um exemplo de algo como a imanência absoluta. Porém, isso não significa que, mesmo com Johnson, a arquitetura decaia em simples serviço, em porta-estandarte para o desenvolvimento capitalista. Isso significa que, com o pós-modernismo, a imanência da arquitetura é assegurada por seu estatuto como obra de arte: como Arquitetura que é.

Jameson sugeriu isso quando comparou os cilindros espelhados do Bonaventure Hotel em Los Angeles com o jogo de poder alienante de se esconder atrás de óculos de sol espelhados[38]. De fato, em uma leitura diferente, mas compatível, ele vai ao ponto de sugerir que, para o pós-modernismo, a "arquitetura, portanto, permanece a linguagem estética privilegiada; e os reflexos distorcidos e fragmentados de uma enorme superfície de vidro em outra podem ser entendidos como paradigmáticos do papel central do processo e da reprodução na cultura pós-modernista"[39]. Para ele, privilegiar a reprodução sobre o original putativo, os sapatos de pó de diamante de Warhol sobre as botas camponesas de Van Gogh, corresponde a um "declínio do afeto" que, dialeticamente, beira algo como um sublime pós-moderno que, como as superfícies monolíticas do prismático Wells Fargo Court (também em Los Angeles), de Skidmore, Owings &

Merrill, "torna nossos antigos sistemas de percepção da cidade um tanto arcaicos e sem propósito, sem oferecer outro em seu lugar"[40]. De novo, e em suporte, Jameson cita o relato de Jacques Lacan de um momento de desrealização paradigmaticamente esquizofrênico que ativa a "quebra da cadeia significativa" e o isolamento do significante como uma presença vividamente material, "com uma misteriosa carga de afeto, aqui descrita em termos negativos de ansiedade e perda da realidade, mas que poderíamos da mesma forma imaginar nos termos positivos da euforia, uma alta intensidade, intoxicante ou alucinógena"[41].

John Portman & Associates, Westin Bonaventure Hotel, Los Angeles, 1977.
Foto: cortesia de Westin Bonaventure Hotel.

Isso, contudo, sugere que superfícies espelhadas autoisolantes como aquelas que envolvem os cilindros de Portman refletem algo além do "outro" da cidade. E, no entanto, com sobretons lacanianos, Jameson parece contente com o pensamento de que elas registram o "outro" urbano, que para ele não é exatamente o hotel, mas sim "as imagens distorcidas de tudo que o rodeia"[42]. Mas ele não está realmente olhando para o espelho em si mesmo. Em vez disso, parece estar olhando no espelho, para seu conteúdo, que foi reduplicado e distorcido pelas superfícies curvas até o ponto da irreconhecibilidade.

Como o oposto topológico do cilindro, os cantos *dentro-fora* espelhados de Johnson/Burgee no IDS encorajam uma leitura diferente. Neles, o próprio espelho é o que aparece no espelho; seu conteúdo é secundário, ou ao menos mantido em suspensão – desvinculado, como Jameson sugere, da cadeia significativa. Assim também com as torres duplicadas do Pennzoil Place, que, em virtude do vão entre elas e da implantação deslocada e espelhada em forma de um N, gera um enorme ângulo agudo interno que é ele próprio espelhado em dois lados do terreno. Como com as torres deslocadas do World Trade Center (1964-1973), de Minoru Yamasaki, a duplicação não é exatamente aquela da cópia classicamente moderna, uma instância da reprodutibilidade mecânica que para Freud e seus seguidores capturou a estranheza da díade eu/outro, que Friedrich Kittler já vira desintegrar no truque prosaico, quadro a quadro, do cinema, em torno de 1900[43]. É mais como uma série sem começo nem fim, do tipo explorado por artistas minimalistas como Donald Judd e Sol Lewitt, mas também por Warhol. É uma serialidade no limiar da transição de um imaginário industrializado organizado ao redor da reprodutibilidade mecânica para um pós- mas também um neoindustrial organizado ao redor de *feedback*. Ou seja, como o edifício de Portman, trata-se de uma serialidade circular e tautológica, uma serialidade voltada sobre si mesma. Nesse sentido, cada um dos cilindros do Bonaventure pode ser entendido como uma rotação gradual e única de um canto contínuo e único que engolfa todo o volume enquanto expele seu conteúdo. Ao passo que em um contraste revelador, a volumetria do Pennzoil Place transforma cada uma de suas duas "frentes" em uma rotação aguda e única de um canto único (interno) que, primeiramente, não faz nenhuma referência ao exterior. Como um diagrama de um *loop* de *feedback* recursivo, o Pennzoil reflete a si mesmo e apenas a si mesmo em seus volumes duplicados, produzindo um espaço-tempo que não é interior nem exterior, nem aqui nem lá, nem isso nem aquilo, nem agora nem depois.

MATERIALIDADE • 151

Essa é a ubiquidade que estou argumentando que oferece um diagrama mais preciso da espaço-temporalidade pós-moderna do que a "compressão espaço-tempo" moderna demais de Harvey. Além disso, em lugar da implicação de Harvey de que a experiência estética espelha as acelerações tecnoeconômicas do pós-fordismo, sugiro novamente que o que temos testemunhado é mais parecido com um correr no lugar, em que a estética e a economia não estão ligadas verticalmente, como a imagem à substância, mas horizontalmente, como nó para nó. Essa sugestão encontra apoio substancial na versão de Jameson da crise do materialismo histórico, que ele associa às narrativas do "fim da história" na literatura e no discurso político. Mas o fato é – e esse é o ponto de até nomear a "pós-modernidade" em termos relativos a uma época – que esse sentido de inescapável ubiquidade e recursividade é ele mesmo materializado historicamente. Ainda, Jameson é muito específico sobre o que ele acredita estar por trás do espelho, simultaneamente escondido e revelado em seu brilho dissimulador e desorientador: "uma rede de poder e controle ainda mais difícil para nossa mente apreender [do que a digitalização]: toda a nova rede global descentrada do terceiro estágio do capital"[44].

O que levanta a questão: quando olhamos para o espelho a manipular o *skyline* de Houston, estamos olhando para o quê? A "rede global do terceiro estágio do capital" ou apenas espelhos – ou ambos? A dezesseis quilômetros do Pennzoil Place e marcando um outro nó mais suburbano na rede de poder, de conhecimento e de desejo que assume uma forma física nos túneis que ligam o centro da cidade a si mesmo, está a acima mencionada Transco Tower, concluída por Johnson/Burgee em 1983. Na Transco, outro projeto empreendido por Hines para outra companhia de energia, é como se a torre recuada do Capitólio do estado de Nebraska, de Bertrand Goodhue, tivesse sido lançada adiante desde os anos 1920 e esticada até cerca de o dobro da altura (34 andares, 274 metros) do "original", sem um aumento correspondente na largura ou na profundidade. A sensação de extrusão vertical é aumentada pela pele toda em vidro, em sua maior parte espelhada. A intervalos, no entanto, ameias triangulares de vidro escurecido cinza são cortadas no monolito, introduzindo um ritmo de faixas verticais escuras no brilho reflexivo. De acordo com os arquitetos, o objetivo foi atingir no vidro a solidez normalmente associada à pedra, por meio do contraste entre os dois tipos de vidro, que reproduziram o contraste entre o revestimento de pedra clara e das faixas escuras de envidraçamento vertical em muitas torres projetadas nos anos 1920 por arquitetos, de Goodhue a Raymond Hood. Em Transco, o efeito foi ainda mais realçado pela redução do módulo do vidro espelhado a uma escala normalmente associada com a pedra, ao mesmo tempo permitindo que as ameias cinzas verticais revertessem para um módulo subliminarmente reconhecível como normal para vidro.

Philip Johnson e John Burgee, Sede da Transco, Houston, 1983.
Foto: Richard Payne, FAIA.

O perfil escalonado do edifício é completado por uma planta escalonada onde, mais uma vez, cantos externos se transformam em cantos internos, levando o vidro espelhado a refletir a si mesmo, embora dessa vez mais localmente do que globalmente. As ameias de vidro cinza realizam uma inversão similar: são protuberantes, porém lidas opticamente como cortes. O jogo elementar e quase paródico de dentro-fora que ocorre aqui com o vidro tem pouco a ver com a alegada transparência desse material como celebrada por uma geração prévia de arquitetos, incluindo o próprio Johnson numa encarnação anterior. Mas também não é apenas evidência de uma desmaterializada "precessão dos simulacros", como Jean Baudrillard poderia ter dito. É uma coisa material que consegue de forma elementar e não sofisticada parecer espectral, tanto lá quanto não lá, ao mesmo tempo. Na medida em que ao olhar para ele também estamos olhando para a "rede global" de Jameson, o mesmo pode ser dito sobre o que supostamente está por trás do espelho. O que estamos vendo – ou mais propriamente, o que estamos assistindo – não é a rede escondida atrás do espelho, mas uma rede de espelhos se desdobrando.

Esse é o "espaço" da globalização tecnoeconômica. Tudo menos plano, suas superfícies dobradas realizam transformações topológicas da mais alta ordem: de dentro para fora e de novo para dentro. Há muitos outros objetos projetados por muitos outros arquitetos nos quais poderíamos seguir essas dobras em nossa busca da materialidade do espelho. Há o empreendimento facetado Fountain Place, de I.M. Pei, em Dallas (1982-1986), ou as duas grandes cifras espelhadas que Roche Dinkeloo projetou para Hines em Denver, em 1981, que não foram construídas devido ao declínio do mercado imobiliário local. De volta a Houston, há o Allied Bank Plaza, projetado por Richard Keating do Skidmore, Owings & Merrill e concluído em 1983. No entanto, talvez as pistas mais reveladoras sejam encontradas em Pitsburgo, na base (ou, dependendo da orientação, no topo) do desenvolvimento urbano comercial Golden Triangle daquela cidade, que fica no ponto em que os rios Allegheny e Monongahela se encontram para formar o rio Ohio. Ali, em 1984, Johnson/Burgee ergueram o que está certamente entre os mais completos espelhos do pós-modernismo no mundo, conhecido como PPG Industries Plaza and Tower, ou PPG Place.

Diferente de Houston, uma cidade cujo *pedigree* pós-industrial é incontestado, os edifícios no centro de Pitsburgo têm nomes como U.S. Steel, Alcoa e PPG. Esses são edifícios projetados tanto simbólica quanto pragmaticamente para abrigar as entidades que produziram os materiais dos quais a era da reprodutibilidade mecânica foi feita: aço, alumínio e vidro. E, numa primeira impressão, o complexo PPG de Johnson/Burgee não é diferente. Como o Alcoa Building do alumínio, por Wallace K. Harrison e Max Abramovitz, e o U.S. Steel Building do aço (por Abramovitz e Charles Abbe), ele consiste em uma série de edifícios totalmente em vidro projetados para um fabricante de vidro. Significante e significado parecem unidos aqui alegremente, quase comicamente. Embora uma ironia inexpressiva, quase warholiana, seja discernível na quantidade total de vidro usado no PPG Place (como se para tornar a associação tão óbvia e tão sem sentido quanto possível, na cidade natal de Warhol, nada menos), o fato mais importante é que o vidro é, uma vez mais, espelhado.

Philip Johnson e John Burgee, PPG Place, Pitsburgo, 1984.
Foto: Richard Payne, FAIA.

Novamente, há a referência à pedra, dessa vez nas formas reduzidas do *revival* gótico a partir das quais os edifícios são montados. Johnson informa que a Victoria Tower, de Charles Barry, nas Casas do Parlamento em Londres (1835-1867), forneceu o material de origem para a PPG Tower, enquanto outros viram vestígios do *revival* gótico da Cathedral of Learning na Universidade de Pitsburgo, embora novamente pouco importa se essas referências arbitrárias são legíveis na versão em vidro espelhado e grande escala de Johnson. Outra cópia sem original, a PPG Tower se ergue na lateral do PPG Place, que é o nome oficial dado pelos expoentes da "revitalização urbana" de Pitsburgo à praça retangular centrada num obelisco, que está no coração do complexo. PPG Place é um enclave urbano configurado como um interior espelhado. É como se o hotel Bonaventure, cujos interiores piranesianos tanto perturbaram (e entusiasmaram) Jameson, tivesse sido virado do avesso, sua pele exterior suavemente reflexiva agora dobrada em incrustações pseudogóticas, cuja absoluta imobilidade se aproxima da floresta petrificada e cristalina que dá o título *The Crystal World* (O Mundo de Cristal) à novela de 1966, de J.G. Ballard.

Petrificação, transformação em pedra; esse é o final de jogo pós-modernista. Não aceleração, mas desaceleração. Porém, mais uma vez corremos o risco de derivar em direção ao reino da metáfora, de olhar no espelho para suas imagens em vez de para ele, para compreender sua materialidade. Em torno de noventa mil metros quadrados de vidro transparente reflexivo PPG Solarban 500 revestido a vácuo cobrem as superfícies do edifício. Solarban é um vidro de baixa emissividade ("low-e") que reduz significativamente o ganho de calor por meio da radiação solar. De acordo com os arquitetos, os elevados preços da energia recomendaram essa escolha[45].

No entanto, o contexto urbano onde o complexo foi situado continha poucos edifícios considerados, pelos arquitetos, adequados para serem refletidos nos espelhos da PPG. Sua resposta foi conceber uma hermética autorreferencialidade. Como a monografia de Johnson/Burgee coloca: "Em uma área que aguarda o efeito do PPG como um catalisador, podia-se esperar que o espelho tivesse pouco a mostrar além de si mesmo. O complexo obtém o máximo proveito dessa situação ao explorar as possibilidades inerentes do material por meio do uso de uma fachada irregular que oferece reflexões e rerreflexões sem fim."[46]

Assim, o espelho nos devolve para o domínio do fetichismo da mercadoria. Não porque ele aparente esconder os trabalhos internos da máquina do capitalismo tardio, mas porque torna o mundo externo – a cidade – invisível no seu momento de crise. É assim que funciona o que Jameson chama de "rede global do terceiro estágio do capital". Não ocultando o interior, mas sim ocultando o exterior. Como legatários do modernismo, olhamos no espelho, esperando ver através do espelho. Como intérpretes de um pós-modernismo que acontece *diante* desse momento projetivo (no sentido de comparecer diante de um juiz), devemos aprender a olhar primeiro *para* o espelho e não para as imagens distorcidas de nós mesmos (ou nossos "outros") projetadas em suas telas. Fazer isso nos dá uma chance melhor de olhar além da tela ou, na verdade, atrás dela, em futuros possíveis e passados possíveis que possam ainda escapar à entropia de reflexão e rerreflexão que é abordada pelos *loops* de *feedback* autorreflexivos da pós-modernidade.

Philip Johnson e John Burgee, PPG Place, Pitsburgo. Detalhe da parede cortina. De Darl Rastorfer, Reflections on a Curtain Wall: PPG Place, *Architectural Record*, v. 172, n. 12, Oct. 1984, p. 196.

Escrevendo sobre o Golden Triangle de Pitsburgo antes do complexo PPG ter sido construído, Tafuri observou que "se o Rockefeller Center representava a mais completa 'montanha desencantada' da década de 1930, Pitsburgo renovada era o exemplo máximo da 'cidade desencantada' da década de

1960"[47]. A peça principal do Golden Triangle era o Gateway Center, um empreendimento habitacional para a classe média de vários arquitetos, que incluiu um edifício de Harrison e Abramovitz. Mas logo depois de Tafuri ter escrito, mais de dois hectares de tecido urbano dentro do Golden Triangle foram declarados "arruinados" e, assim, sob a mesma legislação que tornou Gateway Center possível, a URA – Urban Redevelopment Authority (Autoridade de Requalificação Urbana) da cidade pôde adquiri-los para revenda ao PPG em preparação para o PPG Place, sob um acordo feito com a companhia em 1979[48]. No contexto da narrativa de encantamento e desencantamento que Tafuri construiu ao redor do arranha-céu estadunidense, desde a participação de Eliel Saarinen no concurso para a Chicago Tribune Tower, em 1922, até o John Hancock Center do SOM, em 1968, é importante reconhecer o PPG Place como um projeto de *reencantamento*, ou, na linguagem da biopolítica, de "revitalização". Como disse Tafuri sobre o Golden Triangle, que também incluía os edifícios Alcoa e U.S. Steel: "A cidade capitalista não esconde mais sua face sob uma máscara romântica; nenhum Mendelsohn poderia novamente fotografar Pitsburgo como uma floresta misteriosa; nenhum Saarinen ou Ferriss iriam ser movidos a 'cantar' sua força. A 'cidade sem qualidade' criou a si mesma em Pitsburgo como a expressão direta das forças que efetivamente a gerem."[49] Talvez, ou talvez não; mas, de qualquer forma, haveria um Johnson para construir uma catedral de cristal em seu coração.

Os formuladores de políticas públicas de Pitsburgo e suas contrapartes na sociedade civil começaram a chamar o desenvolvimento urbano do Golden Triangle, que foi custeado por um novo modelo político-econômico baseado em parcerias público/privadas, de "Renascença". Então, quando a cidade emergia da crise fiscal de meados da década de 1970 e a taxa de ocupação de escritórios se aproximava de 99% no Central Business District (CBD), um novo conjunto de atores políticos e cívicos liderados pelo prefeito da cidade, Richard Caligiuri, decidiu reconstruir o CBD em um novo projeto de "revitalização urbana" que eles chamaram de "Renaissance II". Renascimento, seguido de rerrenascimento; como as reflexões e rerreflexões em que eles eram materializados, esses eram os *loops* de *feedback* do desenvolvimento urbano no capitalismo tardio. Em meados da década de 1990, os órgãos públicos de Pitsburgo, que durante os anos 1980 tinham adotado uma abordagem gerencial da reconstrução urbana que restringiu o papel do Estado ao de um iniciador e facilitador de parcerias com o capital corporativo, resolveu ativamente adotar uma "abordagem centrada no cliente" para a aplicação de seus instrumentos[50].

Esse pensamento, por sua vez, foi possibilitado pelo sucesso percebido do Renaissance II, no qual, de acordo com um historiador,

> A erupção de novas torres de escritório no centro, gerada pela restaurada parceria público-privada (e condições favoráveis de mercado), os projetos de trânsito rápido, iniciativas culturais da década de 1980 apoiadas pela administração Caligiuri, todas proporcionaram receitas fiscais e emprego. Mais importante, forneceram o espaço de escritório, a infraestrutura e a melhora na qualidade de vida que Caligiuri esperava que facilitassem a transição de Pitsburgo desde uma economia paleotécnica do século XIX do carvão e do aço para uma economia pós-aço fundada em tecnologia avançada, processamento de informação, serviços profissionais e vitalidade cultural.[51]

Tal era a aparente desmaterialização da cidade no "pós-aço" que, em 1989, o *New York Times Magazine* chamou Pitsburgo de "o experimento pós-industrial mais promissor da América"[52].

Entre as condições estabelecidas na "parceria público/privada" entre a PPG e a cidade constava que a Agência de Planejamento Urbano iria reconstruir a seção comercial adjacente de Market Square. Descrevendo as mudanças sofridas pela seção comercial do centro da cidade durante a década de 1970, outro historiador chegou mais perto de nomear o jogo:

> As lojas de departamento começaram a lutar em sua competição com shoppings suburbanos na medida em que a saída da população branca do centro acelerou, especialmente após a revolta no Hill District [predominantemente negro], por causa do assassinato de Martin Luther King em 1968. O corredor de varejo, antes vital, entre as lojas de departamento Horne e Kaufmann começou a parecer decadente e cada vez mais voltado para compradores afro-americanos de baixa renda, que haviam perdido sua área comercial de bairro, no adjacente baixo Hill District, para a renovação urbana [isto é, Renaissance I].[53]

Mas um analista da revista *Architecture*, o órgão oficial do American Institute of Arquitects, foi mais explícito. O escritório de Hardy Holzman Pfeiffer (HHP) havia sido contratado para renovar o Market Square, um projeto que nunca foi concluído. Em 1989, em referência ao que seu título chamou de "PPG's Unpopulated Places" (Lugares Desocupados do PPG) no nível da rua, Lawrence Houstoun Jr. escreveu: "O plano adormecido [HHP] trata do medo de 'indesejáveis' por meio da criação de espaços ao ar livre que atraem mais pessoas de classe média, diluindo assim o impacto percebido de pessoas indesejadas."[54] Houstoun supõe que o plano HHP foi concebido na tradição do "Street Life Project" (Projeto Vida nas Ruas), de William H. Whyte, como documentado em *The Social Life of Small Urban Spaces* (A Vida Social de Pequenos Espaços Urbanos, 1980). Igualmente importante, no entanto, são os termos em que a remodelação do espaço urbano de acordo com os preceitos behavioristas defendidos por Whyte são reformulados aqui. Como Michel Foucault colocou certa vez com referência à emergência (anterior) do biopoder na modernidade: "É nesse momento que o racismo é inscrito como o mecanismo básico do poder, quando ele é exercido em estados modernos."[55] E agora também pelo capital.

O argumento de Foucault é que um tipo de racismo mais prático do que ideológico, mais relacionado a uma questão de "tecnologia do poder" do que de "mentalidades, ideologias, ou mentiras do poder", se estabeleceu como uma característica definidora da soberania moderna no século XIX[56]. O velho direito soberano de decidir quem morre foi, consequentemente, permeado por uma nova possibilidade: "o direito de fazer viver e de deixar morrer"[57]. E o racismo "justifica a função da morte na economia do biopoder" ao fazer com que a "saúde" ou "pureza" de uma raça (normalizada) dependa da eliminação frequentemente violenta da "ameaça" representada por outra, cujo exemplo final é o genocídio[58]. Contudo, Foucault não está falando apenas sobre casos limite, "[não] simplesmente o assassinato como tal, mas também cada forma de assassinato indireto: o fato de expor alguém à morte, aumentando o risco de morte para algumas pessoas, ou, simplesmente, a morte política, expulsão, rejeição e assim por diante"[59]. As "parcerias público/privadas" da "revitalização urbana", dedicadas como são, e de formas tão práticas, a valores como a "qualidade de vida" provocada pela injeção de "vitalidade cultural", representam uma migração desses processos de normalização para a esfera do capital. Na Pitsburgo "pós-aço", como em tantas cidades desindustrializadas e reindustrializadas, subúrbios e expansões urbanas ao redor do mundo, o capital, habilitado pela política de Estado, assume aspectos anteriormente importantes da função biopolítica do Estado.

Se a petrificação, a transformação da pedra em vidro, no PPG foi uma entre as muitas técnicas de poder que – indireta, mas decisivamente – ajudaram a dividir a população urbana em "desejáveis" e indesejáveis" (isto é, habitantes de lugares "não ocupados"), dessa forma condenando os últimos a um tipo de morte passiva, o que dizer da vida? Quatro anos antes, o escritório Johnson/Burgee tinha concluído a Igreja Comunitária Garden

Grove (conhecida como "Catedral de Cristal"), em Garden Grove, Califórnia. De seu cliente, o televangelista dr. Robert H. Schuller, os arquitetos relatam que o objetivo de seu projeto era "ajudar a transmitir sua mensagem por meio da arquitetura". O edifício em forma de estrela, com cantos agudos, para três mil pessoas, portanto, devia "ser inspirador, reconfortante e unir a experiência da religião à experiência da natureza". A monografia do escritório não faz menção à cidade ao redor. Em vez disso, ela enfatiza a eficiência energética do edifício, obtida por seu exterior todo espelhado, que "bloqueia 8% da luz do sol, criando uma atmosfera subaquática e silenciosa no interior"[60].

Nessa afirmação, podemos ouvir um eco da crise do petróleo de 1973, em cujo rescaldo importava bem mais reduzir o consumo de energia tanto econômica quanto simbolicamente. Porém, esses ecos também reverberaram entre as superfícies de vidro espelhado que proliferaram na arquitetura das corporações multinacionais durante o final dos anos 1970 e o início dos anos 1980 como tantas rerreflexões. A Catedral de Cristal de Johnson/Burgee confirmou a nova mística do espelho, sua nova aura até. A iterabilidade mecânica e rígida das treliças de grande vão e do vidro visível no projeto anterior e desencantado de Mies para um centro de convenções em Chicago, um galpão para o "ornamento massificado", agora virava seu olhar de volta para a natureza. Não por meio da duplicação mimética, mas ao materializar o discurso sobre o "meio ambiente" que já encontramos. No relato do próprio Johnson sobre seu edifício, o vidro é magicamente transformado em água – e, por extensão, no PPG, pedra em vidro reencantado e "revitalizado". Tais feitos alquímicos gerenciam os riscos que são colocados pela "rede global do capitalismo" filtrando-os e eliminando-os.

Nesse sentido, a Catedral de Cristal é o fetiche máximo: um artefato religioso pensado para possuir poderes especiais, mobilizado em nome de – mas também contra – o invisível. Olhado diretamente, seu vidro torna visível o novo ambientalismo oficialmente sancionado, enquanto simultaneamente esconde a presença do regime econômico que o trouxe à existência em primeiro lugar. Como seu primo tecnológico e estético, o PPG Place apresenta um truque de mágica muito particular: a restauração do significado da faixa suburbana e da cidade central, respectivamente; *não* por meio da figuração, embora ambos sejam claramente figurativos, mas por meio da *materialização*.

Materialização e não desmaterialização, no sentido complexo de uma materialidade imaterial, ou a ilusão de uma ilusão. Em uma tabela que resume as características da "modernidade fordista" *versus* a "pós-modernidade

Philip Johnson e John Burgee, Igreja Comunitária Garden Grove, Garden Grove, Califórnia, 1980. Foto: Richard Payne, FAIA.

flexível", David Harvey deu à distinção uma feição peculiarmente cristã, quando ele atribuiu ao paternalismo do primeiro os atributos de "Deus Pai/materialidade" e ao último, "O Espírito Santo/imaterialidade"[61]. Mas a Catedral de Cristal de Johnson/Burgee, bem como PPG Place, Transco, e, a seu modo, Pennzoil, são evidências materiais em contrário; evidenciam menos uma oscilação dialética que uma estranha simultaneidade. Pois o que esses e tantos outros espelhos pós-modernos nos ensinam é que é preciso uma "rede global" real para apoiar a ilusão de que não há nada lá.

Respondendo a questões do historiador Francesco Dal Co, Kevin Roche assinalou em 1985: "A coisa interessante sobre o espelho é que ele é muito barato, quase tão barato quanto a pintura."[62] Em outro lugar, na mesma entrevista, ele acrescentou: "Desenvolvimentos recentes na indústria da pedra tornaram possível cortar o granito muito fino, com três centímetros de espessura, em grandes placas. Além disso, os métodos para realizar a fixação e colagem da pedra fizeram muito progresso, então agora é possível considerar o granito como uma alternativa econômica ao vidro."[63]

Aqui, mais uma vez, a pedra se aproxima do vidro como o vidro se aproxima da pedra. E não por acaso, talvez, o vidro espelhado figura proeminentemente na obra de Roche Dinkeloo Associates. Na cidade-dentro-da-cidade-dentro-do-mundo chamada United Nations Plaza, iniciada em 1966 (quando Roche e Dinkeloo estavam concluindo o edifício espelhado do Bell Laboratories, do falecido Eero Saarinen, no subúrbio de New Jersey) mas não completada até 1983, duas torres facetadas são dispostas em ângulo reto e inteiramente revestidas em vidro reflexivo azul-esverdeado num módulo uniforme, com orientação horizontal. O complexo ocupa toda a extensão de duas quadras adjacentes em Manhattan, seus lados com direção Leste-Oeste e Norte-Sul, respectivamente, e seus dois volumes formam um canto numa escala um grau maior que o Pennzoil Place. A massa de cada torre aumenta em direção a uma esquina culminante, onde em planta o volume chanfrado de uma torre se justapõe agudamente contra o canto quadrado da outra. Como em Pennzoil Place (e como nas fachadas do PPG), esses dois edifícios refletem um ao outro como, para emprestar novamente de Walter Benjamin, uma "reprodução sem o original".

Não é surpreendente, portanto, encontrar Roche Dinkeloo projetando dois conjuntos de torres gêmeas para Gerald Hines, em 1981, um para Houston e aquele já mencionado para Denver. Embora nenhum dos projetos tenha sido realizado, juntos eles antecipam os fatos técnicos – mas também estéticos – posteriormente reportados a Dal Co: que conforme o espelho se aproximava da pintura, a pedra se aproximava do espelho. No par de torres projetado para ocupar uma quadra no centro de Houston, o efeito do Pennzoil é visível, quando uma fenda é aberta entre os dois fustes deslocados, cada um deles arrematado por uma cobertura inclinada. Entre eles há um átrio. O vidro escurecido do Pennzoil foi substituído aqui por espelho, agora coberto com uma trama listrada de painéis de metal escuro. No segundo par, para Denver, duas torres idênticas estão viradas diagonalmente numa quadra urbana, seus cantos se sobrepondo levemente. Como em outro projeto não construído para outro empreendedor de Houston no mesmo ano, eles assumem o problema do arranha-céu como um elemento arquitetônico em grande escala, tal como foi colocado pela primeira vez por Adolf Loos em sua participação no concurso da Chicago Tribune Tower de 1922 sob a forma de uma única coluna dórica, reconhecida agora como proto-Pop. Nesse outro projeto de Houston, Roche e Dinkeloo trataram o arranha-céu como uma coluna única e espelhada, dividida em quatro enormes pilastras subindo nos cantos em apoio a um topo fálico, enquanto em Denver, no projeto para Hines, o fuste de vidro reflexivo se eleva de uma base revestida em granito para suportar acima um enorme frontão de quatro lados.

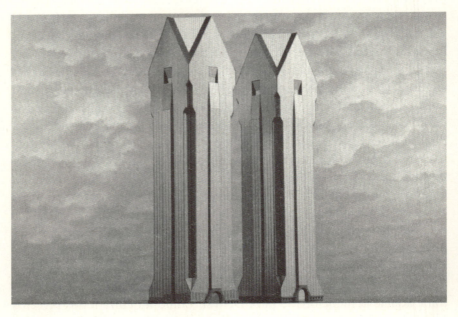

Kevin Roche John Dinkeloo and Associates, projeto para duas torres de escritórios, Denver, 1981. Foto: cortesia de Kevin Roche John Dinkeloo and Associates.

Esse diagrama básico, em que o fechamento em vidro espelhado renuncia à sua pretensão de uniformidade para ser incorporado em padrões variados de vidro e granito, é consumado na sede do Morgan Bank, de Roche Dinkeloo, em Wall Street, no sul de Manhattan, concluído em 1989. Ali, uma base de granito (com átrio) faz uma transição para um fuste espelhado de vidro-e-granito, coroado por uma cobertura em mansarda revestida de cobre. Grandes pilastras dobram os cantos, enquanto vidro e pedra se combinam para materializar mais um nó na "rede global". Mas como antes, esses materiais não representam simplesmente a rede; em combinação com muitos outros, eles *são* a rede, tanto como representações quanto como coisas. Como os processos que os produzem, as trocas que os consomem, e os arranjos que os organizam, eles são concretos, tangíveis. Os truques com espelhos e outros materiais reais apresentados pela globalização corporativa produzem a ilusão de que há uma ilusão; a ilusão de que sua materialidade é ilusória, irreal, desrealizada. A ilusão de que existe uma ilusão – nem uma dupla negativa nem uma tautologia – também descreve como um novo estágio no fetichismo da mercadoria pode de fato parecer: a inabilidade de simplesmente olhar para algo diretamente, em vez de tentar ver através dele. Esse modo de distração nos atrai, mesmo quando nos mantém de fora.

Kevin Roche John Dinkeloo and Associates, sede da J.P. Morgan, Nova York, 1989. Foto: cortesia de Kevin Roche John Dinkeloo and Associates.

A especificidade histórica desses edifícios e os materiais que eles reúnem não são, portanto, limitados a seu estilo arquitetônico ou à ordem político-econômica mundial a que servem. Eles têm a ver com seu relacionamento particular com aquilo a que Jameson repetidamente se refere como a "totalidade" desse sistema. Mas para segui-lo aqui e vincular a desterritorialização deleuziana, comparada à dinâmica fluida do capital financeiro, com a "desmaterialização final" do território da cidade em mercado imobiliário especulativo significa corrermos o risco de misturar materialidade com localidade[64]. Na arquitetura, isso acaba sendo correlato a um misticismo em que materiais como "pedra local" trabalham outro tipo de magia, na forma de um outro fetiche complementar (e compensatório) ao fetichismo do "petróleo" como pura liquidez, pura circulação. Não obstante tais efeitos, a materialidade endurecida da arquitetura doravante não está condenada irrevogavelmente à absoluta permutabilidade nas câmaras de eco do capital global e seus adjuntos culturais. Pelo contrário, a "lógica" do capitalismo tardio é implacável e irredutivelmente material. É um produto dos próprios objetos que parece condenar a um jogo de sombra da especulação econômica. Ou, colocado de outra forma, o que parece um *hall* de espelhos é na verdade um jogo de aparências altamente organizado, mas um jogo em que as próprias aparências são tudo o que existe para jogar. Agora você o vê, agora não; agora ele é vidro, agora é pedra. Esse "jogo mundial" em particular (para lembrar Buckminster Fuller) não é apenas um jogo de linguagem executado com significantes que flutuam no ar rarefeito como balões seguindo suas cordas. Ele não pode ser jogado sem os conjuntos materiais como "petróleo", "pedra" e "vidro". É um jogo de transubstanciação e não de desrealização. E suas regras são eminentemente visíveis nas superfícies reais das aparências reais às quais sua arquitetura só aparentemente foi reduzida.

6 SUJEITOS
Customização em Massa

Se o espelho é o seu objeto paradigmático, quem é o sujeito da arquitetura pós-moderna? Os processos de formação do sujeito, tanto em nível individual quanto de grupo, têm sido largamente tratados pelos teóricos como centrais para compreender o escopo e os efeitos da pós-modernidade. Ainda assim, como vimos, a arquitetura propriamente dita foi considerada nesse contexto em grande parte como um conjunto de objetos sintomáticos aos quais apenas vagamente se conectam formações de sujeitos específicos. Entre essas últimas está a categoria abrangente da "sociedade de consumo", à qual o caráter imagético da arquitetura pós-moderna é frequentemente assumido como correlato. Porém, essas correlações, embora bastante plausíveis, são insuficientes se quisermos tomar uma medida mais completa da suposta função da arquitetura como um código para uma conjuntura emergente histórico-mundial. Uma maneira importante – e, em um sentido teoricamente rigoroso, a única maneira – de fazer isso é indiretamente, pela investigação dos instrumentos de mediação por meio dos quais sujeitos e objetos estão dispostos no estágio da história. Que esse próprio estágio não seja "dado" objetivamente, e seja à sua própria maneira uma função daqueles mesmos instrumentos (que são à sua própria maneira uma função do estágio, e assim por diante), introduz uma certa reflexibilidade na equação interpretativa. Pode ajudar aqui tomar como uma de nossas coordenadas a noção de Jacques Rancière de uma "distribuição do sensível" que inclui, exclui e dispõe objetos e fenômenos como elementos da experiência estética *e* histórica; ainda assim, mesmo então encontramos a arquitetura oscilando entre objeto e trama[1]. Pois na particular distribuição do sensível que é o pós-modernismo (uma categoria que, devemos notar, Rancière acha inútil), a arquitetura é organizada, ou trazida à vista, de uma maneira específica, mesmo que ajude a fazer a organização, o arcabouço e a oclusão.

* * *

Tomando uma deixa dos estudos de cinema, a teoria arquitetônica periodicamente achou útil se referir à noção de Jacques Lacan do "estágio do espelho" para descrever esse ambíguo estado de coisas. No estágio do espelho, a criança, reconhecendo seu reflexo no espelho como uma *gestalt* antes de ter ganho pleno controle motor, é colocada na posição paradoxal de apreender-se como um corpo integrado ou "eu" mas apenas de fora, e portanto como um objeto ou corpo alienado de si mesmo e sujeito ao olhar controlador do outro[2]. Para Lacan, essa *méconnaissance* fundacional e sua alienação psíquica correspondente antecipa a alienação social constitutiva da modernidade. Mas não focarei aqui na psicanálise lacaniana como ela pode ou não ter diretamente relação com uma análise da arquitetura pós-moderna[3]. Sugiro apenas, como fizemos acima em nossas reflexões sobre a materialidade, mantermos um olho no próprio espelho, a fim de discernir sua maneira de dividir o mundo. Isso significa confrontar a arquitetura tanto como um objeto quanto como uma trama ou um instrumento de mediação – em outras palavras, *tanto* como um meio estético *quanto* como um componente no aparato de mídia.

O problema básico para o pós-modernismo nesse nível é a possibilidade constitutiva de que não haja nada no espelho. Isto é, assim como os objetos se dissolvem em jogos imagéticos, o mesmo ocorre com os sujeitos. Isso pode ser interpretado como uma mimese de segundo grau, na qual o objeto estético não apenas reflete, de alguma forma mediada, o mundo "real" dos objetos empíricos, mas também acena para o sublime irrepresentável ou Real (no sentido lacaniano) da dissolução tardo-capitalista[4]. No entanto, com que técnicas e junção de materiais essa dissolução é atingida? E quem, afinal, é esse sujeito que desaparece?

Observando o panorama arquitetônico dos anos 1980, David Harvey condena o fetichismo da superfície que ele considera característico de esforços populistas para estender o capital simbólico da arquitetura a muitas "culturas de gosto" de uma só vez. Por trás do espelho pós-moderno que reflete as estratégias consumistas de diferenciação de produto, Harvey encontra uma divisão mais nítida: "O populismo do livre-mercado, por exemplo, coloca a classe média nos espaços fechados e protegidos dos átrios e *shopping centers*, mas não faz nada pelos pobres exceto ejetá-los numa paisagem nova e bastante assustadora de privação de abrigo."[5] Então, o véu do fetichismo da mercadoria é removido para revelar as realidades da pobreza estrutural, escondida da vista pelo espetáculo urbano. Porém, essa expulsão dos pobres dos enclaves populistas e defensáveis da classe média não é apenas uma questão de acesso econômico. Ela também implica – de fato, ela *requer* – um novo treinamento da percepção, um processo de mediação técnica na qual a arquitetura também participa, numa forma igualmente estrutural e talvez recíproca. Tal como com a ilusão de uma ilusão que vimos circular pelo *hall* de espelhos da arquitetura, esse novo treinamento produz o paradoxo perceptivo de uma certa invisibilidade visível.

Como outros pesquisadores da cena pós-moderna, Harvey é capaz de chegar a suas conclusões em relação ao espetáculo urbano com a ajuda de Charles Jencks, a quem, junto com Robert Venturi e Denise Scott Brown, ele considera exemplar do ecletismo estilístico e cínico do pós-modernismo. Isso considerando que sua referência às "culturas de gosto" pode ser entendida aqui como uma dessublimação – partindo de dentro das superfícies retóricas de Las Vegas – da análise sociológica desenvolvida por Herbert Gans em relação a Levittown, na qual Venturi e Scott Brown se apoiam para sua apreciação "populista". Esse, no entanto, dificilmente é um ponto de partida adequado para a análise estética, que é apenas marginalmente mais bem servida por Jencks. Na edição de 1984 (quarta edição revista) do *The Language of Post-Modern Architecture* que Harvey cita, ele nota Jencks atribuir a técnicas recentemente desenvolvidas em "modelação por computador" e produção automatizada um grau de instrumentalização que torna possível para arquitetos projetar "produtos quase personalizados" para clientes com gostos heterogêneos e inclinações estilísticas coletadas na "aldeia mundial" das comunicações globais[6]. De acordo com Harvey, a esfera pública é efetivamente expulsa do "empório de estilos" resultante, e com ela a civilidade pública e o bem comum. Porém, isso é mais que mera privatização estética, um voltar-se para dentro que favorece aqueles em posse dos meios de produção e reprodução. Trata-se de um problema de produção, reprodução e rerreprodução *em* e *de* si mesmo, em que a reprodutibilidade técnica das massas modernas, que também constituem a população bem considerada da biopolítica de Foucault, é tornada mais abjeta pelo brilho e cintilação de uma nova categoria de humanos tecnicamente produzidos, um novo tipo de sujeito massificado que agora deve ser chamado de "pessoa".

Muito foi dito nos anos recentes sobre o papel dos computadores na produção de objetos arquitetônicos enquanto relativamente pouco foi dito, na arquitetura, a respeito do seu papel na produção de sujeitos. Exibindo uma aposta herdada na autonomia disciplinar, a vanguarda que se formou entorno dos computadores durante a década de 1990 na academia estadunidense posicionou-se como uma herdeira edipianizada das neovanguardas dos anos 1970 e 1980, frequentemente alegando haver substituído os objetos fragmentados, semelhantes a colagens, associados àquele período, por uma linguagem formal de integração sem falhas. Em uma versão ainda mais revisada de seu livro original, *The New Paradigm in Architecture: The Language of Post-Modernism* (O Novo Paradigma na Arquitetura: A Linguagem do Pós-Modernismo, 2002), Charles Jencks juntou-se a muitos outros analistas ao atribuir qualidades paradigmáticas ao novo biomorfismo gerado por computador que emergiu dessa reunião[7]. Reproduzindo uma versão do axioma "a ontogenia recapitula a filogenia" de Ernst Haeckel, esse biomorfismo com frequência imita explicitamente o desenvolvimento evolutivo à medida em que as unidades individuais se reproduzem e se combinam. O "ser espécie" de um objeto produzido em massa e sua correspondência com necessidades e desejos extra individuais é, dessa maneira, temperado, ainda que não inteiramente substituído, por uma ênfase técnica e estética na singularidade de cada unidade dentro de um sistema geral. Ao contrário do humanismo antimodernista de um Ruskin ou de um Geoffrey Scott, ambos recuperados pelo discurso pós-modernista, essa singularidade estética não brota da mão do artista-criador, mas sim da máquina. Embora inicialmente experimentais, as chamadas técnicas digitais de projeto e produção paramétrica ou não padronizada chegaram agora ao campo profissional[8]. E em quase todos os casos eles buscaram – às vezes explicitamente, às vezes implicitamente – substituir o ornamento massificado mecânico, fragmentado e repetitivo, que Siegfried Kracauer viu corporificado nas rotações coordenadas das Tiller Girls[9], pelos rudimentos de uma linha de produtos variável, ainda que unificada[10].

Longe de representar a última inovação, no entanto, essa proposição foi sonhada com antecedência pelo inconsciente corporativo da arquitetura experimental. Como resultado, e apesar de Jencks, com relação à arquitetura *corporativa* dos anos 1970 e 1980, a mais recente arquitetura *digital* parece mais sintomática do que inovadora. Enquanto, de modo inverso, essa mesma arquitetura corporativa, ao falhar totalmente em domesticar seu próprio excedente estético, falha, afinal – a despeito de si mesma – em confirmar o fechamento absoluto de um sistema tecnoeconômico que parece cada vez mais cooptar antecipadamente a alteridade e a diferenciação. As geometrias arquitetônicas complexas tornadas possíveis pelos novos *softwares* e *hardwares* produzidos e administrados por corporações transnacionais podem ser de importância apenas secundária aqui, uma vez que essas novas tecnologias também carregam uma antiga promessa estética que a arquitetura, por definição, há muito desafia: a promessa de uma correspondência de um-para-um entre representação e realidade construída. Isto é, os computadores prometem *colapsar* os vários estágios na produção de edifícios que até agora têm seguido do croqui exploratório para os desenhos de apresentação, para os modelos físicos, para os desenhos de construção, para os desenhos técnicos (ou de "fábrica") executados pelo fabricante, para a montagem em campo. Se, nesse sentido, a arquitetura tem sido tradicionalmente uma prática multimídia, agora não só é possível modelar um objeto digitalmente e "imprimir" uma versão tridimensional dele como também é possível fabricar as peças de um edifício diretamente a partir dos arquivos do computador, sem representações intermediárias. Levando a uma conclusão lógica, as novas mídias prometem, assim, um fim para a própria mediação – uma condição em que, na linguagem dos *designers* de interface de computador, What-You-See-Is-What-You-Get – wysiwyg (O Que Você Vê É o Que Você Obtém).

Um acompanhamento mais concreto para esse sonho de transparência técnica foi a maior flexibilidade na fabricação, uma vez que os ajustes feitos no computador podem ser transferidos para a produção sob demanda com um mínimo de etapas intermediárias e de transformação, num processo conhecido como customização em massa. Embora até o momento tenham sido implementadas principalmente em nível da montagem na indústria de transformação e em nível da extração de informação em indústrias não manufatureiras, tais como exploração de dados e definição de perfis (isto é, vigilância, tanto para os propósitos de *marketing* quanto para os de "segurança interna"), essas técnicas estão gradualmente entrando na indústria internacional de construção. Em princípio, a customização em massa torna acessível para o consumidor uma variedade de escolhas estéticas e/ou técnicas dentro de tolerâncias parametricamente variáveis. Esses parâmetros podem ser ajustados em um modelo digital para se adequarem a preferências sempre mais pessoais numa cascata do que Theodor Adorno, há tempos, chamou de pseudopersonalização, tornando assim cada versão de cada produto distinta de qualquer outra versão produzida e vendida.

A experimentação arquitetônica contemporânea ilustra esse novo estágio no capitalismo do consumidor com proposições tais como as "Embryologic Houses" (Casas Embriológicas), não-há-duas-iguais, de Greg Lynn, de 2000, uma recriação customizada da utópica casa Dymaxion, reproduzível em massa, de Buckminster Fuller. Em uma estranha repetição da associação ideológica de Jencks das novas formas de produção com o consumismo global, auxiliado e incentivado por uma indústria cultural transnacional, Lynn descreveu seu projeto (sem nenhum traço de ironia) como "envolvendo a necessidade de qualquer produto comercializado globalmente de ter identidade de marca e variação dentro do mesmo sistema gráfico e espacial, permitindo tanto a possibilidade de reconhecimento quanto de novidade", uma vez que, como ele coloca, "com a saturação progressiva de nossa imaginação por uma cultura de mídia avançada [...] uma identidade genérica mais avançada é [...] necessária para o espaço doméstico avançado"[11]. Em outras palavras, um consumidor que agora se imagina como diferente de (ainda que identificado com) qualquer outro consumidor precisa ter objetos que correspondam. Assim nos é oferecido também o serviço de chá Alessi (2003), de Lynn, prototipado para cerca de cinquenta mil variações exclusivas e semelhantes, bem como a família de arranha-céus serialmente diferenciados, algo-para-cada-gosto, que dançam ao redor da fogueira memorial da aldeia global proposta para ser Marco Zero em Nova York pela equipe que chamou a si mesma United Architects, da qual Lynn e outros proponentes de uma abordagem teológica de mercado para a customização em massa eram membros-chave. Se Kracauer viu os movimentos mecânicos das Tiller Girls e do ornamento massificado como "demonstrações de matemática", a variação paramétrica celebrada nesses projetos recentes pode ser resumida como o que Lynn chamou apropriadamente de esboço com cálculo[12].

Além disso, as novas formas de *heimlichkeit* (segredo) apoiado digitalmente compreendendo famílias integradas de bules, casas e arranha-céus correspondem não tanto à *despolitização* do discurso arquitetônico vanguardista, mas sim à *repolitização* na ordem da tese neoliberal do "fim da história", de Francis Fukuyama. Na arquitetura, a isso foi dado por algum tempo o nome embaraçosamente franco de "pós-crítica". Colocada de maneira simples, a postura "pós-crítica" (da qual o grupo United Architects foi exemplar) buscou desengajar a arquitetura de qualquer forma de política *emancipatória*, implícita mesmo na melancolia crítica de Manfredo Tafuri, mas *não* com o objetivo de assegurar a autonomia silenciosa e derrotada da arquitetura, como Tafuri certa vez sugerira de uma geração anterior de formalistas arquitetônicos liderados pelo antigo apoiador de Lynn, Peter Eisenman[13]. Ao contrário, a nova "pós-criticidade" metafísica prometeu – à maneira de um político – uma intimidade não mediada, uma transparência milenarista da produção ao consumo e, no nível estético, do objeto ao sujeito. Nesse sentido, sob o regime do correlato técnico da pós-crítica, a customização em massa, o pessoal é aparentemente pós-político, uma vez que, na rede continuamente flexível das escolhas pessoais assim evocada, conflito e dissenso são assimilados numa utopia pluralística e gerencial do tipo que Rancière secamente caracterizou como nutrir um "tipo de indivíduo que vive em um universo permanente de liberdade, de escolha e de atitudes relaxadas e despreocupadas em relação à própria escolha", em outras palavras, "um mundo de multiplicidade autopacificada" que anuncia, na forma especificamente política de uma promessa, um "fim" à própria política[14].

De modo similar, o esforço técnico para acabar com a mediação técnica promete, enfim, acabar com a arquitetura, no sentido histórico de uma prática estética que ativamente medeia as relações sociais, incluindo as de produção e consumo. Em contraste, postular aqui a arquitetura como um meio de massa é insistir numa especificidade paradoxal, internamente diferenciada, uma historicidade obstinada que não é redutível *nem* às promessas pós-históricas ou pós-políticas de processos tecnológicos *nem tão pouco* à autonomia tardo-modernista da arquitetura-como-tal, restando, em vez disso, a base para sua própria imanência socioeconômica. Essa imanência, no entanto, é assegurada em virtude dos desenvolvimentos estéticos e técnicos específicos à disciplina e manifestos em seus objetos, onde o espelho da arquitetura reflete a si próprio, mesmo quando reflete o trabalho da história nos registros socioeconômicos e políticos. Em ambos os lados desse espelho duplo, podemos ver tanto dentro como fora, ao mesmo tempo. No interesse de ativar tal visão, uma breve pré-história da mudança traçada acima pode ser esboçada na forma de um único estudo de caso arquitetônico envolvendo duas sedes corporativas projetadas com cerca de vinte anos de diferença para a mesma companhia, a Union Carbide Corporation, por arquitetos diferentes em relação a condições sociais, econômicas e tecnológicas alteradas.

Em agosto de 1955, a Union Carbide Corporation anunciou que ia construir sua nova sede executiva na parte central de Manhattan, na Park Avenue, entre as ruas 47 e 48. O arquiteto seria do escritório SOM (Skidmore, Owings & Merrill), com Gordon Bunshaft (que recentemente concluíra a Lever House, a poucas quadras ao norte) como projetista chefe. A decisão foi digna de nota não só por suas implicações arquitetônicas, mas porque a Union Carbide havia considerado mudar sua sede para um local suburbano ao norte da cidade. Permanecer em Manhattan significava continuar visível, uma função plenamente satisfeita pelo novo edifício do SOM, que foi descrito na imprensa arquitetônica como primeiro e acima de tudo uma "'imagem corporativa' marcante"[15].

Concluída em 1960, a sede da Union Carbide resultou num arranha-céu de 53 andares compreendendo cento e quarenta mil metros quadrados brutos de um edifício de escritórios. Sua presença na Park Avenue é anunciada por uma praça longa e estreita que coloca a fachada do edifício recuada da linha da rua, enquanto uma extensão mais baixa preenche a quadra e apresenta uma fachada secundária para a Madison Avenue. Diante da fachada principal, a altura da torre que então assoma monumentaliza os pináculos do poder – as corporações multinacionais dos Estados Unidos – que estavam gradualmente transformando essa parte da cidade durante a década de 1950.

Como a Lever House e o Seagram Building nas proximidades, a arquitetura da sede da Union Carbide também pôde parecer a apoteose da massificação – um "enorme arquivo" preenchido com trabalhadores semelhantes a robôs, como o sociólogo C. Wright Mills descreveu os novos e modernos edifícios de escritórios que estavam sendo construídos durante o período[16]. Com certeza, ele tem todos os sinais indicadores: uma parede-cortina modular em grelha, uma praça vazia adjacente a um *lobby* igualmente vazio, fileiras e fileiras de escrivaninhas, um teto luminoso em grelha e divisórias de escritórios padronizadas e intercambiáveis. Em outras palavras, o edifício Union Carbide era um sistema completamente integrado e aparentemente perfeito, a própria imagem da racionalidade administrativa que Kracauer já havia discernido no ornamento massificado. Fascinados pela promessa de uma "arquitetura total" garantida pelas corporações, Bunshaft e SOM estenderam a sistematicidade do edifício a seus mais íntimos detalhes, incluindo suas escrivaninhas, arquivos, bebedouros e interruptores.

No entanto, o sujeito imaginado do capitalismo corporativo em construção aqui já estava se transformando de autômatos robóticos e massificados projetados por Mills em um novo tipo de humano, o sujeito prototípico do que os gestores chamaram, desde os anos 1930, de "relações humanas". Na Union Carbide, o indicador principal para isso era a flexibilidade sobredeterminada, registrada visualmente nas grelhas e tecnicamente nas unidades móveis padronizadas. Essa flexibilidade estava correlacionada tanto às necessidades imprevisíveis de um mercado em transformação, que se refletia nas mudanças em curso na organização interna da Union Carbide, quanto à adaptabilidade funcional exigida do módulo humano a

Gordon Bunshaft of Skidmore, Owings & Merrill, Sede da Union Carbide, Nova York, 1960. Foto: Ezra Stoller. Copyright Esto.

partir do qual essa organização estava montada, o assim chamado homem da organização. A despeito de sua padronização, o homem da organização não era uma mera engrenagem na máquina. Ele era, em vez disso, um ser estereotipadamente sensível e emocional que se identificava com a corporação como se fosse sua família, ao mesmo tempo que se adaptava às mudanças sofridas por ambos com a expansão do capitalismo corporativo no pós-guerra. Como tal, o homem da organização era também, em certo sentido, tornado visível – espelhado até – pela arquitetura de edifícios como a sede da Union Carbide, com sua rígida "flexibilidade".[17]

Da mesma forma, embora a suburbanização dos Estados Unidos no pós-guerra aparentasse manter esferas rigidamente separadas, uma para trabalhar e outra para morar (a cidade e o subúrbio), a distância entre elas também já estava diminuindo. Então, em 1978, na sequência da crise fiscal da cidade de Nova York, a Union Carbide anunciou que ia abandonar seu edifício na Park Avenue e transferir sua sede para uma nova instalação suburbana em Danbury, Connecticut. Nesse ponto, a companhia havia se transformado numa grande multinacional, tendo aproximadamente 33% dos seus negócios tocados fora dos Estados Unidos, com mais de 130 subsidiárias e quinhentas instalações industriais em 36 países ao redor do mundo. Além de refletir o aumento das ansiedades em relação à vida urbana entre as classes empresariais, a saída de Nova York refletiu uma tendência complexa à invisibilidade que acompanhou o crescimento global. Como a revista *Fortune* colocou no mesmo ano, a despeito de sua presença na Park Avenue, a Union Carbide era "um gigante corporativo que de alguma forma conseguiu projetar o perfil público de um anão"[18]. Na época da mudança, no entanto, ela estava (de novo de acordo com a *Fortune*) "esforçando-se para elevar seu perfil a aproximadamente o tamanho real". Mas isso não significava necessariamente uma ostentação descarada. Em vez disso, significava discrição, ou o que a *Fortune* chamou de "defesa de uma proposta conservadora", em um esforço de estabelecer a Union Carbide como um "cidadão corporativo responsável" aos olhos de reguladores governamentais, legisladores e outros cujas ações afetavam diretamente o resultado financeiro da companhia. A nova estratégia de relações públicas da Union Carbide era, portanto, "tentar discernir o desejo popular e então ver como podia ajustar seus próprios interesses a esse sentimento"[19].

O projeto de sua nova sede coincidiu com essa estratégia. O local, localizado a cerca de uma hora de carro de Nova York, mas a apenas cerca de vinte minutos de carro dos domicílios suburbanos de muitos dos gestores, consistia em 261 hectares de matas densas e suavemente onduladas. E em nítido contraste à original da Park Avenue, essa nova sede era visível em sua totalidade apenas a partir do espaço aéreo, com sua arquitetura e a disposição da entrada prevenindo ativamente a plena apreensão desde o solo. Frequentemente descrito como um arranha-céu virado sobre seu lado, o novo complexo para três mil e quinhentos empregados da Union Carbide, projetado por Kevin Roche, do escritório Kevin Roche John Dinkeloo and Associates, e concluído em 1982, pode ser descrito com mais precisão como um arranha-céu virado do avesso.

Kevin Roche John Dinkeloo and Associates, Sede da Union Carbide, Danbury, Connecticut, 1982. Vista aérea. Cortesia de Kevin Roche John Dinkeloo and Associates.

A escolha de Roche foi o primeiro sinal de uma mudança cultural a tal ponto de a administração da Union Carbide, de acordo com Roche, ter sido cativada por sua afirmação de que o "projeto do escritório devia vir das pessoas"[20]. Por sua vez, o projeto de Roche para a nova sede foi uma resposta autoconsciente ao edifício anterior do SOM – uma tentativa de "humanizar" ainda mais o que, apesar das incursões feitas pelos consultores de relações humanas na alma do homem da organização, ainda aparecia como uma abstração modular, sua fachada em parede cortina incorporada a cada superfície e detalhe de seus interiores em grelha. Assim Roche começou a projetar com uma análise exaustiva da sede existente, incluindo extensas entrevistas com os funcionários. Uma descoberta foi que os funcionários se opunham às hierarquias espaciais ainda permitidas pelo edifício existente. Apesar de suas pretensões igualitárias, o sistema de divisão flexível de fato permitiu escritórios de tamanhos diferentes, para serem distribuídos a trabalhadores de categorias diferentes, enquanto a localização urbana e a configuração monolítica do edifício produziram seletos escritórios de canto com vista dupla que igualmente podiam ser atribuídos[21].

A resposta de Roche foi desenvolver um conjunto de parâmetros técnicos baseados na iterabilidade variável de uma singular unidade de espaço:

um escritório individual. Independentemente de sua categoria, cada funcionário receberia 16,7 metros quadrados de espaço de escritório privado, com cada unidade possuindo uma vista diferente, mas equivalente, da floresta ao redor. O controle ambiental também foi personalizado, e assim cada escritório de cada um dos funcionários foi equipado com controles separados de iluminação e temperatura, de forma que houvesse a possibilidade de cercar-se, ele ou (significantemente para a imaginação corporativa do final da década de 1970) ela, com o clima de sua escolha. Dessa maneira, o problema do projeto tornou-se fundamentalmente topológico: três mil e trezentas unidades de espaço deviam ser organizadas umas em relação às outras e ao espaço externo para alcançar uma nova paridade arquitetônica.

Devido à sua capacidade incipiente de modelar com exatidão quantitativa múltiplas variações de um dado problema, o computador foi requisitado como uma ferramenta de projeto (prática ainda relativamente incomum à época)[22]. Vários diagramas foram testados e rejeitados, começando com um tubo de quase 4,2 quilômetros de extensão, tendo dimensão continuamente variável, de mínimo a máximo, que permitia variação proporcional e dimensional nos escritórios individuais e em outros espaços do programa (maiores), organizados ao longo de seu comprimento, ao mesmo tempo permitindo a requisitada igualdade de vistas. Outros esquemas rejeitados incluíram uma espinha com filamentos em que os escritórios acabariam tendo a vista voltada uns aos outros em vez de voltada às árvores, também um esquema com múltiplos pátios, gerando problema semelhante. A disposição que foi selecionada afinal (e realizada em forma modificada) tinha o perímetro recortado com a forma fractal de um floco de neve. As unidades propriamente foram orientadas em ângulos de 45 graus umas em relação às outras em agrupamentos fixados ao longo da borda do floco de neve, permitindo assim a vista desejada sem comprometer a privacidade.

No entanto, depositado no local e cercado pelo necessário estacionamento, o floco de neve tornou-se uma espécie de nave espacial alienígena que teria exposto a nova casa da Union Carbide à plena vista do público. Então, estudos de massa alternativos foram realizados, resultando numa barra gentilmente curvada que podia ser inserida cirurgicamente em um campo aberto contornado com uma interrupção mínima. O projeto dentro-fora do edifício, que começou por equilibrar as vistas a partir de cada escritório, foi completado com a internalização do estacionamento em uma série de garagens em vários níveis, tendo pontes de acesso correspondentes aos agrupamentos de escritórios, permitindo assim aos funcionários entrar e estacionar junto a seus escritórios. O edifício de escritórios agora era efetivamente um terminal em um interior contínuo, no qual esses profissionais do conhecimento podiam se mover quase sem interrupção de sua casa para sua garagem, para seu carro, para sua garagem, para seu escritório, e voltar, dia após dia. Não havia necessidade de ir para fora.

Kevin Roche John Dinkeloo and Associates, Sede da Union Carbide, Danbury, Connecticut, 1982. Estudo preliminar do agrupamento de escritórios. Cortesia de Kevin Roche John Dinkeloo and Associates.

Não deve ser surpreendente, então, que a dimensão em que esse projeto também *re*projetou – na verdade, customizou – o sujeito do capitalismo corporativo seja medido com mais acuidade nos interiores dos próprios escritórios. Roche Dinkeloo desenvolveu trinta estilos diferentes de escritório abrangendo desde o que eles chamaram de "muito moderno ao tradicional", com cada conjunto de móveis e acessórios custando exatamente o mesmo, de novo, para evitar qualquer insinuação de classe (seja com base na categoria profissional ou na aspiração). Modelos em escala real de cada estilo de escritório foram construídos, completados com uma vista simulada da floresta (de novo: uma transparência aparentemente não mediada, ou WYSIWYG). Esses foram expostos para os três mil funcionários, que foram então entrevistados por sua escolha de tapete, escrivaninha, balcão, luminária, plantas, canetas, lápis e cinzeiros. Cada escolha foi inserida num banco de dados de compras computadorizado. Um desenho foi produzido. Assim também, catorze categorias de arte foram oferecidas para decorar esses trinta escritórios, do figurativo ao abstrato. As compras finais foram feitas com base nas porcentagens extraídas das pesquisas com os funcionários. O próprio Roche afirmou que: "eu senti, muito fortemente, que não devíamos impor nossa estética de projeto sobre as pessoas; e sim deixar que escolhessem como desejassem" – estratégia que foi, como ele colocou, uma "ideia radical à época"[23]. Como se revelou, nenhuma imposição foi necessária. O conjunto de móveis projetado internamente pelo escritório Roche foi alegadamente a seleção mais popular, com o segundo lugar indo para um escritório com o que Roche chamou de "mesa de trabalho muito conservadora", enquanto o menos popular de todos foi o escritório "contemporâneo" com tampo de vidro e pernas cromadas (muito chamativo, aparentemente)[24].

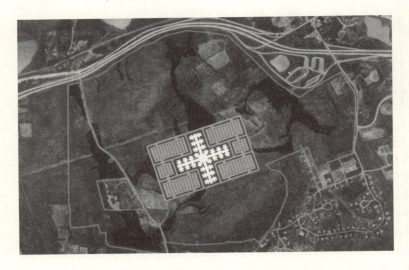

Kevin Roche John Dinkeloo and Associates, sede da Union Carbide, Danbury, Connecticut, 1982. Estudo preliminar da implantação.
Cortesia de Kevin Roche John Dinkeloo and Associates.

Kevin Roche John Dinkeloo and Associates, sede da Union Carbide, Danbury, Connecticut, 1982. Estudo preliminar da planta. Cortesia de Kevin Roche John Dinkeloo and Associates.

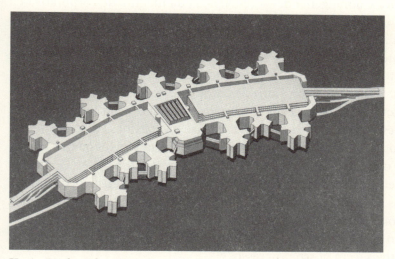

Kevin Roche John Dinkeloo and Associates, sede da Union Carbide, Danbury, Connecticut, 1982. Axonométrica. Cortesia de Kevin Roche John Dinkeloo and Associates.

Kevin Roche John Dinkeloo and Associates, sede da Union Carbide, Danbury, Connecticut, 1982. Interior de escritório, modelo. Cortesia de Kevin Roche John Dinkeloo and Associates.

Esse nível de detalhe é relevante aqui apenas para insistir na natureza sistemática e abrangente dessa reinvenção da identidade corporativa da Union Carbide, uma vez que a nova personalização não apenas atinge cada detalhe da vida corporativa, mas também envolve a cada passo um remodelamento biopolítico dos próprios funcionários em "pessoas" equipadas com gostos variáveis, estilos de vida individuais e, por fim, computadores pessoais. Assim, a Union Carbide anunciou, em seu relatório anual de 1981, quando o edifício estava se aproximando da conclusão e no auge de uma recessão econômica, sua nova "ênfase nas pessoas", de outra forma conhecidas como "recursos humanos" ou, nos termos pelos quais Foucault entende o neoliberalismo estadunidense, "capital humano"[25]. Conforme o presidente e CEO da companhia, Warren M. Anderson, colocou em sua carta aos acionistas: "A Union Carbide é um bom lugar para trabalhar, e estamos determinados a torná-la ainda melhor, com oportunidade e incentivo para cada funcionário tornar-se *pessoalmente envolvido* em nossos objetivos e em nosso progresso."[26]

Contudo, é igualmente claro que a Union Carbide não considerava a totalidade de seus integrantes como "pessoas", e talvez nem mesmo como humanos. Na noite de 2 de dezembro de 1984, dois anos após o edifício de Roche ter sido concluído, 45 toneladas do gás letal isocianato de metila (MIC) vazou de um tanque de estocagem malconservado na fábrica de baterias e agrotóxicos da Union Carbide em Bhopal, na Índia. A contagem de corpos permanece indeterminada. Embora as autoridades indianas tenham parado de contar em 1.754, estimativas oficiais do governo colocam o número de mortes imediatas em aproximadamente 3.800 (*grosso modo*, o equivalente ao número de pessoas bem mantidas alojadas na sede da Union Carbide, em Danbury)[27]. As estimativas não oficiais do número de mortos chegam a mais de três vezes esse valor, e o consenso entre grupos de ativistas e de sobreviventes flutua entre sete mil e dez mil logo após o acidente e vinte mil nos anos que se seguiram[28]. Estima-se que meio milhão de pessoas ficaram feridas, muitas delas de forma grave e permanente. A maior parte das vítimas, incluindo um número desconhecido de funcionários da Union Carbide (os chamados recursos humanos), morava no entorno da fábrica e foi engolfada pelo gás enquanto dormia. Muitos eram das classes mais pobres da sociedade indiana e careciam de documentos de identificação como papéis de nacionalidade, certidões de casamento ou escrituras de terra, e eram, com frequência, omitidos das contagens oficiais do censo[29]. Enterros e cremações em massa deixaram menos corpos acessíveis aos funcionários públicos, o que significa que esses registros eram, com frequência, a única evidência disponível de que alguém tivesse existido de início.

A Union Carbide e suas afiliadas nunca foram a julgamento na Índia. Anderson, o CEO que havia anunciado a nova "ênfase nas pessoas" por parte da Union Carbide, foi preso na sua chegada em Bhopal, porém liberado sob fiança. Em 1986, ele se aposentou, e nunca mais retornou à Índia para enfrentar as acusações criminais contra ele, a despeito de uma requisição formal de extradição do governo indiano. Nos Estados Unidos, esforços malsucedidos para processar a empresa em quinze bilhões de dólares em favor das vítimas foram respondidos pelo argumento dos advogados da companhia de que, como colocou um observador,

uma corte americana não era competente para avaliar o valor de uma vida humana no terceiro mundo. "Como alguém pode determinar o dano infligido a pessoas que vivem em barracos?", perguntou um membro da equipe jurídica. "Uma vida americana vale aproximadamente quinhentos mil dólares", escreveu o *Wall Street Journal*, "levando em conta o fato de que a renda per capita da Índia é 1,7% da dos Estados Unidos, a corte devia recompensar pelo falecimento de cada vítima indiana proporcionalmente, ou seja, com oito mil e quinhentos dólares"[30].

Em 1985, o governo da Índia aprovou o Decreto Bhopal, que consolidou todas as ações contra a Union Carbide e autorizou o Estado a representar os interesses das vítimas, que foram declaradas incompetentes em razão de seu sofrimento e cujas vozes foram, portanto, proibidas. Em 1989, o governo, que abrigava seus próprios conflitos de interesse em relação aos riscos e recompensas do "desenvolvimento" multinacional, combinou extrajudicialmente com a Union Carbide o valor de 470 milhões de dólares. A primeira rodada de compensação ocorreu no início da década de 1990 e, no final de 2004, no vigésimo aniversário da catástrofe, cada família afetada esperava receber entre cem mil e duzentas mil rupias – cerca de US$ 2.150 a US$ 5.300 (incluindo quinze anos de juros) ou cerca de 1% do "padrão" estadunidense[31]. De acordo com ativistas, em 2006 a indenização havia sido feita por apenas seiscentas mortes, enquanto aproximadamente meio milhão de ações por invalidez haviam sido registradas, com uma compensação média de quinhentos dólares americanos cada[32]. Mas além do valor numérico grosseiramente diminuído colocado na vida das vítimas, a questão maior aqui diz respeito à fragilidade extraordinária dessa forma elementar de representação – contabilização – como uma dimensão da violência epistêmica que vimos reproduzida na arquitetura aparentemente humana em Danbury.

Evidências sugerem que as "pessoas" em Danbury estavam cientes de antemão dos riscos para os assuntos corporativos um tanto mais abstratos em Bhopal, onde a Union Carbide minimizara sua própria exposição econômica por meio de cortes de custos caso a fábrica fosse nacionalizada sob a legislação indiana[33]. A indignação global, no entanto, não atingiu o ponto febril que se tornou familiar nos Estados Unidos na esteira do 11 de setembro de 2001, exigindo homenagem instantânea, total e personalizada para todas e cada uma das vítimas. A empresa não erigiu memoriais, não listou nomes, nem publicou fotos. Em vez disso, ela circulou teorias de sabotagem enquanto alienava seus ativos para se proteger contra litígios. Então, em 1987 a empresa vendeu sua sede, já quase invisível, em Danbury e os direitos a empreendimentos adjacentes para a Related Companies, um grupo imobiliário, tornando-se um inquilino no arrendamento de seu próprio edifício[34]. Em 1999, a própria Union Carbide desapareceu, embora não porque tivesse ido à falência pelo acordo relativamente limitado, mas porque ela também foi assimilada por uma rede ainda maior, ao ser comprada pela Dow Chemical, que apresentava operação em 168 países e tinha 49 mil pessoas empregadas.

Como fica, então, a arquitetura aqui? Voltando a Danbury em torno de 1990, um executivo da Union Carbide observou que a resposta da companhia ao que ele chamou de o "choque" de Bhopal foi reenfatizar suas responsabilidades sociais, e também observou que a própria mudança para Danbury conseguiu converter os gerentes da Union Carbide de alienados trabalhadores pendulares entre casa e trabalho a membros ativos da comunidade local, para quem a "diversidade é o novo nome que está se infiltrando na fala de todos"[35]. Roche já havia acomodado essa comunidade corporativa diversificada em, por exemplo, uma cafeteria dividida em seis seções exclusivas dedicadas a seis estilos de vida diferentes, incluindo uma sala de reuniões modelada como um clube masculino e um bar de solteiros. Porém, ao comentar as práticas de projeto de seu escritório, Roche parece ver um fantasma nas onipresentes superfícies espelhadas que adornam esses interiores pseudopúblicos, ou "salas de estar", como ele os chamou. Para ele, esses espelhos estavam "constantemente vivos" conforme refletiam tantos os "brilhos" quanto os "pontos escuros" do "mundo real"[36]. Projetado por um arquiteto que, como associado de Eero Saarinen, produzira a primeira parede cortina de vidro espelhado no Bell Laboratories em Holmdel, New Jersey, em 1962, os espelhos destilam assim a especificidade paradoxal e não comunicativa da arquitetura como meio de massa, conforme se movem do exterior (no Bell Labs) para o interior (na Union Carbide).

Kevin Roche John Dinkeloo and Associates, Sede da Union Carbide, Danbury, Connecticut, 1982. Cafeteria. Cortesia de Kevin Roche John Dinkeloo and Associates.

A princípio, os espelhos podem ser interpretados como uma resposta ao professor de Roche, Mies, cujo Federal Center em Chicago fora descrito por Tafuri e Francesco Dal Co como um espelho "refletindo imagens do caos urbano que envolve a atemporal pureza miesiana"[37]. Mas, ao contrário de Mies, os espelhos na Union Carbide prometem – mais uma vez, à maneira de um político – tornar visível (na verdade, refletir) o novo sujeito corporativo, uma pessoa em casa no interior doméstico do escritório. Eis Roche: "Tentamos desinstitucionalizar o edifício de forma a que ele parecesse animado ou mais doméstico, com um caráter apropriado para uma família corporativa."[38] No entanto, como na parede cortina do Bell Laboratories, nesses interiores não permanece nada no espelho – bastante literalmente, como Roche infere –, apenas manchas agitadas e pontos de luz cintilantes que se recusam a compor. Assim, onde Kracauer havia encontrado, nas expressões inconscientes ao "nível da superfície" do ornamento massificado, o que ele considerou ser um "acesso não mediado à substância fundamental do estado de coisas", podemos descobrir algo como o reverso em atuação nos saguões espelhados da Union Carbide: uma lacuna ou buraco mal discernível na superfície que dá acesso a mediações de outra forma invisíveis e a uma exclusão ativamente produzida no *interior* supostamente não mediado de um etos corporativo diversificado[39].

Aqui também podemos vislumbrar uma desnaturalização perceptiva inadvertida, um estranhamento momentâneo, mas persistente, que é também uma multiplicação interna. Ver tal despersonalização é indiretamente ver aqueles em Bhopal cuja "vida nua" não era oposta, mas *constitutiva* das personalidades bem adornadas cultivadas em Danbury. E volto a usar aqui, deliberadamente, a terminologia de Giorgio Agamben, lembrando que já exploramos as topologias que ela implica. *Homo sacer*, a figura ambígua da antiga jurisprudência romana que pode ser morta com impunidade, mas não sacrificada, é o nome dado por Agamben a todos aqueles que vivem sem as proteções da lei, um estado de coisas para o qual o campo de concentração é o exemplo definidor. E, embora a fábrica da Union Carbide e seus arredores não fossem um campo de concentração, e a catástrofe tenha sido amplamente divulgada, a invisibilidade muito visível das vítimas de Bhopal e a suspensão parcial do que deveria ser designado seu direito político de ser *contado* como morto, moribundo, ou permanentemente prejudicado os coloca – em um sentido apenas um pouco menos literal – tendenciosamente no espaço do *Homo sacer*, o sujeito da vida "destituída" ou "nua".

Sob tais condições, não visto/não contado também descreve uma subjetividade que não é não mediada, mas antes inacessível à mediação espetacular que é ajustada para baixo, até o nível pessoal, sob a customização em massa. E embora suas próprias vidas sejam assim constrangidas (de novo tendenciosamente) por uma exterioridade relativa, o trabalho daqueles que são visivelmente invisíveis para o espetáculo permanece necessário para que as massas de consumidores da customização em massa se tornem visíveis – de fato, para que adentrem o campo da visibilidade como "pessoas". Em "incidentes" como a catástrofe de Bhopal, o ato de contar aborda, assim, o caso limite de mortes que são contadas abstratamente (como risco calculado) enquanto permanecem não contadas na realidade; como tal, estão inextrincavelmente vinculadas à expansão predatória do capital multinacional. Essas mortes reencenam cruelmente a lógica da "vida que não merece viver", desvendada por Agamben, uma crueldade que é sustentada por uma cegueira estrutural ativada tecnologicamente (uma consequência da "distribuição do sensível" de Rancière) que deve ser, ela mesma, trazida à vista[40].

Inversamente, a trajetória arquitetônica, seguida pelas duas sedes da Union Carbide, consolida ativamente o que Gilles Deleuze chamou de "dividuação" (ou codificação infinitamente divisível e distinguível), que caracteriza cada vez mais um modo de subjetividade imanente ao capital global[41]. A isso podemos acrescentar que o "dividual" aparece ainda como um sujeito convertido em uma variável numérica, em uma nova forma de ornamento massificado – ou, agora, customizado em massa. Essa visibilidade impõe-se numa forma comparável àquela da computação universal (ou computabilidade universal, conforme Alan Turing). Como o ornamento massificado antes dele, os meios técnicos parametricamente regulados pelos quais isso é realizado na arquitetura e em outros domínios começa e termina com os números. A diferença histórica em relação ao modernismo é que, em vez de indicar um padrão otimizado ao qual o projeto e a produção devem se adequar, os novos números pós-modernos enumeram e serializam a própria diferença. Mas em sua nova figuração como instrumento de escolha sob a customização em massa, a suposta universalidade do computador, traduzida numa capacidade de registrar diferenciação quase infinita, já contém dentro de si algo como um caso limite incorporado na forma de um horizonte de visibilidade e de contagem em constante mudança.

O que não pode ser visto ou ouvido não pode ser contado, exceto como um risco calculado. Enquanto, no outro polo, o que *pode* ser visto revela um limiar também incorporado na noção do ornamento massificado de Kracauer. Como figura organizada "composta de elementos que são meros blocos de construção e nada mais", Kracauer atribuiu ao ornamento massificado uma racionalidade fechada à razão que reflete a calculabilidade demandada pela produção capitalista. Isso conduz, entre outras coisas, a um "embaçamento das características nacionais e à produção de massas de trabalhadores que podem ser empregadas igualmente bem em qualquer ponto do globo"[42]. Sua precondição (bem como seu ponto final) é o processo socioeconômico e tecnológico de massificação pelo qual "apenas como partes de uma massa, e não como indivíduos que se acreditam formados desde o interior, as pessoas tornam-se frações de uma figura"[43]. Sob a customização em massa, a massificação pode ser reduzida até o nível da "pessoa". Mas essa pessoa não é mais entendida, em termos classicamente humanistas, como um indivíduo delimitado de posse de espírito único e inexpugnável, uma figura que Kracauer já havia julgado anacrônica em relação à primeira fase da modernidade que descreveu. Uma pessoa, agora, é uma figura tecnoeconômica, composta de números por dentro e por fora.

Em termos biopolíticos, tal figura é customizável teoricamente sob uma genômica humana computacionalmente intensiva, bem como sob um consumismo corporativo expansionista habilitado computacionalmente e as subjetividades que ele prolifera. Da mesma forma, a expansão industrial externa, exemplificada nesse caso pela "revolução verde", quimicamente aumentada na Índia, da qual a fábrica de agrotóxicos da Union Carbide fazia parte, é agora acompanhada por uma expansão interna, para a interioridade do ser. Assim, mesmo que o "ornamento massificado" ainda possa ser útil para descrever o alcance homogeneizador do capital industrial em novas fronteiras globais, ele alcança seu caso limite internamente conforme essas fronteiras começam a se voltar para dentro. Por isso, uma figura complementar – a "pessoa", uma encarnação modificada do *homo œconomicus* a quem Foucault chama de "empreendedor de si mesmo" – deve ser articulada ao lado do ornamento massificado. Tal articulação torna visível o espetáculo da (in)dividuação dentro do etos corporativo tornado possível pela abstração numérica, bem como a dependência desse espetáculo em seus pontos cegos, a invisibilidade claramente visível dos outros, cujas mortes permanecem efetivamente não contadas, mesmo que essas mesmas mortes estejam incorporadas como uma variável nas planilhas do capital global[44].

Assim, chegamos a uma formulação um tanto contraintuitiva. Em um nível, o subproduto subjetivo da revolução cibernética não é um autômato digital sem rosto, mas uma quase singularidade espetacularizada e hiperindividualizada, composta de conjuntos de dados cada vez mais refinados (e potencialmente incomensuráveis) que traçam o perfil de gostos pessoais, hábitos pessoais, opinião pessoal, e assim por diante. Enquanto em outro nível, um subproduto complementar da informatização é, em última análise, o sujeito heterogêneo da "vida nua", cuja morte não é contada e, portanto, não conta. Esse é o horror de Bhopal e de tantas outras catástrofes semelhantes. Nelas, a máquina biopolítica da equivalência computacional – enumeração que é, e com ela, a interpolação na sociedade de controle de Deleuze como uma variável matemática de outra forma conhecida como uma "pessoa" – funciona cada vez mais por meio de uma exclusão simétrica da contagem e, de fato, da visibilidade, como uma exceção que se tornou internalizada, ou, antes, *incorporada* como uma norma. A invisibilidade relativa das vítimas desindividualizadas de Bhopal (privadas até do ornamento massificado da enumeração) ajudou assim a impedir seu acesso à jurisprudência, ao mesmo tempo que ajudou, junto com a própria invisibilidade da companhia ao nível do imaginário cultural, a garantir a sobrevivência da Union Carbide sob a marca da Dow Chemical.

Ainda como máquina biopolítica projetada para tornar o sujeito personalizado do capital global visível para si mesmo, e assim ensaiar o processo da autoidentificação narcísica, a arquitetura aqui não pode deixar de registrar um tipo de divisão aberta que libera um resto despersonalizado. Isso vem na forma de um exterior marcado no interior por um ponto cego cintilante, cuja presença espectral organiza os interiores mais profundos da domesticidade corporativa. Nesse sentido, a sede da Union Carbide em Danbury foi desde o início assombrada pelos fantasmas de Bhopal, em nome de quem, como um ato de contramemória, podemos agora reivindicá-la como uma espécie de memorial invertido – uma homenagem antecipada. Esse assombramento, essa homenagem num tempo futuro situado antes, toma a forma de uma abstração irredutível que, na verdade, transcende a abstração numérica do ornamento massificado que está sublimado na customização em massa. Essa outra abstração pós-moderna é mais diretamente visível nas superfícies espelhadas que revestem o interior do edifício. Mas ela é também discernível em outros lugares: na vacuidade mecânica das garagens de estacionamento, por exemplo (que oferecem uma espécie de local de repouso final para o ornamento massificado em suas fileiras de máquinas vazias), bem como na vacuidade menos óbvia do próprio escritório, para não falar da vista para fora da janela e hoje para dentro das janelas do computador pessoal. Como é vista nessas superfícies, a "pessoa" evocada pela customização em massa é, ela mesma, duplamente espectral: primeiro, no sentido derridiano retirado de Shakespeare via

Marx, de uma mercadoria fetichizada na qual as relações sociais entre as coisas associadas com o capital industrial foram transformadas em relações sociais entre imagens; e segundo, no sentido de haver incorporado uma contraparte, de outra forma invisível e apenas aparentemente silenciosa.

Ver ou alucinar um fantasma nos saguões vazios do edifício corporativo transnacional não é desculpar o entusiasmo cego e sistemático com que a arquitetura continua a servir a uma ordem mundial hegemônica. Pelo contrário, é localizar estrategicamente suas aporias internas, os furos na tela da felicidade da customização em massa. Não podemos pretender, com santimônia paternalista, falar diretamente por meio desses furos em benefício de um subalterno, ou mesmo oferecer uma abertura equívoca para a visibilidade *per se.* "Por favor, venha aqui e conte-nos." Como, então, devemos ouvir esse apelo feito por uma sobrevivente de Bhopal aos juízes da Suprema Corte da Índia, que mantiveram a autoridade do Estado para representar aqueles que, como essa mulher, eles consideraram incapazes de se representar?[45] Como o clamor abafado de um "outro" distante? Ou como um eco reverberando através da própria sede do império que marca os pontos cegos necessários para que o aparato se reproduza sempre com maior eficiência?

Hoje, essa reprodução ocorre mais perversamente em nome de uma multiplicidade pós-política, uma pseudopersonalização adotada tanto por aldeões globais corporativos quanto por arquitetos assistidos por computador. Contudo, o que vemos nesses interiores espelhados, que talvez marque o fim do estágio do espelho da arquitetura corporativa, não se trata de nossos *eus* projetados para fora – massas customizadas convertidas em pessoas –, mas sim, internamente, de nomes e faces de estranhos irreconhecíveis, para quem o pessoal permanece político, tanto lá fora quanto aqui.

* * *

O interior burguês era, para Kracauer, assim como para Walter Benjamin, ao mesmo tempo um último refúgio para a individualidade autêntica e um depósito de memórias vazias desconectadas do passado, mais ainda vívidas nas fotografias que revestiam suas prateleiras. Um ramo do arco histórico seguido por esse tipo espacial levou-o para a sala de estar suburbana estadunidense, decodificada em meados da década de 1970 por Venturi e Scott Brown por seus "signos de vida", e simultaneamente voltou no complexo corporativo de escritórios fora da cidade, onde funcionou menos como uma concha do que como uma tela. Um espelho dentro-fora: assim podemos descrever esse espaço – mas também como a "mônada sem janela" de Leibniz, que reflete, na análise incisiva de Adorno, o caos incessante das desarmonias capitalistas, agora invertido para não refletir absolutamente nada. Que esse "nada" também seja em grande parte *algo*, uma vida, uma população de humanos sob erradicação, é o que busquei mostrar na breve história que percorre os dois edifícios de escritórios a menos de cento e sessenta quilômetros um do outro e uma fábrica que, para o complexo organizacional ao qual, a despeito de tudo, estava ligada, poderia muito bem estar em outro planeta.

Essa é também uma forma de tocar algo do sublime que Fredric Jameson, com Lyotard audível à distância, identificou como central para a experiência estética do espaço pós-moderno. Mas assim como o pastiche pós-modernista imita qualquer coisa que possa ser qualificada como "bela" na forma arquitetônica, assim também o sublime pós-moderno inverte a ameaça natural que tanto Burke como Kant colocaram como a sua origem. Em Bhopal, assim como no "evento de toxidade pelo ar" em *Ruído Branco*, de Don Delillo, assim como nas câmaras de gás que ambos recordam distantemente, a nuvem ominosa, irrepresentável como é, é, em primeira instância, um produto do cálculo humano e, em Bhopal em particular, de risco ambiental calculado. É um produto metonímico da difícil (mas não impossível) visualização das "redes do capitalismo multinacional" que são o objetivo final da análise de Jameson. E entre os súditos (talvez relutantes) desse novo soberano estão aqueles que, deve ser dito, estão sujeitos às suas ameaças *sem uma escolha*. Essa sujeição é fundada em uma certa *Existenzminimum* não apenas ao nível das necessidades biológicas, mas também ao nível da representação. Que essa forma de falta de liberdade seja uma consequência e precondição para que a "liberdade" tecnologicamente mediada possa escolher dentre um excesso de estilos de vida customizados em massa, prototipados nas prateleiras do supermercado de cultura, está entre as ironias mais cruéis da conjuntura atual.

7 ARQUITETURA
O Fantasma da Utopia

O que deve ser feito? Começar do início e reabrir a "questão da habitação"[1]. Lembrar o exemplo da habitação pública como emblemático por excelência da alegadamente fracassada utopia modernista. Lembrar também que isso corresponde a um problema de limite que resume a economia discursiva do pós-modernismo – o problema ostensivo de distinguir o que é real do que não é. As tentativas históricas para enfrentar irracionalidades reais como o fracasso do Estado em abrigar de maneira adequada sua população são, muitas vezes, discursivamente convertidas em fantasmas, como o espantalho chamado "Pruitt-Igoe". Esses, por sua vez, são invocados como advertências "realistas" contra planos por demais ambiciosos para enfrentar os fracassos em curso. Dessa forma, o pós-modernismo cultural continuou a servir como um manual de treinamento para a abjeção sistemática da vida humana realizada em outras esferas. Uma resposta plausível pode ser, portanto, desrealizar o real. A desrealização, no entanto, deve ser efetuada em dois níveis. Primeiro, interrogando criticamente as "certezas" assumidas pelos realismos anticríticos. E, segundo, restaurando o "irreal" – isto é, a Utopia – ao seu *status* próprio como uma espécie de performativo. Em outras palavras, a desrealização significa aprender a pensar na intersecção da representação e da produção. E isso significa fazê-lo por meio da mediação de formas culturais, incluindo a arquitetura.

Não com o objetivo de construir utopias, mas de viver com seus fantasmas. Como figuras discursivas, os fantasmas encarnam uma série de problemas limites próprios. Corolário ao espelho pós-mimético, o fantasma coloca a questão da projeção, que pode ser definida como o cruzamento da linha que separa o que existe do que não existe. A princípio, a projeção pode parecer um problema bastante simples de fazer projetos, ou seja, de inventar alternativas ainda irrealizadas (e talvez irrealizáveis) ao que existe, e impeli-las adiante para o futuro como um tipo de objetivo ideal ou negativamente, como uma advertência distópica ou apocalíptica. Na prática, no entanto, a projeção de qualquer tipo impõe rearranjos bem mais complexos de passado, presente e futuro. Um projeto arquitetônico é, portanto, qualquer obra em que o que pode alguma vez ter sido prenunciado no presente, retorne transfigurado em algum momento futuro não especificado. Utopia é um tipo especial de projeto, já que ameaça substituir o que existe em sua totalidade. Daí os tons messiânicos de muitos utopismos, bem como a mal disfarçada nostalgia por alguma totalidade ou estado da natureza há muito perdidos que eles frequentemente exibem. Porém, no mesmo sentido em que a espectralidade também é uma propriedade funcional do capital financeiro direcionada para o gerenciamento do futuro, não há garantia de que a projeção acarrete transformação sistêmica. Pois justo do outro lado da linha, no campo da prática cotidiana, está a profissionalização da projeção, e seu consequente abandono como um instrumento do pensamento crítico.

A projeção utópica tem sido parte do conjunto de ferramentas do arquiteto desde o século XVIII europeu, tendo sido até então, em boa parte, o domínio da literatura e, até certo ponto, da pintura[2]. No século XIX e início do XX, ela foi ampliada com a assimilação de uma melancolia romântica, um processo que atingiu maturidade simbólica nos Estados Unidos na figura e obra de Frank Lloyd Wright e, na Europa, na de Le Corbusier. Durante a primeira metade do século XX, o arquiteto como melancólico profissional foi caracterizado diversamente por contemplações compensatórias sobre a perda e a reconstituição da natureza sob a modernização (Wright), ou pela escolha – forçada por Le Corbusier – entre a reforma da vida cotidiana (arquitetura) e a derrubada de suas estruturas (revolução). De qualquer forma, essas foram proposições de tudo-ou-nada, a totalidade das quais foi representada menos no detalhe intrincado com que tantas das "soluções" utópicas resultantes foram dotadas do que nas dimensões panorâmicas de sua configuração binária original: natureza *ou* cultura, arquitetura *ou* revolução.

No Ocidente (mas também, por exemplo, no Japão), a parte final do século XX viu a substituição irregular e gradual dessa melancolia profissional por uma ludicidade quase maníaca. Quer seja no neofuturismo encarnado nas megaestruturas dos anos 1960, no sarcasmo impotente da *architettura radicale* italiana, ou nas tentativas do pop de remodelar a "comunicação" arquitetônica, essa ludicidade já parece corresponder à competição agonística de um jogo de linguagem ao lado de outro e, assim, exibir um sintoma chave da "condição pós-moderna" de maneira mais geral[3]. A procura por uma autenticidade lúdica encontrou seu complemento no arcaísmo de um presente eterno, desde a *gemeinschaft* (comunidade) orgânica buscada em vários meios "vernáculos" e não ocidentais (pelo Team X e outros) até as expedições simbólicas na reserva permanente da própria história. O passado (ou, para o movimento ambientalista, a natureza) não estava mais irremediavelmente perdido para a representação estética; em algum grau, a história tornou-se novamente disponível como um simulacro, na forma de elementos citacionais recombinados, assim como a natureza reapareceu de forma indexada por meio de compilações de dados, enquanto a futurologia e suas muitas variantes populares e técnicas, que como vimos foram encapsuladas nas epistemologias das análises de risco, sistematicamente reformularam o futuro como apenas um cenário (embora, potencialmente catastrófico) entre outros, e não como um ideal unificador.

Nesse aspecto, se houve algo como uma crise epistemológica associada à emergência do pós-moderno na arquitetura e em seu entorno, ela implicou na transformação da crise (modernista) de representação numa *crise de projeção*. Isso é um tanto diferente de sugerir, como Manfredo Tafuri, que o pós-modernismo arquitetônico absorveu uma crise do *projeto*[4]. Para colocar tão suscintamente quanto possível, um *projeto* é um fantasma ideológico, enquanto a *projeção* é uma prática histórica e discursiva concreta, com o pensamento utópico como um de seus subprodutos. E assim minha análise desvia a atenção das pretensões e contestações ideológicas feitas pelos arquitetos e seus apologistas frente ao dever (ou à capacidade) da arquitetura para fazer ainda outro "movimento do cavalo" no tabuleiro de xadrez da modernidade[5]. Em vez disso, me concentro nas regras admitidas pelo próprio tabuleiro de xadrez, que evoluíram para proibir certos atos de projeção imaginativa enquanto permitem outros, novos. Tudo isso produziu novos problemas para a arquitetura e para o conhecimento arquitetônico, embora muitas vezes na forma de pseudossoluções ideológicas para os antigos.

Entre essas regras estão as da própria projeção, que, como Erwin Panofsky mostrou já em 1927, são eminentemente históricas e, portanto, sujeitas a revisão[6]. Sem realmente pretender fazê-lo, o ensaio de Panofsky sobre a perspectiva demonstra as contingências técnicas pelas quais qualquer tentativa de construir uma "imagem" de um futuro possível é necessariamente constrangida. Pois não deve ser esquecido que aqueles futurismos melancólicos que mais tarde foram sujeitos à elisão total/totalitária pós-moderna, metonimicamente capturados na Ville Contemporaine (1922) de Le Corbusier ou em Broadacre City (1932) de Wright, foram representados de forma mais convincente em visualizações panorâmicas perspectivadas. Nem deve ser esquecido que subjacente a essas representações estava a grelha cartesiana, que se tornou o próprio emblema da "racionalidade" modernista quando esta última ficou sob o ataque pós-moderno. Em resumo, a grelha como um dispositivo unificador e coordenador, seja do espaço pictórico ou planimétrico (e permitindo as diferenças entre os dois), foi simultaneamente reificada e deslocada, em uma série de movimentos discursivos que reconfiguraram o campo de jogo pós-moderno, em algo que agora só podia ser compreendido como uma matriz instável composta por mil platôs.

Sob essas condições, a projeção de alternativas radicais ao *status quo* não estava apenas contaminada ideologicamente. Ela era tecnicamente impossível. A utopia foi *tornada* impossível pela nova configuração do campo de jogo, pela nova instrumentação e pelas novas regras de engajamento. Mas o que espero mostrar aqui é algo como a sobrevivência das regras antigas e das técnicas antigas na casca ou na pele do novo, que se combinam com essa pele de maneiras surpreendentes e possivelmente pouco desenvolvidas. Essa é a primeira dimensão de uma espectralidade com a qual está infundida a aparente arbitrariedade e brusquidão de uma modulação epistêmica. Dada a minha (e nossa) relativa inclusão dentro dessa formação discursiva, estou disposto a aceitar por ora a proposição geral de que ela implica a mudança de um regime (moderno) para outro (pós-moderno). No entanto, por nenhuma outra razão além da precisão histórica, também sou compelido a notar a incompletude dessa suposta mudança, e a persistência ou imagem residual de uma forma específica de visão modernista – o ato da projeção – dentro dos jogos do pós-modernismo, sejam eles semânticos, tecnológicos ou formais.

Na ordem do discurso, a possibilidade de uma imaginação ainda utópica, meio viva (ou ao menos, para falar na terminologia do fantasma, morta-viva) dentro do edifício pós-moderno, sugere um conjunto de opções muito peculiar. Qualquer tentativa de reavivamento, seja historiográfica ou real, iria parecer tão "irrealista" (ou, na verdade, tão "pós-moderna") quanto qualquer tentativa de exorcismo, uma vez que o que é especificamente *real* sobre um fantasma é sua irrealidade constitutiva. Em vez disso, a única opção positiva diante de nós parece ser, parafraseando Jacques Derrida, aprender a viver com os fantasmas do modernismo, preeminente entre os quais conto o fantasma da própria Utopia[7]. Esse fantasma em particular ocupa o lugar da projeção em que passado, presente e futuro se encontram num único limiar. Também nesse lugar, o poder, o conhecimento e a arte se misturam para formar novos compostos com novos resultados possíveis. Nesse sentido, a Utopia é um entre os muitos fantasmas que aparecem aqui como tantos visitantes não convidados para a cena pós-moderna[8]. Essas visitas sugerem que, com a ajuda da arquitetura, podemos ainda descobrir a modernidade paradoxal do pós-modernismo. Hoje, num momento em que também parece cada vez menos provável escapar do beco sem saída que chamamos de globalização e suas crises, tal como administradas pelas corporações transnacionais, pelas nações construtoras de império, e até por ONGs bem-intencionadas, nenhuma tarefa pode ser, de fato, mais urgente do que aprender a viver com – e a pensar – a Utopia mais uma vez. Essa é outra maneira de dizer: começar o trabalho duro de aprender a imaginar novamente que, num *slogan* favorito dos novos movimentos sociais, "um outro mundo é possível".

"Aprender a viver com fantasmas" também define um caso limite, na forma do horizonte de (in)visibilidade dentro do qual os componentes ou sujeitos implícitos de qualquer projeto estão confinados, e do qual aqueles sem acesso a suas promessas estão excluídos. Essa dinâmica de inclusão e exclusão mapeia uma topologia da projeção com a qual qualquer esforço para repensar o impasse pós-moderno também deve lutar. Mas mesmo o termo *horizonte*, com suas conotações de perspectiva, é inadequado para descrever a reconfiguração de dentro e fora que está em jogo aqui. Mais que meros invasores, os fantasmas estão pousados no que devemos reconhecer como o limiar biopolítico da vida e da morte. Consequentemente, eles assombram as premissas de qualquer interior autossatisfeito, incluindo alguns dos espaços reais que já encontramos – interiores domésticos, escritórios corporativos, condomínios fechados e assim por diante. Porém, ainda mais, o fantasma da Utopia assombra o interior presumido de um discurso no qual, como Tafuri notoriamente disse de seus contemporâneos e seus revivalismos históricos, os arquitetos estavam contentes em "se reunir ao redor da lareira e ouvir as fábulas das novas vovozinhas"[9].

E então começamos de novo com uma curta viagem de volta no tempo, para Veneza em torno de 1980: "Um espectro está vagando pela Europa: o pós--moderno."[10] Foi assim que o arquiteto e crítico italiano Paolo Portoghesi introduziu seu livro sobre o pós-modernismo na arquitetura, que teve o subtítulo *The Architecture of the Postindustrial Society* (A Arquitetura da

ARQUITETURA • **197**

Sociedade Pós-Industrial) e foi publicado em italiano em 1982 e em inglês em 1983. A sentença introdutória de Portoghesi contém uma citação dupla. Ela foi título de um artigo publicado em francês no jornal *Le Monde* por ocasião da exposição itinerante conhecida como *La Strada Novissima* (A Estrada Novíssima). Ao contrário da Main Street da Disneylândia, que leva para a Fantasyland e para um futuro mítico estereotipado, a Strada Novissima parece não levar a nenhum lugar em especial; porém, mais precisamente, como veremos, ela leva para dentro e para fora ao mesmo tempo. Ainda assim, ela foi um documento importante na produção do imaginário pós-modernista: uma "rua" em escala real criada por diversos arquitetos e repleta de citações históricas. Ela foi a peça central da primeira bienal oficial de arquitetura de Veneza, com curadoria de Portoghesi, em 1980, e depois viajou para Paris e São Francisco. Ao mesmo tempo, o título do artigo no *Le Monde*, é claro, era, ele próprio, uma citação histórica, ou, na realidade, uma paráfrase da linha de abertura tão citada da obra *O Manifesto Comunista*, que foi traduzido para o inglês (com a aprovação de Engels) como segue: "A specter is haunting Europe – the specter of Communism."[11] (Um espectro está assombrando a Europa – o espectro do comunismo).

O tema estabelecido da Bienal de 1980, "A Presença do Passado", pretendeu evocar um interesse crescente na citação histórica por parte dos arquitetos em ambos os lados do Atlântico, bem como no Japão. No início da década de 1950, considerava-se que um modernismo hegemônico internacional, expresso por enigmas como o "funcionalismo", houvesse relegado os estilos arquitetônicos, como o classicismo Beaux Arts, à lata de lixo da história. Mas em 1980, seguindo os cataclismos políticos, econômicos e tecnológicos da década de 1960 e início da década de 1970, o próprio modernismo foi considerado por muitos como pertencente à mesma lata de lixo, com seus aspectos utópicos reduzidos a curiosidades históricas, se não a pesadelos faustianos. E assim, em Veneza "A Presença do Passado" referia-se à propensão entre os arquitetos por vasculhar a lata de lixo da história em busca de linguagens e estilos obsoletos, às vezes de modo sincero e outras com irreverência, mas sempre contra as proibições aplicadas pelo dogma modernista.

Desnecessário dizer, nem a Strada Novissima nem qualquer outra manifestação dessas tendências lograram restaurar o "passado" histórico à plena presença em termos arquitetônicos. Como pode ser argumentado, essa nunca foi a intenção em primeiro lugar, embora certamente muitos apelos tenham sido feitos em nome de um retorno a arquiteturas passadas por sua capacidade moral restauradora, especialmente frente aos traumas sofridos tanto na forma urbana quanto na representação cívica pelos rigores do funcionalismo e das doutrinas associadas. De qualquer modo, o "historicismo" da Bienal de 1980 enfaticamente *não* resultou em uma simples ressurreição de estilos históricos. Em vez disso, os visitantes foram apresentados a uma cacofonia de pseudoeventos, pseudorrestaurações e pseudorrevivalismos – numa palavra, pastiche.

Bienal de Veneza, La Strada Novissima, 1980. De Paolo Portoghesi,
Postmodern: The Architecture of the Postindustrial Society.

No entanto, descrever tudo isso como pastiche não esgota seu significado. Mais recentemente, a famosa frase de Marx e Engels forneceu um subtexto para as conjurações de Derrida dos espíritos mortos-vivos do idealismo alemão que assombram o materialismo histórico de Marx, ao mesmo tempo que conjurava os espíritos de Marx e do marxismo que o neoliberalismo, especialmente após 1989, afirmou haver finalmente exorcizado. Derrida nomeia essa lógica de *haunting* (assombramento) de *hauntology* (hauntologia) – visto que distinta de uma ontologia –, a qual ele espera que tomemos de forma bastante literal. Para ilustrar, ele começa com uma leitura de Hamlet, concentrando-se não nas personagens, mas nos adereços de cena, nesse caso, a armadura na qual o fantasma do pai aparece (ou aparenta aparecer) no palco, sua face oculta pelo visor do elmo. Derrida chama isso de "efeito de visor", no qual um espectro aparece indiretamente por meio de sua ocultação sob um visor – isto é, como um adereço de palco – e olha para nós. Tendo em vista as qualidades cenográficas e decorativas da Strada Novissima (e notando que suas fachadas foram de fato construídas na fábrica de sonhos cinematográfica italiana Cinecittà), espero assim tornar visíveis, indiretamente, os espectros da Utopia enquanto eles nos olham na face através do visor do pós-modernismo arquitetônico.

A grande maioria das proposições arquitetônicas utópicas modernas e protomodernas, de Ledoux a Le Corbusier, implicou em fazer um retrato de um mundo idealizado – isto é, um projeto – e então lançá-lo como um projétil no futuro. Curiosamente, a entrada dessa imagem utópica no real, seu momento de impacto, por assim dizer, necessariamente marca o fim milenarista – ou apocalíptico da história, no sentido de uma dialética histórica contínua: quando e se a Utopia de fato chegar, tudo acaba. O pós--modernismo e o modernismo então dividem aspectos da consumação do "fim da história", embora abordem esse fim a partir de direções opostas: o modernismo por meio da realização messiânica de meta-narrativas redentoras (sejam utópicas ou de outra forma), e o pós-modernismo por meio do esgotamento de todas essas narrativas, que agora parecem ter se dividido em mil pequenas histórias[12]. Essas não são mais representadas em perspectivas panorâmicas e planos diretores de tudo ou nada, mas sim, em duas formas recíprocas de incompletude: fragmentos narrativos e tendências estatísticas e probabilísticas.

Considere novamente a "linha do tempo" falso-histórica do pós-modernismo incluída por Charles Jencks em *The Language of Post-Modern Architecture*. As narrativas teológicas de-para das vanguardas modernistas, condicionadas por um *zeitgeist* hegeliano, foram substituídas ali por uma imagem da história arquitetônica que não vai a lugar nenhum em particular. Essa "árvore evolutiva", ramificando-se numa ecologia sem sentido de estilos arquitetônicos, está organizada em torno de uma série de *loops* de *feedback* baseados em imagens que tendem para a entropia do "ecletismo radical", um tipo de equilíbrio pluralista em que tudo é diferente de tudo o mais, e é, portanto, o mesmo[13]. Até hoje, Jencks continua a insistir na emergência de padrões discerníveis a partir dessa sopa midiático-ecológica, na forma de formações ou agrupamentos secundários. Mas esses também não vão a nenhum lugar em particular, emergindo da sopa apenas para ali desaparecer de volta, sendo substituídos por novos agrupamentos igualmente sem sentido, *ad infinitum*, em um tipo de estase dinâmica em rodopio[14]. Onde o espírito utópico da mudança histórica decisiva poderia, talvez, ser encontrado aqui, exceto como uma pequena história irrelevante entre muitas? Para explorar essa questão, quero começar seguindo essa noção de não ir a lugar nenhum, de uma espécie de dinamismo esgotado, na sua forma mais explícita possível: aquilo que o Congresso Internacional de Arquitetura Moderna (Ciam) chamou simplesmente de "circulação".

Recorde o papel figurativo desempenhado pela *promenade architecturale* (passeio arquitetônico) na obra de um arquiteto como Le Corbusier. Na Vila Savoye, em Poissy, por exemplo, a passagem através do edifício não foi um mero meio funcionalista para ir da base ao topo. Em vez disso, a rampa cinemática materializa o próprio sentido de progresso histórico ao qual tenho aludido, enquanto se torce para cima através das várias zonas funcionais do edifício e pousa dramaticamente na cobertura, onde o usuário é ofertado com uma vista enquadrada da paisagem pastoral na qual a *machine à habiter* (máquina de habitar) corbusiana aterrissou incontestavelmente. A rampa então resume sucintamente o que podemos chamar de teleologia corbusiana, na forma de um vetor espaço-temporal que leva inexoravelmente em direção ao futuro mecânico-arcadiano capturado em grande detalhe pelos planos diretores utópicos do arquiteto suíço no mesmo período.

Compare esse sentido de propósito, alegorizado num sistema de circulação linear, com a *promenade architecturale* igualmente clássica – e, podemos dizer, ainda corbusiana – que passa através da Neue Staatsgalerie, em Stuttgart, projetada pelo arquiteto britânico James Stirling e concluída em 1983. Amplamente considerado como um monumento chave do pós-modernismo, esse ícone arquitetônico foi adicionado a uma cidade em desindustrialização em parte para gerar turismo, e assim deve também ser considerado um precursor do Museu Guggenheim, de Frank Gehry, em Bilbao. Porém em Stuttgart, no que era então a Alemanha Ocidental, os participantes do concurso de projeto arquitetônico vencido pelo escritório de Stirling tiveram que lidar com o requisito geopolítico de incluir um caminho "democrático", ou uma passagem pública que geralmente era exigida através do terreno das principais instituições cívicas da Alemanha Ocidental[15]. Nesses dias de declínio da Guerra Fria, esse caminho não precisava levar o pedestre a algum lugar em particular, exceto na medida em que o levasse a tudo o que fosse ambiguamente "ocidental" e democrático na Alemanha Ocidental. Assim, sua presença, e com ela a sensação de acessibilidade e afabilidade generosamente acomodada pelo esquema de Stirling, declarava nas entrelinhas que, o que quer que pudesse ser dito das instituições públicas da Alemanha Ocidental, elas enfaticamente *não* eram orientais – como na Alemanha Oriental e em Berlim Oriental e as conotações autoritárias atribuídas a esses locais no Ocidente.

James Stirling, Neue Staatsgalerie, Stuttgart, 1983. Aproximação. Foto: John Donat. Cortesia do Royal Institute of British Architects, Library Photographs Collection.

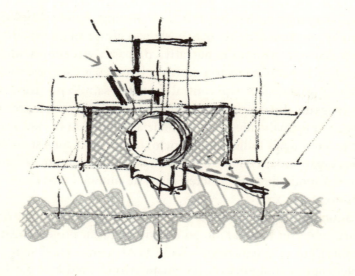

James Stirling, Neue Staatsgalerie, Stuttgart, 1983. Croqui da circulação principal. James Stirling/Michael Wilford Fonds, Coleção Centre Canadien d'Architecture/Canadian Centre for Architecture, Montreal.

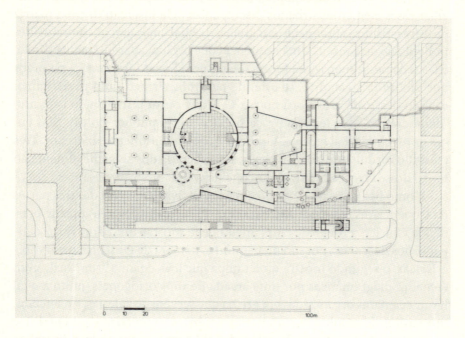

James Stirling, Neue Staatsgalerie, Stuttgart, 1983. Planta, nível da entrada. James Stirling/Michael Wilford Fonds, Coleção Centre Canadien d'Architecture/Canadian Centre for Architecture, Montreal.

Siga o caminho através do edifício de Stirling. Aonde ele leva? Zigue-zagueando por uma série de níveis, ele não atinge nenhum clímax. Em vez disso, ele apresenta uma narrativa da passagem com nenhum fim, deslizando pelo pátio, estabelecendo um eixo apenas para deslocá-lo, contornando o "metafísico" *hall* central vazado e saindo por trás, com um escape tangencial para o próprio museu, próximo à parte frontal. Em contraste à informalidade dessa sequência de entrada (e essa é uma das muitas justaposições lúdicas no edifício), as galerias consistem em salas discretas organizadas *enfilade* à maneira do século XIX, em vez dos espaços vagos à moda de *lofts* característicos de muitos outros interiores de museus do século XX.

O anticlímax ambíguo da *promenade architecturale* de Stirling, em Stuttgart, pode ser comparado ao de outro museu projetado (mas não construído), em 1975, para outra cidade da Alemanha Ocidental. Trata-se do projeto apresentado pelo arquiteto alemão Oswald Mathias Ungers a um concurso no qual Stirling também participou, para o museu Wallraf-Richartz, em Colônia[16]. O projeto de Ungers, situado na margem do rio adjacente à catedral de Colônia e ladeado pela estação de trem, busca conciliar esses elementos urbanos discrepantes pela inserção de uma matriz de infraestrutura abrangente em grelha, da qual emergem os componentes individuais do museu. Uma sequência de entrada, aparentemente direta, é cortada nessa matriz, na forma de um eixo linear que começa na praça que circunda a catedral, se estende para um terraço num nível acima, e então desce até uma doca no rio. O eixo é outra instância do caminho "democrático", que leva da praça pública à orla pública do rio. Mas em outro nível, mais alegórico, também é algo inteiramente diferente. Três episódios arquitetônicos, ou cenas, estão arranjados sequencialmente ao longo desse eixo, cada um tão inconclusivo quanto o anterior.

Como fica claro no desenho em perspectiva de Ungers das três partes da sequência, as referências estéticas são do surrealismo e seus precursores, de De Chirico a Magritte. A primeira cena mostra um pátio vazio ocupado, nos desenhos, por um manequim à maneira de De Chirico e árvores esféricas; o segundo mostra uma rampa que leva de uma "rua" vazia com fachadas diagramáticas por uma arcada de vãos ortogonais, junto à qual há antecâmaras organizadas em grelha que servem de galerias; e o terceiro, um jardim de esculturas com árvores cúbicas arranjadas numa grelha e esculturas em grande escala colocadas abjetamente em nichos de ambos os lados. Um detalhe menor na planta, que é enfatizado nas perspectivas, é instrutivo. Onde o eixo central, marcado nos desenhos por um dirigível que paira, se expande num espaço de passagem nas duas primeiras cenas, na terceira ele se contrai na finura de uma linha, marcada pela linha central de árvores na grelha flutuante. E assim, a "figura de escala" à maneira de Magritte, que primeiro havia entrado de lado e subido a rampa central, agora foi empurrada para o lado novamente pela grelha de árvores pouco acolhedora e condenada a um grau de abjeção equivalente ao suportado pela figura protossurrealista reclinada, oposta a ela. Enfatizo isso porque Ungers poderia ter acomodado a passagem ao longo de todo o caminho, utilizando uma grelha formada por quatro fileiras de árvores em vez de três. Mas ele não o fez, e destacou isso em cada detalhe do desenho.

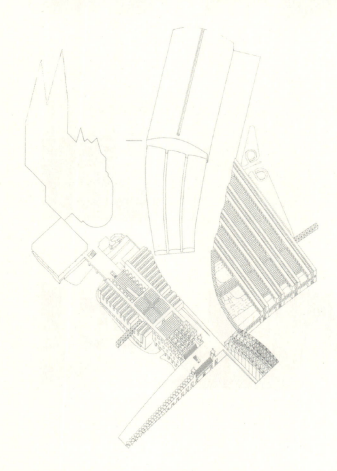

Oswald Mathias Ungers, Museu Wallraf-Richartz, Colônia, 1975. Projeto para concurso, axonométrica. Cortesia do Arquivo Oswald Mathias Ungers.

Oswald Mathias Ungers, Museu Wallraf-Richartz, Colônia, 1975. Projeto para concurso, perspectivas. Cortesia do Arquivo Oswald Mathias Ungers.

Embora as intenções declaradas de Ungers enfatizassem a criação de lugar, o resultado final é esse a que somos apresentados aqui com um sujeito da história enigmático e alegórico (na forma da figura de Magritte – que em outro desenho de Ungers se transforma num autorretrato do arquiteto), um humano cuja centralidade foi deslocada, nesse sonho arquitetônico, por uma dialética da natureza e da cultura anacrônica e altamente esquematizada: árvores, grelhas e um dirigível. Assim, em nítido contraste com qualquer precedente clássico sobre o qual as simetrias de Ungers possam ter sido desenhadas, o humano humanista que começou como a personagem central na narrativa do caminho "democrático" foi, pelo "fim" inconclusivo, relegado a um papel de apoio. Dessa maneira, Ungers de fato *estendeu* em vez de interromper as tendências pós-humanistas do funcionalismo *à la* Mies, Gropius e Hilberseimer, com suas serialidades e grelhas. Em outras palavras, ele não estabeleceu um classicismo axial mais "humano", bem proporcionado, *contra* as geometrias indeterminadas do modernismo, mas sim *com* elas, estendendo sua lógica para a reserva permanente do próprio classicismo, assim como esse antieixo pseudoclássico emerge das infraestruturas em grelha do museu, adjacente e inferior.

Para dar alguma indicação da natureza refratária desses deslocamentos, quero fazer uma breve visita a uma casa projetada por um arquiteto cuja humanidade, bem como a de sua arquitetura, foi amplamente inquestionável. Esse arquiteto é Charles Moore, o autodenominado criador de "lugares", em oposição aos não lugares do modernismo – um criador, em outras palavras, de destinos, portos seguros, ou mesmo lares, antídotos ao que Georg Lukács há muito chamou, com relação às convulsões da modernidade, de "privação de moradia transcendental"[17]. O edifício que quero visitar é um conjunto em condomínio que Moore projetou em Los Angeles em 1978 para ele e dois de seus amigos. Linguisticamente, ele tende de maneira sólida em direção ao eclético, outra suposta marca do pós-modernismo, com sua estranha combinação de referências vernaculares, regionais e até modernistas. Ao mesmo tempo, no interior as três unidades são simultaneamente entrelaçadas e separadas por uma sequência de escadas irregulares, ao longo das quais fragmentos de espaço estão distribuídos à esquerda e à direita, mas também acima e abaixo.

Aonde essas escadas levam? De novo, elas não levam a nenhum lugar em particular, mas com grande precisão. Como tal, exemplificam a predileção de Moore pelo o que ele chama de espaço "permeável", um espaço interior que se abre de formas não sistemáticas, muitas vezes para permitir a entrada da luz através de fendas irregulares, ou vistas diagonais, ou conexões funcionais aparentemente *ad hoc*. Como realizado, mesmo em pequena escala nas casas de Moore, esse espaço foi chamado piranesiano, embora à primeira vista este pareça um Piranesi domesticado, especialmente frente às peculiares incrustações de bricabraque com as quais Moore habitualmente o adornava. No entanto, algo do sinistro sublime piranesiano permanece, não obstante não tanto na fragmentação do espaço interior, mas sim nas frustrações causadas pelas passagens fragmentadas para cima e através desse espaço, visto que elas falham em conectar a algo de qualquer maneira cognitivamente transparente, muito semelhante aos arcos e pontes para lugar nenhum presentes nas gravuras de prisão de Piranesi.

Charles W. Moore com Richard Chylinski e Urban Innovations Group, Condomínio Moore, Rogger, Hofflander, Los Angeles, 1978. Cortesia da Fundação Charles Moore.

Com certeza, diferente do drama cívico realizado nos espaços públicos de um museu, não há razão óbvia para que a circulação numa casa deva levar a algum lugar em particular. Mas podemos estar igualmente certos de que o erudito Moore estava bastante ciente da história da *promenade architecturale* enquanto projetava suas casas, incluindo suas interações heroicas na arquitetura doméstica de Le Corbusier. De fato, ao contrário dos exemplos que acabamos de encontrar em Stirling e Ungers, com as escadas e as passagens irregulares de Moore não é possível de fato, de modo convincente, dizer que correspondem a episódios discretos em uma narrativa arquitetônica inconclusiva. Elas são, de certo modo, eventos puros, um após o outro. Um pastiche não tanto de estilos arquitetônicos quanto da noção de historicidade e do próprio progresso histórico, os pequenos episódios domésticos de Moore são eventos que ocorrem fora do tempo e do espaço de qualquer narrativa, seja qual for, apesar – ou talvez até *por causa* – das histórias arquitetônicas às quais eles e seus volumes circundantes se referem.

Charles W. Moore com Richard Chylinski e Urban Innovations Group, Condomínio Moore, Rogger, Hofflander, Los Angeles, 1978. Interior. Cortesia da Fundação Charles Moore.

Assim, em termos arquitetônicos, as cópias ruins dos elementos históricos visíveis nesses exemplos importam menos do que a maneira em que estão agrupados, especialmente (como no caso de Moore) quando a tentativa é produzir o efeito de justaposição casual – o efeito, em outras palavras, do próprio pastiche. Em todos esses três casos, isso é conseguido pela manipulação da arquitetura da circulação. E o fato de as supostas narrativas praticadas ao longo do caminho não dizerem quase nada sobre a relação da arquitetura com suas próprias histórias – sejam passadas, presentes ou futuras – parece sugerir que essa arquitetura se contenta em trocar as narrativas principais do modernismo por qualquer número de micronarrativas inconclusivas, episódicas e descompromissadas que levam, exatamente, a nada.

Porém, e se for também o contrário? E se, em contradição direta às afirmações feitas por tantos protagonistas de todos os lados dos debates pós-modernos na arquitetura, houver algo específico e irremediavelmente *utópico* acerca desse fracasso em fazer sentido? Não digo isso no sentido de um pluralismo conciliatório, em que a cada micronarrativa e a cada estilo em competição é dada igualdade de tempo e espaço numa cacofonia pseudodemocrática perfeitamente adaptada às demandas de um multiculturalismo brando coincidente com a globalização. Digo isso no sentido de um projeto que se recusa a assumir a forma de um projeto – um tipo de projeto inadvertido ou acidental que aparece indiretamente, em um retorno quase irreconhecível do que foi reprimido. Pois se fôssemos verdadeira e inteiramente pós-modernos não sentiríamos nem mesmo uma pontada de frustração quando confrontados pela falência dessas narrativas arquitetônicas introduzidas para fazer sentido. Mas acho que sentimos. Por quê?

Talvez porque, ao encenar diferentes formas de frustação ou exaustão, elas não possam evitar de encenar também a sua antítese – a sempre adiada possibilidade da chegada de uma ruptura, de uma mudança histórica irreversível e até mesmo revolucionária. Nesse sentido, essas passagens frustradas, que podem ser vistas também como fantasmas das passagens fantasmagóricas em arcadas da Europa do século XIX, engenhosamente exploradas por Walter Benjamin, podem ainda abrigar, a despeito de si mesmas, o que Benjamin chamou de "fraco poder messiânico". Ocorre apenas que as mudanças que elas anunciam parecem diferentes do que podemos ter pensado. Ou, colocado de outra forma, já não somos capazes de reconhecer nelas a nós mesmos ou nossas histórias. Afinal, os fantasmas não aparecem em espelhos.

Se essas passagens arquitetônicas frustradas levam a algum lugar, é de volta ao cenário, a seus adereços e ao efeito do visor. Isto é, elas levam de volta para dentro, para a arquitetura e apenas para a arquitetura, ou para o que Tafuri descreveu como uma casa prisão piranesiana do jogo linguístico, à qual a arquitetura-como-tal não redentora e autônoma foi, desde então, supostamente condenada[18]. Mas mesmo fora da cidade, longe de restaurar a humanidade a um modernismo desumanizado ao reintroduzir categorias como "lugar", "a rua", "escala humana" e assim por diante, boa parte da assim chamada arquitetura pós-moderna na verdade internalizou a transcendência da Utopia. Há, por exemplo, uma certa escala desumana que reaparece em todo o espectro pós-moderno. Por vezes, como no caso do Portland Building de Michael Graves (especialmente em suas versões originais), esse gigantismo é mascarado como uma sensibilidade a múltiplas escalas, de calçadas a grandes grafismos. Que essas escalas falhem no resultado, no entanto, normalmente não é percebido, exceto em exemplos raros como aquele registrado em *The Charlottesville Tapes,* onde Kevin Roche (ele mesmo um mestre do gigantismo) é encontrado parabenizando Graves, de maneira irônica, sobre ter inflado outro edifício de escritórios a proporções "elefânticas"[19].

Aqui podemos concordar com Fredric Jameson que a inflação retórica da escala arquitetônica em tais projetos constitui uma resposta estética à inflação do impacto do edifício sob as premissas especulativas do capitalismo tardio e seus mercados imobiliários[20]. Mas com esse gigantismo, e sua coexistente miniaturização do objeto arquitetônico como um consumível em cafeteiras e utensílios de mesa diversos, também vem um deslocamento da escala humana, novamente, apesar da retórica humanista de "lugar" e "proporção". O projeto Cannaregio de 1978, de Peter Eisenman, em Veneza, reconhece essa questão, com sua lógica fractal de "diferentes escalas" em lugar da "medida do homem" modular inscrita no hospital, não construído, projetado por Le Corbusier para o terreno adjacente, sobre o qual Eisenman desenha por suas próprias grelhas. Nesses e em outros deslocamentos de escala, o sujeito humano do capitalismo tardio tem sido efetivamente desumanizado, fantasmagorizado. Mas é esse de fato o fantasma da Utopia (o último projeto humanista) à espreita dentro dessas conchas vazias, ou apenas a inumanidade abstrata – ou seja, a espectralidade – do próprio capital?

Considere outro lugar comum pós-modernista até mais típico: aquele de um tipo de balbuciar linguístico, um jogo livre de signos materializados na Strada Novissima, no que Portoghesi chamou de "fim da proibição". Por um lado, a nova pluralidade não era nada mais que uma resposta consumista para o mercado global de culturas. Mas, apesar de sua reverência

Peter Eisenman, projeto apresentado ao concurso para o International Seminary of Design, Cannaregio-West, Veneza, 1978. Seção do modelo. Peter Eisenman Fonds, Coleção Centre Canadien d'Architecture/Canadian Centre for Architecture, Montreal.

geral pela tradição clássica ocidental e de seu eurocentrismo, a arquitetura alinhada ao longo da Strada Novissima é certamente um pastiche, definido por Jameson como um "discurso em uma língua morta". E com línguas mortas vêm mais fantasmas, especialmente quando essa morte ocorre em Veneza. Não apenas o fantasma da *res publica* clássica, como evocado por um arquiteto como Léon Krier, mas também o fantasma de ambos, a Europa e seus outros recentemente descolonizados, do outro lado do Mediterrâneo e do outro lado do mundo, cujas próprias linguagens arquitetônicas estavam sendo, naquele mesmo momento, tanto fetichizadas quanto condenadas como expressão "regional", em fóruns paralelos pós-modernos como a revista *Mimar*, que começou a ser publicada em 1981. Um espectro está assombrando a Europa, de fato.

Em 1984, até Jencks, em uma nova introdução ao *The Language of Post-Modern Architecture*, considerou o regionalismo entre as características definidoras do pós-modernismo[21]. Nesse sentido, a pseudocontrovérsia da Bienal de 1980 sobre se o campo estadunidense estava sub ou super-representado era mais sintomática do que axiomática. Pois sob o problema do "velho mundo" *versus* o "novo" residia a complicada história do novo mundo imaginado como Utopia. A melhor evidência disso é obtida começando de uma das fachadas do cenário construído em Veneza, uma coluna dórica negativa projetada por Ungers. Como seu vizinho austríaco (e na Strada Novissima), Hans Hollein, e muitos outros europeus também haviam feito na década de 1960, Ungers por algum tempo tomou os Estados Unidos como um ponto de referência. Porém, em vez de olhar para os EUA por sua contracultura ou sua cultura popular, Ungers olhou para os EUA por seus experimentos históricos com a Utopia. Isso tomou a forma de uma pesquisa feita em colaboração com sua esposa, Liselotte Ungers, e compilada em um pequeno volume publicado em 1972 denominado *Kommunen in der Neue Welt* (Comunas no Novo Mundo), excertos os quais foram publicados sob o título "Utopische Kommunen in Amerika 1800-1900" (Comunas Utópicas na América) e em inglês (na *AD*) como "Early Communes in the USA"[22].

Basicamente, um inventário dos experimentos utópicos nos Estados Unidos desde Moravia, nos anos 1740, até New Haven, nos anos 1970, *Kommunen in der Neue Welt* apresenta-se como um documento científico que registra "novas [isso é, protomodernas] formas de vida comunitária", muitas vezes iniciadas nos séculos XVIII e XIX por imigrantes europeus. Assim, o estudo certamente forneceu matéria-prima para os próprios experimentos tipológicos e linguísticos de Ungers. Mas a própria definição da Utopia é que ela é estrangeira, o que também a conecta ao colonialismo. Dessa forma, deixe que o pequeno livro, em coautoria, de Ungers fique como evidência não apenas de uma consciência utópica bem ali, no meio da Strada Novissima, mas também de uma espécie de fechamento, por meio do qual a relação bipolar entre o "velho" e o "novo" mundo – Europa e Estados Unidos, classicismo e modernismo – possa substituir (e assim ocluir) as descolonizações e as globalizações de fato existentes em torno de 1980.

No entanto, mesmo quando a Strada Novissima leva para fora, para um mundo dividido entre histórias visíveis e invisíveis, lembradas e esquecidas, ela também leva para dentro, para a Arquitetura (ou arquitetura com um A maiúsculo). Considere, por exemplo, outro museu de Ungers, um museu da própria arquitetura, o Deutsches Architekturmuseum, em Frankfurt, de 1984. Ali Ungers insere suas formas-tipo numa mansão existente do século XIX, alternando (como ele fez em Colônia) entre a ênfase na matriz em grelha e a ênfase nos pavilhões figurativos que se encaixam um dentro do outro, numa cascata de casas-dentro-de-casas, ou arquitetura-dentro-da-arquitetura. Em meados da década de 1980, a forma arquetípica da casa, polemicamente afirmada por Robert Venturi na casa de sua mãe, de 1964, estava bem estabelecida como uma cifra para a arquitetura-como-tal e já havia sido lançada num *mise en abyme* por Moore, numa casa-dentro-de-uma casa que ele desenhou para si na Califórnia, em 1962. E, assim, deve ter parecido inteiramente apropriado para Ungers colocar a forma da casa (isto é, a arquitetura) em exibição num museu de arquitetura, mesmo que ele a usasse como uma estrutura de apoio para as exposições do museu. Porém, como antes, a verdadeira arquitetura que ele projetou está cheia de ambiguidades. Entre elas, é central a fantasmagoria da "casa" arquetípica propriamente, em suas múltiplas interações. Talvez um parente distante do museu casa do próprio Venturi para Benjamin Franklin, na Filadélfia (1976), literalmente um tanto fantasmagórico, essa casa museu projetada por Ungers é, estritamente falando, assombrada.

Primeiro, é assombrada no sentido convencional que podemos atribuir a um projeto como o monumento de Aldo Rossi aos *partisans*, em Segrate, de 1965, que faz uso ainda mais rígido do arquétipo triangular na forma de um frontão abstrato e extrudado. Como com todos os museus, há algo de funerário e rememorativo acerca do projeto de Ungers que, como a obra de Rossi em geral, pode ser considerado, em última análise, como dedicado não à arquitetura-como-tal, mas à sua memória. Porém, esse museu-casa também é assombrado pela cidade para a qual vira as costas. Como manifesto por seu próprio vazio autorreferencial, o edifício também lembra, e em certo sentido lamenta, um futuro coletivo do qual todo o conjunto agora se retrai, olhando para dentro em vez de para fora.

Essa claustrofobia se repete em outros projetos de Ungers, incluindo o do Hotel Berlim (1980), com sua sequência de edifícios-dentro-de-edifícios que se interrompe no interior numa "casa" de vidro semelhante a um pequeno átrio e no exterior numa rigorosa extrusão do típico bloco perimetral de Berlim. As topologias encaixadas no hotel nos remetem aos desorientadores interiores aninhados do Bonaventure Hotel, de John

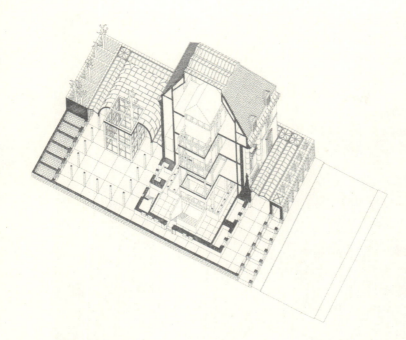

Oswald Mathias Ungers, Deutsches Architekturmuseum, Frankfurt, 1984.
Axonométrica, versão final. Cortesia do Arquivo Oswald Mathias Ungers.

Portman, em Los Angeles, que Jameson notoriamente entendeu como nada menos que um diagrama do "espaço pós-moderno". Certamente, Jameson estava correto em convocar novos mapas cognitivos para navegar os labirintos do capitalismo tardio. Mas também precisamos de novas formas de projeção, mapas que levem a uma saída desses espaços. Em vez de projetar para fora, desde o objeto arquitetônico para a cidade e o mundo, esses mapas poderiam levar a uma saída ou saídas profundas *dentro* de nossos pesadelos pós-modernos. Alçapões embutidos dissimulados na própria arquitetura que, como visores, abram para outros mundos possíveis, em vez de para mais uma cela de prisão solipsista à qual se está condenado para sempre, como uma boneca matriosca russa.

Essa sensação de fechamento absoluto com buracos escondidos reproduz a função de ilha da Utopia. Tome, por exemplo, o projeto original de concurso submetido pelo escritório de Charles Moore para um empreendimento de uso misto no distrito Tegel Harbor de Berlim Ocidental em 1980, um exemplo de "reconstrução crítica" empreendida nos anos 1980 sob a

Oswald Mathias Ungers, Deutsches Architekturmuseum, Frankfurt, 1984.
Interior. Cortesia do Arquivo Oswald Mathias Ungers.

direção de Josef Paul Kleihues e do IBA (Internationale Bauausstellung)[23]. Em seu centro está uma ilha em forma de navio que acomoda funções públicas de lazer, e nas margens circundantes, habitação. Apenas a habitação e uma biblioteca adjacente foram construídas. A ilha permaneceu uma ilha, sem nada nela. Embora o esquema original traduza de modo bastante fiel os compromissos anteriores de Moore com o domínio público, como mediados pela Disney, a ilha vazia registra até mais fielmente o destino do domínio público real sob a "reconstrução crítica". Aproximadamente na década que se seguiu, esse vazio foi pungentemente revelado pelo marketing de uma Berlim reunificada como um centro da nova Europa. Não como uma cidade capital, a despeito da relocação da sede do governo desde Bonn, mas como uma cidade do capital, um monumento ao desaparecimento do estado do bem-estar social e à privatização do domínio público.

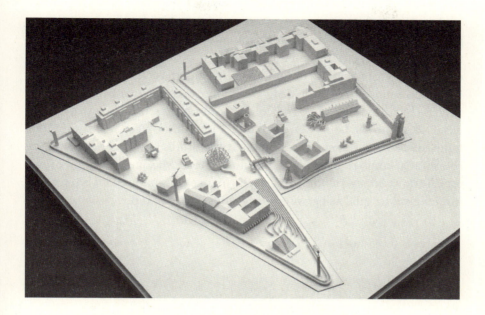

John Hejduk, Berlin Masque, 1981. Maquete. John Hejduk Fonds, Coleção Centre Canadien d'Architecture/Canadian Centre for Architecture, Montreal.

Tome outro projeto do IBA: o Berlin Masque, de John Hejduk, de 1981. Ele é, na verdade, um condomínio fechado, mas tão outro mundo que, independentemente de ter sido construído ou não (e ele não foi), a borda ou limite que o destaca do mundo real de Berlim (Oriental ou Ocidental) torna-se o foco principal. Essa borda é controlada por uma cerca de três metros e meio de altura que circunda cada uma das duas quadras que compõem o lugar, que são conectadas por uma "ponte elevada" feita de aço. Do lado de dentro dessa cerca existe, entre outras coisas, outro cenário montado: uma locação para uma peça teatral com máscaras, um tipo de teatro da corte originário do século XVI, mas também uma mascarada. No extremo oriental desse teatro dentro de um teatro encontra-se um único habitante masculino selecionado, segundo Hejduk, pela não existente "cidade de Berlim"[24]. Essa figura olha do passado para o futuro. Oposta a ele localiza-se uma única habitante feminina (de novo, selecionada pela "cidade") que, como o melancólico anjo da história de Benjamin, olha do futuro para o passado.

Especialmente quando vistas junto com o gêmeo invertido de Berlin Masque, Lancaster/Hanover Masque, de Hejduk, uma encenação igualmente enigmática da comunidade rural, da ordem das utopias da Nova Inglaterra exploradas por Ungers, essa e outras simetrias altamente esquemáticas e autonegadoras incorporadas nas figuras que povoam os cenários de Hejduk reforçam uma sensação geral de futilidade. A peça ou acabou de terminar ou ainda não começou. Se, de fato, apresenta alguma coisa, o Berlin Masque então apresenta outra versão da história sobre não ir a lugar nenhum, sobre ficar no lugar, a despeito dos veículos que abrigam seus habitantes nômades. E se, como diz Louis Marin, o caráter pseudoutópico da Disneylândia também consiste em situar visitantes como atores em uma performance roteirizada "como ratos em um labirinto", o Berlin Masque de Hejduk é uma espécie de antidisneylândia, uma performance enigmática com um roteiro ininteligível na qual as personagens vagueiam, esperando[25].

John Hejduk, Lancaster/Hanover Masque, 1982. Plantas e elevações dos elementos. John Hejduk Fonds, Coleção Centre Canadien d'Architecture/ Canadian Centre for Architecture, Montreal.

Podemos também ler a Guerra Fria no projeto de Hejduk: Berlim como um tipo de \ dividida, reduzida a duas quadras urbanas povoadas por duas personagens paradigmáticas: ilhas dentro de ilhas dentro de ilhas. Para outros, essas topologias aninhadas evocam mundos-ilha trazidos para o interior nas agências de viagem cheias de palmeiras artificiais de Hans Hollein, elas próprias internalizações de uma jangada com palmeiras que Hollein montou na Bienal de Veneza de 1972. A onipresente palmeira não é um índex sublimado, gravado na imaginação ocidental, do espaço descolonizado de novo disponível ao turista global, assim como ao imaginário da Guerra Fria *à la* James Bond? E então há o melancólico mundo-dentro-de-um-mundo do Teatro del Mondo de Aldo Rossi: trata-se de um símbolo universal, o último suspiro de um humanismo eurocêntrico, ou o começo de alguma viagem de ficção científica para uma incompreensível pós-humanidade? E, naturalmente, há o cemitério San Cataldo de Rossi, em Modena (1982), uma cidade dos mortos à semelhança de uma ilha com um bloco habitacional vazio em seu centro que, de certo modo, funde duas imagens muito poderosas extraídas da modernidade europeia, a fábrica e o campo de concentração, confirmando assim a ambivalência básica da figura da ilha que discutimos anteriormente nos escritos de Rossi. Essa ambivalência explica a implicação subjacente nas críticas centristas, de Rowe a Jencks, de que o utopismo modernista oscila perigosamente para junto do totalitarismo no seu compromisso com a transformação histórica do mundo. Então ele deve ser mantido em suspensão, se não inteiramente abolido. Ainda assim, os fantasmas têm uma maneira estranha de aparecer sem serem anunciados, e nos lugares mais inusitados.

Provavelmente, o diagrama mais abrangente dos encadeamentos topológicos do pós-modernismo foi traçado em 1977 com o Cities Within the City (Cidades Dentro das Cidades), um projeto para a reurbanização de Berlim Ocidental (que mesmo então era uma cidade "reduzida") feito por um grupo de arquitetos e estudantes de Cornell liderados por Ungers, em colaboração com Hans Kollhoff, Rem Koolhaas, e outros[26]. O projeto propôs que um "arquipélago verde" de ilhas na forma de parques fosse extraído do tecido existente como uma maneira de lidar com o despovoamento da cidade. Esse arranjo seria pontuado por um arquipélago equivalente de "ilhas" construídas modeladas em precedentes tão diversos quanto o plano radial de Karlsruhe e o projeto de cidade linear de Ivan Leonidov para Magnitogorsk. A fim de mediar entre essas inserções na escala urbana e a escala da construção individual, e para fazer frente à tendência persistente dos residentes em preferir a individualidade de casas isoladas ao anonimato de grandes blocos de apartamentos, a morada urbana, uma habitação coletiva isolada, composta de quatro a oito unidades, foi proposta como um edifício residencial prototípico.

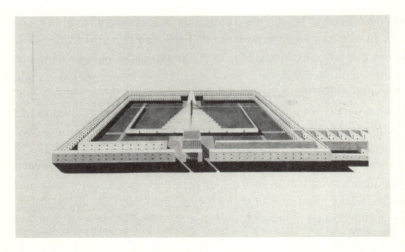

Aldo Rossi com Gianni Bragheri, Cemitério San Cataldo, Modena, 1982. Perspectiva em vista aérea. Aldo Rossi Fonds, Coleção Centre Canadien d'Architecture/Canadian Centre for Architecture, Montreal.

Aldo Rossi com Gianni Bragheri, Cemitério San Cataldo, Modena, 1982. Ossário. Foto: Barbara Bergh e Oliver Schuh.

Tanto Ungers quanto Koolhaas já haviam explorado essa proposição em sua própria obra: Koolhaas, em sua leitura da grelha de Manhattan como uma infraestrutura que suportava a expressão individual em cada uma de suas quadras, diagramada como um museu da história arquitetônica por sua colaboradora Zoe Zenghelis em *The City of the Captive Globe* (A Cidade do Globo Cativo), de 1972; e Ungers, em projetos como sua proposta para o concurso de habitação em Marburgo, de 1976, no qual o protótipo da morada urbana foi projetado sobre uma quadra urbana inteira dividida em cinco unidades residenciais, cada uma com sua própria forma distinta, em reconhecimento da predileção pela variedade e individualidade por parte dos consumidores para quem o projeto foi desenhado.

Em nível de sua organização urbana policêntrica, o modelo Cities Within the City reconheceu e buscou reforçar certas características que estavam emergindo em cidades nos dois lados do Atlântico Norte em resposta às pressões descentralizadoras da suburbanização e da desindustrialização. O arquipélago resultante, com sua tentativa de manter em seus componentes "um espectro arquitetônico tão amplo quanto possível", foi oferecido não como uma utopia, mas como uma antiutopia conciliadora ou, conforme seus autores, como um "melhoramento do que já existia ali". Proposto, como tantas utopias modernistas antes dele, como uma solução científica para problemas objetivos, o projeto foi publicado com o seguinte comentário: "Não há necessidade de uma nova Utopia, mas sim de criar uma realidade melhor."[27]

O interessante foi que Jameson também sugeriu que o modelo político de um arquipélago federado poderia oferecer um mapa alternativo capaz de captar e até certo ponto gerir os múltiplos deslocamentos do pós-modernismo e, por extensão, podemos acrescentar, da globalização. Ele oferece o *Utopies réalisables* (Utopias Realizáveis), de 1975, de Yona Friedman, como um exemplo, com sua proposta de uma "multidão de comunidades não comunicantes", ou um arquipélago de ilhas autônomas que envolvem o globo e que estão ligadas por uma infraestrutura compartilhada, onde é um direito inalienável de cada habitante de cada "ilha" deixar sua pátria e migrar[28]. Uma proposta como a de Friedman, e, numa extensão menor, o projeto de Ungers/Koolhaas para Berlim, parecem ter à primeira vista a virtude de reconhecer a individualidade de seus sujeitos de massa, que, como os habitantes da Berlim metropolitana, foram tratados como estereótipos padronizados por gerações anteriores de arquitetos/planejadores. Ambos os projetos reconhecem identidades e desejos múltiplos e conflitantes ao essencialmente refratar a própria Utopia numa multidão de pequenas Utopias – muitas ilhas pequenas em vez de apenas uma grande. O fato de, em Cities Within the City, Karlsruhe e Magnitogorsk serem escolhidos como modelos sugere ainda que, apesar

ARQUITETURA • **221**

do argumento dos autores do plano, o fantasma da Utopia dificilmente foi exorcizado pelo suposto realismo de seu plano; ao contrário, ele foi multiplicado.

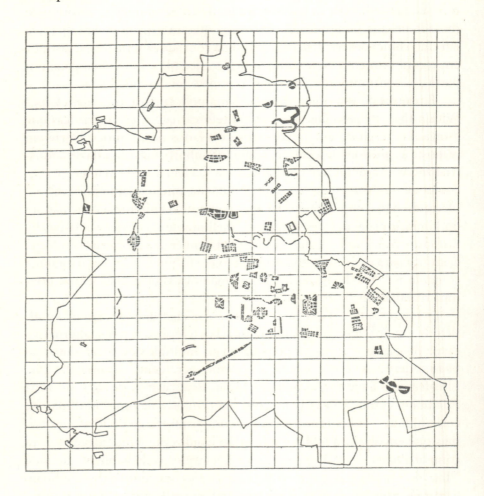

Oswald Mathias Ungers, Rem Koolhaas, Peter Riemann, Hans Kollhoff e Arthur Ovaska, *Cities Within the City*, **Berlim, 1977. Arquipélago urbano. Cortesia do Arquivo Oswald Mathias Ungers.**

Mas essa multiplicidade, essa divisão do fantasma numa multidão fantasmagórica, não ocorre sem seus próprios problemas. Levado à conclusão lógica, e sem a arquitetura da morada urbana como um expediente semicoletivo, ele ao fim acede à atomização e fragmentação de toda a paisagem consumista pós-industrial, ao imaginar uma série de futuros individuais, privados, em lugar de um único, coletivo. Ou, numa outra extensão possível, ele arrisca substituir simplesmente o universalismo homogeneizador, que guiou os esforços anteriores de construir para as massas estereotipadas, por uma lógica de enclaves diversificados, que rapidamente começam a lembrar a "vizinhança" ou outras formas de "comunidade" supostamente local e orgânica, seja fechada ou não, para não dizer nada dos associados "arquipélagos de exceção" *à la* Agamben[29]. No entanto, em sua refração, em sua dispersão, o fantasma da Utopia também conseguiu preservar alguma coisa de sua transcendência, seu sentido de não estar em lugar nenhum. Faz isso até o ponto em que, no projeto, o lugar nenhum é encontrado em quase todo lugar, embora numa forma diferente em cada caso.

Oswald Mathias Ungers, Rem Koolhaas, Peter Riemann, Hans Kollhoff e Arthur Ovaska, *Cities Within the City,* Berlim, 1977. Arquipélago urbano, detalhe. Cortesia do Arquivo Oswald Mathias Ungers.

Finalmente, um exemplo negativo que nos ajuda a dar a volta e retornar às consequências positivas implícitas nesse estado de coisas. No final da década de 1970, aproximadamente na mesma ocasião em que muitas das obras que acabamos de discutir estavam sendo projetadas e/ou construídas, três cidades – Bruxelas, Estrasburgo e Luxemburgo – estavam sendo consideradas para sede parlamentar da União Europeia, que ia realizar sua primeira eleição direta em 1979. O arquiteto francês Roger Taillibert foi então contratado para elaborar um plano para Luxemburgo que integrasse as novas instituições ao centro da cidade. O projeto, chamado Centre 300, foi apresentado ao público em fevereiro de 1978, em meio a uma sensação de urgência de que seria rapidamente aprovado de forma a estar pronto em 1979, a tempo para as eleições. Ele consistia numa plataforma à semelhança de Brasília, onde os novos monumentos seriam assentados, posicionados como esculturas abstratas muito grandes, prontos para receber os órgãos do novo corpo legislativo europeu[30].

Também em 1978, o arquiteto luxemburguês Léon Krier preparou em resposta um projeto contrário. Nesse estava, mais uma vez, o modelo de arquipélago "city-within-a-city", embora dessa vez na forma que Krier chamou de "a cidade como uma federação de bairros", ou vizinhanças na escala do pedestre na forma de ruas reconstruídas ladeadas por um tecido urbano pseudovernacular de baixa altura e uso misto e pontuado por monumentos neoclássicos[31]. O sujeito ideal, imaginado do plano, não era nem um operário de indústria, nem um gestor pós-industrial, mas sim um artesão pré-industrial que vivia no fundo do bloco de onde trabalhava. Assim, em muitos aspectos, Krier é o mais rigorosamente utópico dos muitos arquitetos comumente designados como "pós-modernos", ao ponto de que, no purismo e absolutismo pré-industriais e dogmáticos característicos de seu trabalho no final dos anos 1970, por vezes, parece que ele dificilmente tenha, de todo, encontrado o modernismo.

Mas quero sugerir que o utopismo manifesto e não mediado de Krier, puro como pode ser, funciona ao contrário para *exorcizar* – antes do que para conjurar – os muitos fantasmas da Utopia que temos acompanhado em outras obras desse período, pois ao propor o que ele chama de uma "cidade de pedra" para contrapor à obstinação e artificialidade da cidade de concreto, aço e vidro, Krier tenta uma revivificação, um trazer de volta à vida, em vez de uma conjuração. Uma nostalgia pelo último objeto perdido da modernidade – o lar, ou nesse caso, a *pátria*, no exato momento de sua desterritorialização na "nova" Europa das migrações pós-coloniais – corre tão fundo em sua arquitetura a ponto de forçar uma comparação com a violenta nostalgia por um passado glorioso inexistente trazido de volta à vida na obra de Albert Speer, um arquiteto cuja reputação Krier foi especialmente dedicado em reabilitar[32]. Em contraste, como o estrangeiro metropolitano de Georg Simmel, fantasmas efetivamente não têm lar. Isto é, eles são *de* um lugar apenas no sentido de voltar para assombrá-lo sem nunca de fato nele se encaixar. E assim, de todos os lugares, é aqui, no coração da "velha Europa", na medida em que ela se reorganiza em resposta às novas condições históricas, que, em última instância, o projeto xenófobo de Krier coloca a questão nos termos mais absolutos possíveis: cosmopolitismo crítico, ou provincianismo? Uma hospitalidade incondicional e uma ainda não realizada abertura a estrangeiros, ou uma identidade "europeia" purificada, construída em pedra?

Oswald Mathias Ungers, *La Strada Novissima*, Bienal de Veneza, 1980. Fachada da exposição. Cortesia do Arquivo Oswald Mathias Ungers.

Como vimos, há muitos exemplos de ilhas urbanas assombradas que apontam numa direção diferente, para o lado de fora no interior da "velha Europa": cidades dentro de cidades como o cemitério de Modena de Rossi, ou Berlin Masque de Hejduk. Esses e outros projetos podem finalmente marcar um fim, mas também um novo começo para aquele empreendimento humanista que queria desesperadamente ligar a arquitetura à cidade e, portanto, à sociedade, tão belamente resumido por Leon Battista Alberti em sua máxima: "A cidade é como uma grande casa, e a casa, por sua vez, é como uma pequena cidade."[33] Separadas da cidade como uma casa isolada numa rua deserta numa ilha deserta, essas clausuras parecem convergir apenas, como o museu de Ungers, em arquitetura, autônomas e inúteis. Porém, dentro podemos ficar surpresos em encontrar essa mesma rua, levando de volta àquela mesma casa – em resumo, uma cidade inteira e um mundo inteiro, refratados por meio dos menores detalhes como a virada de um canto, a modulação de uma grelha ou uma coluna dórica vazada.

Pode ser que não haja mesmo escapatória desse *hall* de espelhos. Mas nesse campo de espíritos materializados, que é um campo de conflitos reais e de solidariedades reais, também está à espreita o potencial para um novo tipo de projeto em que o espectro que uma vez assombrou a Europa finalmente se torne global. Com isso, quero sugerir uma maneira de pensar que nem busque narcisisticamente tornar presentes seus próprios passados nem lamente a sua morte. Em vez disso, ao olhar para trás, reoriente sua mirada para os futuros ainda por vir. Faça isso sondando seus próprios interiores claustrofóbicos, suas muitas histórias, não como um tipo de derrota, mas em busca de uma reversão estratégica, topológica, em que quanto mais dentro você for, mais longe você chega. Com essa virada de mesas, a própria história, longe de haver chegado a um fim, também daria a volta e retornaria nos *loops* de *feedback* de uma periodicidade ligeiramente deslocada. Pegos nesses *loops*, podemos finalmente perceber que se o "pós", no pós-modernismo, significa alguma coisa, ele significa aprender a viver com os fantasmas, inclusive os fantasmas de futuros do passado e do presente, os fantasmas de outros vivos e mortos, e, com eles, os fantasmas de nossos antigos *eus*. Significa, em outras palavras, aprender a imaginar, mais uma vez, o pensamento chamado Utopia.

NOTAS

Introdução

1 Entre os vários estudos sobre o escopo e a inter--relação de pós-modernidade e pós-modernismo, o livro de Perry Anderson, *The Origins of Postmodernity* (New York: Verso, 1998) permanece particularmente útil.

2 O termo "pós-modernismo" tem uma genealogia ambígua na arquitetura. De acordo com a maioria dos relatos, seu primeiro uso foi com um sentido um pouco diferente, por Joseph Hudnut, em The Post-Modern House, *Architectural Record*, v. 97, n. 3, mar. 1945, p. 70-75, reimpresso em *Royal Architectural Institute of Canada Journal*, v. 22, n. 7, jul. 1945, p. 135-140. *Complexity and Contradiction in Architecture*, de Robert Venturi, New York: Museum of Modern Art, 1966 e *The Architecture of the City*, de Aldo Rossi, trans. Diane Ghirardo e Joan Ockman, Cambridge: MIT Press, 1984, representam um início importante (embora dificilmente exaustivo ou definitivo) nas formulações de temas-chave do pós-modernismo. Exposições principais incluem *Arquitetura Racional* na Trienal de Milão de 1973, as Bienais de Veneza de 1978 e 1980, intituladas *Utopia e a Crise da Anti-Natureza e A Presença do Passado*, respectivamente, a exposição *Visões Pós-Modernas*, de 1984, no New Deutsches Architekturmuseum, em Frankfurt, e a *Internationale Bauausstellung* (IBA) em Berlim, em meados da década de 1980. A exposição de Arthur Drexler, em 1975, no Museum of Modern Art, em Nova York, *The Architecture of the École des Beaux--Arts*, foi também uma importante referência. Pesquisas críticas importantes incluem *The Language of Post-Modern Architecture*, de Charles Jencks, London: Academy Editions, 1977; *Postmodern: The Architecture of the Postindustrial Society*, de Paolo Portoghesi, trans. Ellen Shapiro, New York: Rizzoli, 1983; e The History of Postmodern Architecture, de Heinrich Klotz, trans. Radka Donnell, Cambridge: MIT Press, 1988. Jencks historicizou seu próprio uso do termo "pós-moderno" em um apêndice adicionado à introdução do *The Language of Post-Modern Architecture*, 2. ed. rev., London: Academy Editions, 1978, p. 8. Ver também a coleção de ensaios na *Harvard Architecture Review 1*, volume especial "Beyond the Modern Movement", Spring 1990.

3 Em arquitetura, o mais influente desses foi provavelmente o ensaio de Fredric Jameson, Postmodernism or, The Cultural Logic of Late Capitalism, *New Left Review*, n. 146, Jul.-Aug. 1984, p. 53-92. Outro marco foi *New German Critique*, n. 33, volume especial sobre modernidade e pós-modernidade, Autumn 1984. Uma revisão inicial dos desenvolvimentos pós-modernistas que foca em literatura e artes visuais foi o trabalho de Andreas Huyssen, The Search for Tradition: Avant-Garde and Postmodernism in the 1970s, *New German Critique*, n. 22, volume especial sobre modernidade, Winter 1981, p. 23-40.

4 Um exemplo seria o "regionalismo crítico" de Alexander Tzonis e Liane Lefaivre, que foi usado num registro ligeiramente diferente por Kenneth Frampton. Ver A. Tzonis; L. Lefaivre, The Grid and the Pathway: An Introduction to the Work of Dimitris and Susana Antonakakis. With Prolegomena to a History of the Culture of Modern Greek Architecture, *Architecture in Greece*, v. 15, 1981, p. 164-178, e K. Frampton, Towards a Critical Regionalism: Six Points for

an Architecture of Resistance, em Hal Foster (ed.), *The Anti-Aesthetic: Essays on Postmodern Culture*, Port Townsend: The Bay, 1983, p. 16-30.

5 Esse é um argumento feito em termos gerais por Fredric Jameson em *Postmodernism or, The Cultural Logic of Late Capitalism*, Durham: Duke University Press, 1991; ver em particular p. 122-129, 208-217. Argumentos correspondentes seguem pelo livro de Jameson, *Archaeologies of the Future: The Desire Called Utopia and Other Science Fictions*, London: Verso, 2005, incluindo a introdução, "Utopia Now", p. xi-xvi, e o ensaio republicado de 1982, "Progress versus Utopia, or Can We Imagine the Future?", p. 281-295. Por duas versões do que Manfredo Tafuri chamou de uma "crise de Utopia" atuando já dentro da arquitetura moderna, ver M. Tafuri, *Architecture and Utopia: Design and Capitalist Development*, trans. Barbara Luigia La Penta, Cambridge: MIT Press, 1976, e Colin Rowe; Fred Koetter, Utopia: Decline and Fall?, *Collage City*, Cambridge: MIT Press, 1978, p. 9-31.

6 M. Foucault, *Security, Territory, Population: Lectures at the Collège de France 1977-1978*, ed. Michel Senellart, trans. Graham Burchell, New York: Palgrave Macmillan, 2007; e idem, *The Birth of Biopolitics: Lectures at the Collège de France 1978–1979*, ed. Michel Senellart, trans. Graham Burchell, New York: Palgrave Macmillan, 2008. Ver também Sven-Olov Wallenstein, Foucault and the Genealogy of Modern Architecture, *Essays, Lectures*, Stockholm: Axl Books, 2007, p. 361-404; e idem, *Biopolitics and the Emergence of Modern Architecture*, New York: Buell Center for the Study of American Architecture/Princeton Architectural Press, 2009.

7 Um conjunto de paralelos para esse argumento é fornecido no livro de Michael Hardt e Antonio Negri, *Empire*, Cambridge: Harvard University Press, 2000. Em particular, ver capítulo 3.4, Postmodernization, or the Informatization of Production, p. 280-303. Ver também Maurizio Lazzarato, Immaterial Labor, trans. Paul Colilli e Ed Emory, em Paolo Virno; Michael Hardt (eds.), *Radical Thought in Italy: A Potential Politics*, Minneapolis: University of Minnesota Press, 1996, p. 133-147.

8 E. Mandel, *Late Capitalism*, trans. Joris De Bres, New York: Verso, 1978, p. 9.

9 Ver Reinhold Martin, *The Organizational Complex: Architecture, Media, and Corporate Space*, Cambridge: MIT Press, 2003.

10 Uma dessas tentativas de codificar a arquitetura do período pós-guerra pode ser encontrada no livro de Sarah Williams Goldhagen e Réjean Legault, *Anxious Modernisms: Experimentation in Postwar Architecture Culture*, Montreal/Cambridge: Canadian Centre for Architecture/MIT Press, 2000.

11 Jean-François Lyotard, Answering the Question: What Is Postmodernism?, *The Postmodern Condition: A Report on Knowledge*, trans. Geoff Bennington e Brian Massumi, Minneapolis: University of Minnesota Press, 1984, p. 71. Para as citações acima, ver, respectivamente, F. Jameson, *Postmodernism or, The Cultural Logic of Late Capitalism*, p. 54; e idem, *Postmodernism*, p. 2; bem como idem, *A Singular Modernity: Essay on the Ontology of the Present*, New York: Verso, 2002; e a resenha de Andreas Huyssen desse livro, Memories of Modernism, *Harvard Design Magazine*, n. 20, Spring/Summer 2004, p. 90-95; idem, *After the Great Divide: Modernism, Mass Culture, Postmodernism*, Bloomington: Indiana University Press, 1986, p. 183-188; e David Harvey, *The Condition of Postmodernity*, Oxford: Oxford University Press, 1990, p. 4-6.

12 Sobre neokantismo e a revisão da historiografia modernista começando nos anos de 1950, ver Anthony Vidler, *Histories of the Immediate Present: Inventing Architectural Modernism*, Cambridge: MIT Press, 2008, p. 17-105.

13 Manfredo Tafuri, Les Cendres de Jefferson, *Architecture d'aujourd'hui*, n. 186, août.-sept. 1976, p. 53-72; revisado e reimpresso como "The Ashes of Jefferson", *The Sphere and the Labyrinth: Avant-Gardes and Architecture from Piranesi to the 1970s*, trans. Pelligrino d'Acierno e Robert Connolly, Cambridge: MIT Press, 1987, p. 291-303. Sobre o coletor como um arquétipo, ver Walter Benjamin, Eduard Fuchs, Collector and Historian, trans. Michael W. Jennings e Howard Eiland, em *Walter Benjamin: Selected Writings, v. 3, 1935-1938*, Cambridge: Harvard University Press, 2002, p. 260-302. Para um resumo das mútuas imbricações de passado, presente e futuro na noção de colecionar em Benjamin, ver Ackbar Abbas, Walter Benjamin's Collector: The Fate of Modern Experience, *New Literary History*, v. 20, n. 1, Autumn 1988, p. 217-237.

14 Conrad Fiedler introduziu a noção de "pura visibilidade" em seu "Über die Beurteilung von Werken der bildenden Kunst" (1876), em *Judging Works of Visual Art*, trans. Henry Schaefer-Simmern and Fulmer Mood, Berkeley: University of California Press, 1949. Sua única excursão na teoria da arquitetura, "Bemerkungen über Wesen und Geschichte der Baukunst" (1878), reproduz algumas das premissas do primeiro ensaio em uma análise do românico. Conrad Fiedler, Observations on the Nature and History of Architecture, trans. Harry Francis Mallgrave e Eleftherios Ikonomou, em Harry Francis Mallgrave; Eleftherios Ikonomou (eds.), *Empathy, Form, and Space: Problems in*

German Aesthetics, 1873-1893, Santa Monica: Getty Center for the History of Art and the Humanities, 1994, p. 125-146. Ver também a introdução de H.F. Mallgrave e E. Ikonomou ao mesmo livro citado logo anteriormente, p. 29-35.

15 Sobre o ambivalente estágio final do modernismo, ver em particular Felicity D. Scott, *Architecture or Techno-Utopia: Politics after Modernism*, Cambridge: MIT Press, 2007, e A. Vidler, op. cit.

16 Kenneth Frampton sugere a conexão com o stalinismo em "Towards a Critical Regionalism", em Hal Foster (ed.), op. cit., p. 19. Foi a singular contribuição de Manfredo Tafuri que demonstrou incansavelmente a assimilação da Utopia pelo desenvolvimento capitalista, começando com *Architecture and Utopia*.

17 A. Huyssen, Introduction: Modernism After Postmodernity, *New German Critique*, n. 99, Autumn 2006, p. 1-5.

1. Território

1 De acordo com seus biógrafos, em 1911, enquanto ainda era um gerente na NCR (National Cash Register), Thomas J. Watson escreveu a diretiva "THINK" (PENSE) em um quadro durante uma apresentação para capturar a atenção de sua equipe de vendas. Então, o fundador da NCR, John Henry Patterson, mandou colocar placas com o *slogan* em cada departamento da empresa. Contratado em 1914 pelo financista Charles Flint para tocar a CTR (Computing-Tabulating-Recording Company), que anteriormente havia se fundido à Tabulating Machine Company, de Herman Hollerith, Watson levou consigo o *slogan*, colocando-o em cada sala da empresa. Em 1924, ele mudou o nome da empresa para International Business Machines (IBM). Thomas Graham Belden e Marva Robins Belden, *The Lengthening Shadow: (The) Life of Thomas J. Watson*, Boston: Little, Brown, 1962, p. 157-159. No começo dos anos 1930, "THINK" havia se tornado o *slogan* não oficial da empresa. Ao identificar o pensamento produtivo com lealdade e conformismo, mesmo quando parece encorajar a autonomia intelectual, o *slogan* realiza um duplo vínculo que está em conformidade com a consolidação da "produção imaterial" como uma característica definidora do capitalismo corporativo do final do século XX. Sobre a produção imaterial e seus correlatos, ver, em particular, Maurizio Lazzarato, Immaterial Labor, em Paolo Virno; Michael Hardt (eds.), *Radical Thought in Italy: A Potential Politics*, Minneapolis: University of Minnesota Press, 1996, p. 133-147.

2 Ver D. Bell, *The Coming of Post-Industrial Society: A Venture in Social Forecasting*, New York: Basic Books, 1973; G. Deleuze, Postscript on Control Societies, *Negotiations 1972-1990*, trans. Martin Joughin, New York: Columbia University Press, 1995, p. 177-182; M. Hardt; A. Negri, *Empire*; A. Badiou, *The Century*, trans. Alberto Toscano, Malden: Polity Press, 2007.

3 Eu não uso o termo *território* no sentido escalar, mas no sentido de um espaço variavelmente demarcado ou delimitado. Nem faço distinção entre cidade e território, uma distinção que é familiar aos estudantes dos debates urbanos desde os anos 1960, que Pier Vittorio Aureli reintroduziu em uma discussão da cena italiana durante aquele período. Antes que associar (como Aureli faz) "território" com uma ênfase em infraestrutura urbana ou redes abertas, e "cidade" com artefatos urbanos discretos ou ilhas de forma arquitetônica, eu defendo abaixo que redes e ilhas não podem ser entendidas independentemente umas das outras. Na cidade pós-moderna, os dois termos não são opostos, mas, antes, conjugados para produzir topologias complexas em que interiores e exteriores estão multiplamente enlaçados. Para a posição de Aureli, ver *The Project of Autonomy: Architecture and the City Within and Against Capitalism*, New York: Buell Center for the Study of American Architecture/ Princeton Architectural Press, 2008.

4 Ver A. Rossi, *Architettura della città*, Padova: Marsilio, 1966.

5 Ver R. Venturi; D.S. Brown; S. Izenour, *Learning from Las Vegas*, Cambridge: MIT Press, 1972. O livro foi relançado em uma segunda edição revisada em 1977. Para uma leitura atenta e perspicaz de *Learning from Las Vegas*, ver Aron Vinegar, *I Am a Monument: On Learning from Las Vegas*, Cambridge: MIT Press, 2008. Ver também ensaios coletados em Aron Vinegar e Michael J. Golec (eds.), *Relearning from Las Vegas*, Minneapolis: University of Minnesota Press, 2009.

6 O discurso de Jürgen Habermas no Prêmio Adorno de 1980 foi primeiro traduzido por Seyla Benhabib como "Modernity Versus Postmodernity" (*New German Critique*, n. 22, Winter 1981, p. 3-14); ele foi republicado como "Modernity: An Incomplete Project", em Hal Foster (ed.), *The Anti-Aesthetic*, p. 3-15. A citação é da última publicação, p. 9.

7 Ver J. Habermas, *Modern and Postmodern Architecture, The New Conservatism: Cultural Criticism and the Historians' Debate*, ed. e trans. Shierry Weber Nicholsen, Cambridge: MIT Press, 1989, p. 3-21. O ensaio foi originalmente proferido como uma

NOTAS **·** **231**

palestra na abertura da exposição A Outra Tradição: Arquitetura em Munique de 1800 Até o Presente, em novembro de 1981.

8   Ver F. Jameson, Introduction, Postmodernism; A. Huyssen, *After the Great Divide: Modernism, Mass Culture, Postmodernism*, Bloomington: Indiana University Press, 1986; S. Benhabib, Epistemologies of Postmodernism: A Rejoinder to Jean-François Lyotard, *New German Critique*, n. 33, Autumn 1984, p. 103-126; D. Harvey, *The Condition of Postmodernity*; I. Hassan, *The Postmodern Turn: Essays in Postmodern Theory and Culture*, Columbus: Ohio State University Press, 1987; F. Lyotard, *Answering the Question: What Is Postmodernism?*, The Postmodern Condition, p. 71-82; T. Eagleton, *The Illusions of Postmodernism*, Malden: Blackwell, 1996; A. Callinicos, *Against Postmodernism: A Marxist Critique*, London: St. Martin's Press, 1989. Para uma história sucinta da teoria pós-modernista, ver Perry Anderson, *The Origins of Postmodernity*, New York: Verso, 1998.

9   Ver, por exemplo, F. Jameson, Periodizing the 60s, *The Ideologies of Theory: Essays 1971-1986, v. 2, The Syntax of History*, Minneapolis: University of Minnesota Press, 1989, p. 178-208.

10 Ver, em particular, D. Harvey, op. cit., capítulo 9, From Fordism to Flexible Accumulation, p. 141-172.

11 *Arquitetura parlante* é aquela que por meio da forma comunica sua função ou significado. Originalmente o termo foi associado às ideias do arquiteto francês Claude-Nicolas Ledoux (1736-1806). Na década de 1960, a arquitetura do movimento moderno foi criticada por sua incapacidade de comunicação, de transmitir significados e valores simbólicos. Houve então, em diferentes caminhos do pensamento arquitetônico, uma valorização da capacidade comunicativa da arquitetura. (N. da T.)

Architettura radicale: num período politicamente tumultuado da Itália, no final da década de 1960 e durante a de 1970, uma corrente de arquitetos e designers italianos se posicionou contra o ideário modernista e o próprio capitalismo. Trabalhando em coletivos – Archizoom, Superstudio, Studio Alchimia – desenvolveram uma produção que visava uma atuação antissistema. Com uma produção de caráter lúdico, queriam livrar o mundo das prescrições do passando, e de seus males.

Grupo Tendenza: trata-se de um movimento arquitetônico neorracionalista, surgido na Itália, fundamentado em dois textos teóricos: *L'architettura della città* (1966) de Aldo Rossi e *La construzione logica dell' architettura* (1967) de Giorgio Grassi. Além de Rossi e Grassi, faziam parte do grupo, entre outros: Franco Purini, Massimo Scolari, Enzo Bonfanti, Vittorio Gregotti e Carlo Aymonino. Se

insere entre os movimentos que procuraram rever as premissas teóricas do movimento moderno. A partir do entendimento de que a história da arquitetura constitui o material da arquitetura, foi desenvolvido um método de projeto baseado em premissas tipológicas em busca de arquétipos e formas primárias.

Nova monumentalidade (Louis Kahn): Já em 1943, Sidfried Giedion, Josep Luís Sert e Fernand Léger, elaboraram o documento "Nove Pontos Sobre a Monumentalidade", reconhecendo a necessidade cultural dos monumentos, para além da mera satisfação funcional da arquitetura. A obra de Louis Kahn (1901-1974), desenvolvida a partir da década de 1950, insere-se nessa linha de preocupação. Ele soube fazer uma obra enraizada na história e ainda assim moderna. Geometrias primárias, valorização da materialidade, emprego de grandes superfícies de parede, exploração dos efeitos de luz e sombra. Se é relativamente simples elencar alguns traços físicos da obra de Kahn, é mais complexo descrever seu ideário. Kahn acreditava que qualquer problema de arquitetura tinha uma dimensão essencial – a ser descoberta por meio de análise e intuição – e que devia ser respondido com um conceito central, a partir do qual a forma material era criada.

Team 10: No ambiente dos Congressos Internacionais de Arquitetura Moderna (CIAM), um grupo de arquitetos de uma geração mais jovem – nascidos nas décadas de 1910 e 1920 – começou a se formar no 9º Congresso Internacional da Arquitetura Moderna, em Aix-en-Provence, França, em 1953. O grupo acabou provocando um cisma, desafiando a abordagem doutrinária do CIAM especialmente no urbanismo. Conhecido como Team 10, o grupo organizou o 10º congresso, em Dubrovnik, Iugoslávia, 1956, que acabou sendo considerado como o último CIAM. Na verdade, houve ainda um CIAM dessa dissidência, em Otterlo, Holanda, em 1959. Faziam parte do Team 10, entre outros: Alison e Peter Smithson, Aldo van Eyck, Giancarlo De Carlo, Georges Candilis, Shadrach Woods, Jacob Bakema.

Herman Hertzberger (1932) e Aldo Van Eyck (1918-1999), arquitetos holandeses, Christopher Alexander (1934) arquiteto austríaco, radicado nos Estados Unidos, parecem ter em comum a ideia de que a forma arquitetônica não deve ser definitiva, nem a expressão de um único indivíduo, mas sim passível de apropriações, alterações e expansões, de acordo com as necessidades e desejos de seus usuários ao longo do tempo. Tanto Van Eyck quanto Alexander participaram do projeto PREVI, um concurso lançado na década de 1960 voltado ao desenvolvimento de soluções experimentais de projeto para moradia social, idealizado pelo então presidente do Peru Fernando Belaúnde Terry. As diretrizes do concurso contemplavam ideias como a previsão de autoconstrução em ampliações e o uso de modulação que regesse o crescimento das residências. (N. da T.)

12 Em adição a uma certa mentalidade topológica (que deve muito ao estruturalismo), percorrendo livremente boa parte da teoria cultural e política que cito abaixo, topologia foi uma ferramenta comum para a especulação arquitetônica durante os anos 1950 e 1960, tanto na Europa como nos Estados Unidos. Para um relato de seu impacto na França, ver Larry Busbea, *Topologies: The Urban Utopia in France, 1960-1970*, Cambridge: MIT Press, 2007. Para alguns exemplos anteriores da arquitetura e das artes visuais nos Estados Unidos, ver Anna Vallye, The Strategic Universality of Trans/Formation, 1950-1952, *Grey Room*, n. 35, Spring 2009, p. 28-57.

13 Ver, por exemplo, os comentários de Jameson sobre Venturi e Jencks em relação ao "populismo" comercializado da arquitetura pós-moderna, que ele avalia em contraste ao populismo oposicionista dos movimentos políticos anteriores. F. Jameson, *Postmodernism*, p. 2, 62-64.

14 R. Venturi; D. Scott Brown; S. Izenour, op. cit., p. 107. Na segunda edição do livro, isso foi emendado para "as aspirações de quase todos os estadunidenses, incluindo a maior parte dos moradores urbanos de baixa renda" (R. Venturi, D.S. Brown, S. Izenour, *Learning from Las Vegas*, 2. ed., Cambridge: MIT Press, 1977, p. 161).

15 Ibidem, p. 106. Nixon usou a construção "grande maioria silenciosa" em um discurso em 3 de novembro de 1969, ostensivamente em referência àqueles que não se opuseram à guerra no Vietnã, embora isso tenha sido também entendido por muitos em termos raciais. Respondendo a uma análise de Venturi e Scott Brown sobre o empreendimento habitacional Co-op City, no Bronx, na *Progressive Architecture*, em fevereiro de 1970, Ulrich Franzen escreveu, numa carta ao editor, que "em sintonia com a era presente, a pesquisa de Robert Venturi [sic] sobre Co-op City levanta o fantasma de uma arquitetura da 'maioria silenciosa'" (U. Franzen, Carta Para o Editor, *Progressive Architecture*, Apr. 1970, p. 8). Ele está se referindo a "Co-op City: Learning to Like It", de Robert Venturi e Denise Scott Brown, *Progressive Architecture*, Feb. 1970, p. 64-72. Pouco tempo depois, Kenneth Frampton perguntou, num debate com Scott Brown, conduzido sob os auspícios do Institute for Architecture and Urban Studies, em Nova York, com referência à teo-

ria urbana de Scott Brown e Venturi: "Deveriam os projetistas, como os políticos, esperar pelos ditames de uma maioria silenciosa e, se esse for o caso, como eles deveriam interpretá-los?" (K. Frampton, America 1960-1970: Notes on Urban Images and Theory, *Casabella*, n. 359-360, May-June 1971, p. 31.) Ao que Scott Brown respondeu, no mesmo volume: "Uma pessoa pode ser totalmente comprometida com direitos civis, progresso social e as necessidades dos pobres sem ter que odiar a baixa classe média que enfrenta injustiça também. Mas o conceito de uma maioria remediada a ser desprezada irá legitimar e expor muito do agora reprimido preconceito da alta classe média." (D.S. Brown, Reply to Frampton, *Casabella*, n. 359-360, May-June 1971, p. 43.) Nos debates arquitetônicos, o termo *maioria silenciosa* apenas parece ter assumido conotação racial (como "maioria branca silenciosa") com a publicação de *Learning from Las Vegas*, em 1972.

16 De acordo com Foucault, os "aparatos de segurança" devem ser distinguidos dos aparatos disciplinares que os acompanham, tais como prisões e hospícios, como segue: "Nas disciplinas, partiu-se de uma norma, e foi em relação ao treinamento realizado com referência à norma que o normal pôde ser distinguido do anormal." Enquanto no caso dos aparatos de segurança, "O normal vem primeiro e a norma é deduzida a partir dele." (M. Foucault, *Security, Territory, Population*, p. 63.) Na relação entre aparatos disciplinares e soberania territorial, ver também: Idem, "*Society Must Be Defended": Lectures at the Collège de France 1975-1976*, ed. Mauro Bertani e Alessandro Fontana, trans. David Macey, New York: Palgrave Macmillan, 2003, p. 35-40. Sobre a articulação de poder disciplinar e biopoder, ver: Ibidem, p. 239-261. Para um relato mais completo do último, ver: Idem, *The Birth of Biopolitics: Lectures at the Colège de France 1978-1979*, ed. Michel Senellart, trans. Graham Burchell. New York: Palgrave Macmillan, 2008.

17 Max Horkheimer; Theodor W. Adorno, *Dialectic of Enlightenment: Philosophical Fragments, ed. Gunzelin Schmid Noerr*, trans. Edmund Jephcott, Stanford: Stanford University Press, 2002, em particular, "The Culture Industry: Enlightenment as Mass Deception", p. 94-136; Marshall McLuhan, *Understanding Media: The Extensions of Man*, New York: McGraw-Hill, 1964. Para uma visão geral dos debates estadunidenses sobre o tema em meados dos anos 1950, ver Bernard Rosenberg; David Manning White (eds.), *Mass Culture: The Popular Arts in America*, New York: The Free Press, 1957. Adorno e Horkheimer usam o termo "cultura de massa" para designar o conteúdo da "indústria

NOTAS ▪ **233**

cultural". Em contraste, Raymond Williams omite "cultura de massa" de seu livro *Keywords*, embora inclua termos aproximados tais como "sociedade de massa" e "meios de comunicação de massa". Ele também observa a persistência, nos anos 1980, de um significado duplo dentro do termo "cultura popular": tanto positivo, no sentido de "bem quisto por muitas pessoas" (como em "popularidade"), bem como do "povo", quanto negativo, no sentido de "tipos inferiores de trabalho" e "trabalho deliberadamente delineado para cair no gosto". Essa dualidade de significado também transpõe para o sentido político de "populismo". Ver R. Williams, *Keywords: A Vocabulary of Culture and Society*, 2. ed., New York: Oxford University Press, 1983, p. 237-238. Para uma discussão incisiva das atitudes de Adorno a respeito de cultura de massa em relação ao pós-modernismo, ver A. Huyssen, op. cit., capítulo 2, Adorno in Reverse: From Hollywood to Richard Wagner, p. 16-43.

18 Ver R. Venturi, *Complexity and Contradiction in Architecture*, p. 22-23.

19 A. Rossi, *The Architecture of the City*, p. 162-163.

20 Op. cit., p. 83-85.

21 Ver P. Eisenman, The Houses of Memory: The Texts of Analogy, introdução do editor para A. Rossi, *The Architecture of the City*, p. 10.

22 Ibidem.

23 Ibidem, p. 9-11. A tradução definitiva da passagem em Alberti é "The city is like some large house, and the house is in turn like some small city" (Leon Battista Alberti, *On the Art of Building in Ten Books*, trans. Joseph Rykwert, Neil Leach e Robert Tavernor, Cambridge: MIT Press, 1998, p. 23).

24 P. Eisenman, The Houses of Memory, em A. Rossi, *The Architecture of the City*, p. 11.

25 Aqui está a passagem tirada das notas de Foucault, conforme publicada em *Naissance de la biopolitique: cours au Collège de France 1978-1979*, ed. Michel Senellart, Paris: Gallimard, 2004, p. 266: "Non pas un individualization uniformisante, identificatoire, hiérarchisante, mais une environmentalité ouverte aux aléas at aux phénomès transversaux. Latéralité." Ênfase acrescentada. Embora a tradução inglesa torne *environmentalité* em *environmentalism*, mantive a tradução mais literal, que ressoa com a noção de governabilidade de Foucault. Ver M. Foucault, *The Birth of Biopolitics*, p. 261. Em uma passagem relacionada, Foucault também se refere à "tecnologia ambiental" e "psicologia ambiental" como elementos de "uma sociedade na qual há uma otimização dos sistemas de diferença". Ibidem, p. 259.

26 Ver, por exemplo, Paul Virilio, *Lost Dimension*, trans. Daniel Moshenberg, New York: Semiotex-

t[e], 1991, particularmente capítulo 1, "The Overexposed City", p. 9-27.

27 R. Venturi, op. cit., p. 89. Venturi está citando o artigo de Herbert A. Simon, The Architecture of Complexity, *Proceedings of the American Philosophical Society*, v. 106, n. 6, Dec. 12, 1962, p. 467-482.

28 Ibidem, p. 102.

29 Ver *Empire*, p. 336-337.

30 *Homo Sacer: Sovereign Power and Bare Life*, trans. Daniel Heller-Roazen, Stanford: Stanford University Press, 1998, p. 37.

31 Ibidem, p. 169-170.

32 A. Rossi, *A Scientific Autobiography*, conforme citado em Eisenman, "The Houses of Memory", em A. Rossi, *The Architecture of the City*, p. 10. Como publicado em 1981, a tradução de Lawrence Venuti da passagem de Rossi entende levemente diferente: "cidades, mesmo que durem séculos, são na realidade grandes acampamentos dos vivos e dos mortos onde uns poucos elementos permanecem como sinais, símbolos, avisos" (A. Rossi, *A Scientific Autobiography*, trans. Lawrence Venuti, Cambridge: MIT Press, 1981, p. 20). Na versão italiana, publicada em 1999, Rossi escreve: "la città, anche se durano secoli, solo in realtà dei grandi accampamenti di vivi e di morti dove restano alcuni elementi come segnali, simboli, avvertimenti" (Idem, *Autobiografia Scientifica*, Milano: Nuova Pratiche, 1999, p. 31). Como fica claro pelo restante da passagem, bem como pelo texto que a precede, Rossi está se referindo a acampamentos de férias como aquele em Sevilha que ele descreve como "rigorosamente traçado como uma cidade romana" (*Scientific Autobiography*, p. 20). No entanto, mantenho a tradução de Eisenman como, no mínimo, evidência circunstancial da omissão entre dois tipos diferentes de acampamentos, para lazer e para confinamento, sobre o que elaboro abaixo.

33 Ver D. Harvey, op. cit., p. 85.

34 Ver Stephen Graham; Simon Marvin, *Splintering Urbanism, Networked Infrastructures, Technological Mobilities and the Urban Condition*, London: Routledge, 2001.

35 A obra de Teresa Caldeira sobre São Paulo é especialmente relevante aqui. Ver T.P.R. Caldeira, *City of Walls: Crime, Segregation, and Citizenship in São Paulo*, Berkeley: University of California Press, 2000.

36 Ver G. Agamben, op. cit., p. 38.

37 Ibidem, p. 175. Sobre seus exemplos de *zones d'attentes* provisórias (porém crescentemente permanentes) – o estádio em Bari, no qual imigrantes ilegais albaneses foram arrebanhados em 1991; o velódromo em que as autoridades de Vichy reuniram os judeus destinados aos campos; o Hôtel les Arcades, em Roissy, no qual os solicitantes de asilo somali foram detidos, em 1992 –, destacando indiretamente o caráter relacional do paradigma dentro-fora, ver na p. 174. Por exemplo, o Hôtel les Arcades é perto do aeroporto de Orly, em Paris, e estava, portanto, disponível para que as autoridades o designassem como uma extensão de fato da "zona internacional" juridicamente indeterminada do aeroporto. Muitos seguiram a orientação de Agamben na associação do acampamento como um diagrama biopolítico – entendido no sentido foucaultiano de uma virtualidade organizadora como o panóptico – com uma série de casos atuais como campos de refugiados, campos de detenção e outras brechas na paisagem político-jurídica contemporânea, com resultados variáveis. Para uma visão geral, ver Richard Ek, Giorgio Agamben and the Spatialities of the Camp: An Introduction, *Geografiska Annaler, Series B: Human Geography*, v. 88, n. 4, 2006, p. 363-386. Ver também Zygmunt Bauman, *Society Under Siege*, Malden: Blackwell, 2002, e Bülent Diken; Carsten Bagge Lausten, *The Culture of Exception: Sociology Facing the Camp*, New York: Routledge, 2005.

38 Ver G. Agamben, What Is a Camp?, *Means without Ends: Notes on Politics*, trans. Vincenzo Binetti e Cesare Casarino, Minneapolis: University of Minnesota Press, 2000, p. 42. Sobre o acampamento e a comunidade fechada, ver em particular B. Diken e C.B. Lausten, op. cit., p. 79-100. Ver também Z. Bauman, op. cit., p. 114-117.

39 G. Agamben, What Is a Camp?, *Means without Ends*, p. 41.

40 Para uma breve história do condomínio fechado nos Estados Unidos, ver Setha Low, *Behind the Gates: Life, Security and the Pursuit of Happiness in Fortress America*, New York: Routledge, 2003, p. 13-16. Ver também Dolores Hayden, *Building American Suburbia: Green Fields and Urban Growth, 1820-2000*, New York: Pantheon Books, 2003.

41 Para uma revisão abrangente do discurso do "declínio urbano" com o qual práticas de "renovação" foram associadas nos Estados Unidos, ver Robert A. Beauregard, *Voices of Decline: The Postwar Face of U.S. Cities*, 2. ed., New York: Routledge, 2003.

42 Ver Katharine G. Bristol, The Pruitt-Igoe Myth, *Journal of Architectural Education*, v. 44, n. 3, May 1991, p. 163-171. Ver também Lee Rainwater, *Behind Ghetto Walls: Black Families in a Federal Slum*, Chicago: Aldine, 1970.

43 *Defensible Space: Crime Prevention Through Urban Design*, New York: Macmillan, 1972, p. 3.

44 *The Language of Post-Modern Architecture*, 4th rev. ed., London: Rizzoli, 1984, p. 9. Essa mesma fotografia também foi reproduzida sem menção por Colin Rowe e Fred Koetter na introdução de *Collage City*, p. 7, cujo capítulo de abertura tem o título "Utopia: Decline and Fall?", p. 9-31.

45 Ver O. Newman, op. cit., p. 207.

46 Ibidem, p. 56-58.

47 Ibidem.

48 Ibidem, p. 203.

49 Ibidem, p. 195.

50 Ibidem, p. 197.

51 Ibidem, p. 203.

52 Ibidem, p. 205-206. Sobre a emergência do risco como uma categoria epistemológica (e uma dimensão do capital) no século XIX, ver François Ewald, Insurance and Risk, em Graham Burchell; Colin Gordon; Peter Miller (eds.), *The Foucault Effect: Studies in Governmentality*, Chicago: University of Chicago Press, 1991, p. 197-210.

53 Essa divisão, e a "guetização" da criminalidade que a acompanha, também pode ser reinterpretada como marca de uma transição que se afasta de uma antropologia do criminoso e da eliminação da criminalidade racional e absoluta que Foucault associa ao panopticismo do início do século XIX e outras práticas reformistas, em direção à tolerância de um certo grau de criminalidade considerado aceitável de acordo com a racionalidade econômica de fórmulas de custo e benefício, como nas taxas de criminalidade que Newman cita. Ver M. Foucault, *The Birth of Biopolitics*, p. 248-260.

54 Ibidem, p. 259-260. Em particular, Foucault se refere aqui ao "ambiente de mercado" como um meio específico em que a subjetivação ocorre sob a "ambientalidade" neoliberal.

55 Sobre a centralidade da noção de "capital humano" no neoliberalismo estadunidense, e em particular sua distinção da noção marxiana de força de trabalho, ver M. Foucault, *The Birth of Biopolitics*, p. 219-233. Isso é confirmado ainda por outros desenvolvimentos sincrônicos, tal como a progressiva interdependência de trabalho e prazer analisada por Jacques Donzelot no emergente estado "corporativo" pós-taylorista: "um princípio de continuidade, uma circularidade ininterrupta [...] entre o registro da produção e da produtividade, e aquele da administração sanitária e social da sociedade" (J. Donzelot, Pleasure in Work, em G. Burchell; C. Gordon; P. Miller [eds.], *The Foucault Effect*, p. 279).

56 Ver Thomas More, *Utopia*, trans. Robert M. Adams, New York: W.W. Norton, 1975, p. 50-52; 74.

57 Ver F. Jameson, *Postmodernism*, p. 127. Sobre pós-modernismo e biopoder, ver M. Hardt; A. Negri, op. cit., p. 146-154; 187-190; 280-303.

58 Jameson cita a casa de Gehry pelo o que ele chama de sua "tentativa de imaginar um pensamento material", enquanto no processo condena Gehry com elogios fracos, sugerindo que, embora a casa efetivamente modele as contradições do hiperespaço pós-moderno, a questão quanto a se ela é capaz de gerar o que Jameson chama uma "nova linguagem espacial utópica" permanece não respondida. F. Jameson, *Postmodernism*, p. 128-129.

59 Para uma coletânea dos escritos de Jameson sobre ficção científica utópica, ver *Archaeologies of the Future: The Desire Called Utopia and Other Science Fictions*, London: Verso, 2005.

60 Ver Z. Bauman, op. cit., p. 116-117.

61 Ver *Utopics: The Semiological Play of Textual Spaces*, trans. Robert A. Vollrath, Amherst: Prometheus Books, 1984. Os diagramas estão na página 117.

62 Ibidem, p. 103.

63 Sobre a dialética de duas "utopias" Americanas, ver M. Tafuri, *Architecture and Utopia: Design and Capitalist Development*, p. 30-40. Sobre "hiper-modernismo", ver idem, "L'Architecture dans le boudoir": The Language of Criticism and the Criticism of Language, Oppositions, n. 3, May 1974, p. 55; e também idem, *Interpreting the Renaissance: Princes, Cities, Architects*, trans. Daniel Sherer, New Haven: Yale University Press/Harvard University Graduate School of Design, 2006, p. xxvii.

64 Ver L. Marin, op. cit., p. 240.

65 Ver You Have Got to Pay for the Public Life, *Perspecta*, v. 9-10, 1965, p. 57-87.

66 Ibidem, p. 59.

67 L. Marin, op. cit., p. 246.

68 O trabalho de Mike Davis permanece indispensável aqui. Sobre a cidade-como-condomínio-fechado, ver seu clássico inicial, *City of Quartz: Excavating the Future in Los Angeles*, New York: Verso, 1990; sobre favelas como um componente estrutural da urbanização pós-moderna, ver *Planet of Slums*, New York: Verso, 2006. Para um estudo de caso mais sutil sobre as inter-relações entre os enclaves murados ou fechados e as favelas em São Paulo (incluindo uma comparação com Los Angeles), ver T.P.R. Caldeira, op. cit. Sobre as antinomias da pós-modernidade, ver F. Jameson, *The Seeds*

of Time, New York: Columbia University Press, 1994, p. 1-71. Substituindo a oposição tradicional da utopia à distopia pela da Utopia/anti-Utopia como uma dessas antinomias (que eu modifico aqui ligando-a ao moderno), Jameson lembra-nos de uma importante distinção entre textos distópicos, que são geralmente narrativos na forma, e os utópicos, que são descritivos. Nesse último, a descrição tende a girar em torno de algum tipo de "máquina utópica" ou mecanismo, para o que Jameson usa o relato de Rem Koolhaas acerca das invenções gêmeas do elevador e da trama urbana em grelha em *Delirious New York* como um exemplo (*The Seeds of Time*, p. 55-58).

69 Esse está entre os temas principais de Jameson em *Archaeologies of the Future*.

70 M. Foucault, The Thought of the Outside, trans. Brian Massumi, em James D. Faubion (ed.), *Michel Foucault: Aesthetics, Method, and Epistemology*, New York: New Press, 1998, p. 147-169.

71 Idem, Different Spaces, trans. Robert Hurley, em J.D. Faubion (ed.), op. cit., p. 175-185. Sobre o caráter topológico do pensamento de Foucault, ver G. Deleuze, Topology: 'Thinking Otherwise', em G. Deleuze, *Foucault*, trans. Seán Hand, Minneapolis: University of Minnesota Press, 1988, p. 45-123.

72 Para uma elaboração da divisa ou limite utópico como "fronteira", ver Louis Marin, Frontiers of Utopia: Past and Present, *Critical Inquiry*, v. 19, n. 3, Spring 1993, p. 397-420. Para Marin, Utopia é "a figura do horizonte", um tipo de infinito "espaço intermediário" (*in between*) ou limiar, "a figura do limite e da distância, a passagem de fronteiras dentro do 'vão' entre termos opostos, nem este, nem aquele", p. 412. A exterioridade interna da Utopia pela qual argumento aqui é uma condição espacialmente paradoxal, e não meramente ambígua ou ambivalente.

73 Sobre a escolha "não ser governado assim", ver M. Foucault, What Is Critique?, trans. Lysa Hochroth, em Sylvère Lotringer (ed.), *The Politics of Truth*, New York: Semiotext(e), 1997, p. 41-81.

2. História

1 M. Tafuri, Les Cendres de Jefferson, *Architecture d'aujourd'hui*, n. 186, Aug.-Sept. 1976, p. 53-72; revisado e reimpresso como The Ashes of Jefferson, *The Sphere and the Labyrinth: Avant-Gardes and Architecture from Piranesi to the 1970s*, p. 291-303. Tafuri repetiu a mesma afirmação em outra versão desse texto publicada em 1976 como "European Graffiti": Five × Five = Twenty-Five, trans. Victor Caliandro, *Oppositions*, n. 5, Summer 1976, p. 57.

2 O termo faz menção ao pensamento do russo Viktor Chklovski (1893-1984) – crítico literário e escritor. Integrante do formalismo russo, ele desenvolveu a conceituação do estranhamento na arte. O papel da arte seria desfamiliarizar o conhecido, aumentar a dificuldade de percepção e, com isso, ampliar a capacidade de percepção. N. da T.)

3 Os "White" – arquitetos Peter Eisenman, John Rejduk, Charles Gwathmey, Richard Meier e Michael

Graves – tiveram sua obra reunida no livro *Five Architects* (Cinco Arquitetos; Wittenborn, 1973) a partir de sua participação numa série de encontros realizados pelo comitê de arquitetos para o estudo do meio-ambiente no MOMA. Eles defendiam uma arquitetura autônoma e autorreflexiva, inevitavelmente hermética, em tese, em continuidade ao experimentalismo formal da vanguarda moderna. Uma resposta aos White foi organizada por Robert Stern no número de maio de 1973 da revista *Architectural Forum*, no ensaio crítico "Five on Five". Nesse ensaio, cinco arquitetos – Jaquelin Robertson, Allan Greenberg, Robert Stern, Charles Moore e Romaldo Giurgola – analisam a obra dos White de um ponto de vista contrário, grosso modo alinhados com as ideias de Robert Venturi, ou seja, com a defesa de uma arquitetura comunicativa, inclusiva, comprometida com a realidade. Na polêmica esses arquitetos eram os Gray. (N. da T.)

4 Ver Francis Fukuyama, *The End of History and the Last Man*, New York: Avon Books, 1992, capítulo 9, The Victory of the VCR, p. 98-108. Para um tratamento detalhado da tese de Fukuyama do "fim da história", ver Perry Anderson, *A Zone of Engagement*, London: Verso, 1992, p. 279-375.

5 Embora Fukuyama não use o temo *pós-modernismo*, ele identifica sim o relativismo cultural como uma das propriedades do "fim da história" (F. Fukuyama, op. cit., p. 306-307).

6 Jacques Derrida, *Specters of Marx: The State of the Debt, The Work of Mourning, and The New International*, trans. Peggy Kamuf, New York: Routledge, 1994, p. 69.

7 Embora o título original, italiano, do livro *Architecture and Utopia* de Manfredo Tafuri seja *Progetto e utopia: Architettura e sviluppo capitalistico* (Bari: Laterza, 1973), o uso frequente do termo progetto é, como Andrew Leach coloca, "elástico" em suas conotações. Andrew Leach, *Manfredo Tafuri: Choosing History*, Ghent: A & S Books, 2007, p. 249.

8 Ver Georg Simmel, *The Philosophy of Money*, trans. Tom Bottomore e David Frisby, New York: Routledge, 1990. Em particular, capítulo 6, The Style of Life, p. 429-512.

9 Ver Michel Serres, *Hermes: Literature, Science, Philosophy*, ed. Josué V. Harari e David F. Bell, Baltimore: Johns Hopkins University Press, 1982, capítulo 7, The Origin of Language: Biology, Information Theory, Thermodynamics, p. 71-83, sobre um "feixe de tempos" organizado em torno de *feedback*.

10 Ver F. Jameson, *Postmodernism*, p. 90.

11 M. Tafuri, *The Sphere and the Labyrinth*, p. 302. (Grifo no original.)

12 A campanha viu um grupo chamado Swift Boat Veterans for Truth patrocinar uma série de propagandas com ataques não fundamentados contra a candidatura de John Kerry, candidato democrata à presidência, que comandou um barco Swift da marinha estadunidense durante a Guerra do Vietnã.

13 Jameson discute o "absoluto pessimismo" de Tafuri em *Postmodernism*, p. 60-62.

14 Para uma visão geral do discurso pós-teórico (ou "pós-crítico") na arquitetura, ver George Baird, "Criticality" and Its Discontents, *Harvard Design Magazine*, n. 21, Autumn 2004-Winter 2005, p. 16-21. Ver também Reinhold Martin, Critical of What? Toward a Utopian Realism, *Harvard Design Magazine*, n. 22, Spring-Summer 2005, p. 104-109.

15 M. Tafuri, *The Sphere and the Labyrinth*, p. 300.

16 Ver Paul N. Edwards, *The Closed World: Computers and the Politics of Discourse in Cold War America*, Cambridge: MIT Press, 1996, capítulo 4, From Operations Research to the Electronic Battlefield, p. 113-145.

17 Buckminster Fuller estava buscando converter a produção tecnológica do complexo militar-industrial estadunidense de "favorecedora de morte" para "favorecedora de vida" (N. da T.)

18 Ver F. Lyotard, *The Postmodern Condition*, p. 55-56.

19 Richard Buckminster Fuller, World Game: How It Came About, *Fifty Years of the Design Science Revolution and the World Game*, Carbondale: World Resources Inventory, Southern Illinois University, 1969, p. 114.

20 Felicity D. Scott, *Architecture or Techno-Utopia*, p. 202-204.

21 Ver R.B. Fuller, World Game: How It Came About, op. cit., p. 111.

22 F. Jameson, op. cit., p. 105.

23 Ibidem, p. 117.

24 Ibidem, p. 127.

25 Ver Manfredo Tafuri; Francesco Dal Co, *Modern Architecture*, v. 2, trans. Robert Erich Wolf, New York: Rizzoli, 1986, capítulo 17, The Activity of the Masters after World War II, p. 309-314.

26 Ver R. Martin, *The Organizational Complex: Architecture, Media, and Corporate Space*.

27 Ver R. Venturi; D.S. Brown; S. Izenour, *Learning from Las Vegas*, p. 65, 100.

28 Ver F. Jameson, op. cit., p. 38-45.

29 Colin Rowe, introdução a *Five Architects: Eisenman Graves Gwathmey Hejduk Meier*, New York: Wittenborn & Company, 1972, p. 4. Sobre a Escola de Chicago, ver idem, Chicago Frame: Chicago's Place in the Modern Movement, *Architectural Review*, n. 120, Nov. 1956, p. 285-289.

30 Para uma leitura do Seagram Building, que amplia a interpretação de Tafuri ainda mais na direção de Adorno e Horkheimer, ver Kenneth Michael Hays, Odysseus and the Oarsman, or Mies's Abstraction Once Again, em Detlef Mertins (ed.), *The Presence* *of Mies*, New York: Princeton Architectural Press, 1994, p. 235-248.

31 Ver Five on Five, resposta a Five Architects organizada por Robert Arthur Morton Stern, *Architectural Forum*, n. 138, May 1973, p. 46-57. Os artigos incluídos foram Robert A.M. Stern, Stompin' at the Savoye, p. 46-48; Jaquelin Robertson, Machines in the Garden, p. 49-53; Charles Moore, In Similar States of Undress, p. 53-54; Allan Greenberg, The Lurking American Legacy, p. 54-55; e Romaldo Giurgola, The Discreet Charm of the Bourgeoisie, p. 56-57. Ver também Peter Eisenman e Robert A.M. Stern (eds.), White and Gray: Eleven Modern American Architects, *Architecture and Urbanism*, n. 4, Apr. 1975, p. 25-180.

32 Vincent Joseph Scully Jr., *The Shingle Style and the Stick Style: Architectural Theory and Design from Richardson to the Origins of Wright*, ed. rev., New Haven: Yale University Press, 1971, p. xix-xx.

33 J.G. Ballard, *The Atrocity Exhibition*, London: Jonathan Cape, 1969, p. 23.

34 Ibidem, p. 68.

35 Além disso, como Crary coloca, um meio de comunicação de massa como a televisão agora se torna principalmente um "dispositivo de trocas", otimizando e assim intensificando esses fluxos, "enquanto, ao mesmo tempo, impõe intrincados circuitos de controle". J. Crary, Eclipse of the Spectacle, em Brian Wallis (ed.), *Art After Modernism: Rethinking Representation*, New York/Boston: New Museum of Contemporary Art/David R. Godine, 1984, p. 293.

36 J.G. Ballard, op. cit., p. 107.

37 Friedrich Kittler formulou uma genealogia esquemática de "guerra midiática" em termos das "estratégias do Real" associada a diferentes mídias técnicas, desde a mídia do armazenamento da Primeira Guerra Mundial, à mídia de transmissão da Segunda Guerra Mundial, até a mídia da computação universal da Strategic Defense Initiative (SGI), de Ronald Reagan. Ver F. Kittler, Media Wars: Trenches, Lightning, Stars, em John Johnston (ed.), *Literature, Media, Information Systems: Essays*, Amsterdam: G + B Arts International, 1997, p. 117-129.

38 Ver Ulrich Beck, *Risk Society: Towards a New Modernity*, trans. Mark Ritter, London: Sage Publications, 1992; Anthony Giddens, *The Consequences of Modernity*, Stanford: Stanford University Press, 1990; Ulrich Beck; Anthony Giddens; Scott Lash, *Reflexive Modernization: Politics, Tradition and Aesthetics in the Modern Social Order*, Stanford: Stanford University Press, 1994.

39 Ver F. Jameson, *A Singular Modernity: Essay on the Ontology of the Present*, p. 29.

40 "End of Art" or "End of History"?, *The Cultural Turn: Selected Writings on the Postmodern*, 1983-1998, New York: Verso, 1998, p. 90. Sobre pós-história, ver P. Anderson, op. cit., capítulo 13, The Ends of History, p. 279-375.

41 Há algumas afinidades entre o que eu estou descrevendo como uma "periodicidade assíncrona" anacrônica e a noção de temporalidades "não síncronas", que Ernest Bloch desenvolveu para explicar o apelo do fascismo na classe trabalhadora, mas em reverso. Embora potencialmente tão tecnocrática como as utopias planejadas racionalmente que Bloch considera como inautênticas, a periodicidade incorporada no *loop de feedback* também carrega com ela uma "iluminação antecipatória" que é mais próxima daquela elaborada por Block em *The Principle of Hope* (O Princípio da Esperança) e em outros lugares. Sobre temporalidades não síncronas, ver Ernst Bloch, Nonsynchronism and the Obligation to Its Dialectics, trans. Mark Ritter, *New German Critique*, n. 11, Spring 1977, p. 22-38; ver também Anson Rabinbach, Ernst Bloch's Heritage of Our Times and the Theory of Fascism, na mesma edição, p. 5-21. Sobre a "iluminação antecipatória", ver Ernst Bloch, *The Principle of Hope*, v. 3, trans. Neville Plaice, Stephen Plaice, e Paul Knight, Cambridge: MIT Press, 1986; ver também Ernst Bloch, The Artistic Illusion as the Visible Anticipatory Illumination, *The Utopian Function of Art and Literature: Selected Essays*, trans. Jack Zipes e Frank Mecklenburg, Cambridge: MIT Press, 1988, p. 141-155. Para a visão de Bloch sobre arquitetura, ver Building in Empty Spaces, *The Utopian Function of Art and Literature*, p. 185-199.

42 David Joselit explora estratégias relacionadas de prática artística crítica na era da televisão em rede em *Feedback: Television against Democracy*, Cambridge: MIT Press, 2007.

43 Citado em Marilyn B. Young, *The Vietnam Wars 1945-1990*, New York: HarperCollins, 1991, p. 190.

44 Ibidem, p. 191.

45 Skidmore, Owings & Merrill, Saigon South Master Plan, disponível em: <http://www.som.com>. Ver também Richard Marshall, *Emerging Urbanity: Global Urban Projects in the Asia Pacific Rim*, London: Routledge, 2002, bem como o Central Trading & Development Group website, disponível em: <http://www.saigonsouth.com>, e Kristen Bole, Cushman & Wakefield Invades Vietnam, *San Francisco Business Times*, 25 July 1997, disponível em: <http://sanfrancisco.bizjournals.com>.

46 Sobre Operation Igloo White, ver P.N. Edwards, op. cit., p. 3-6, 142.

47 Huntington, citado em Michael E. Latham, Knowledge at War: American Social Science and Vietnam, em Marilyn B. Young; Robert Buzzanco (eds.), *A Companion to the Vietnam War*, Malden: Blackwell, 2002, p. 435.

48 Ibidem.

3. Linguagem

1 Ver Michel Foucault, *Naissance de la biopolitique*, p. 266. *Environmentalité* (ambientalidade) está traduzido como "environmentalism" (ambientalismo) em M. Foucault, *The Birth of Biopolitics*, p. 261.

2 Statement About the National Environmental Policy Act of 1969, 1º Jan. 1970, The Richard Nixon Library and Birthplace Archives (RNLBA), disponível em: <http://www.nixonfoundation.org>.

3 Idem, Special Message to the Congress on Environmental Quality, 10 Feb. 1970, RNLBA, disponível em: <http://www.nixonfoundation.org>.

4 Ibidem.

5 U. Beck, *Risk Society*, p. 21. (Grifo no original.) Sobre a noção biológica do meio, ver Georges Canguilhem, The Living and Its Milieu, trans. John Savage, *Grey Room*, n. 3, Spring 2001, p. 7-31. Sobre a representação do meio, ver também Edward Eigen, Dark Space and the Early Days of Photography as a Medium, Grey Room, n. 3, Spring 2001, p. 90-111.

6 M. Foucault, *The Order of Things: An Archeology of the Human Sciences*, London: Tavistock, 1970, p. 382.

7 Ver U. Beck, op. cit., p. 74.

8 National Environmental Policy Act of 1969, Sec. 102-A (42 USC 4332).

9 Ver Gyorgy Kepes, Art and Ecological Consciousness, em G. Kepes (ed.), *Arts of the Environment*, New York: George Braziller, 1972, p. 4-5. Kepes acrescenta que "os artistas passaram a reconhecer que sua imaginação criativa e sensibilidade não são nem autogeradas, nem independentes: elas pertencem ao campo ambiental mais amplo da natureza e da sociedade" (p. 5). Assim, a lista dos colaboradores que ele compilou para articular o papel regulador e homeostático da arte dentro desse "sistema total" incluiu o microbiologista Rene Dubos, o físico Dennis Gabor, o antropólogo Edward T. Hall, o psicólogo Erik H. Erikson, o historiador Leo Marx, o planejador Kevin Lynch, o arquiteto Dolf Schnebli, o crítico de arquitetura James T. Burns Jr., o cientista da computação Jay W. Forrester, o arquiteto Eduardo Terrazas, os artistas ambientais Pulsa, o artista Robert Smithson e o bioquímico Albert Szent-Gyorgi.

10 Ver Leo Marx, American Institutions and the Ecological Ideal, em G. Kepes (ed.), op. cit., p. 78-97. O que foi único sobre a entrada do "meio ambiente" nessa arena – no contexto estadunidense em particular – foi que ela coincidiu com a resistência à intervenção governamental no rescaldo do New Deal e da Great Society de Johnson. De fato, Marx considerou a capacidade limitada do governo em responder ao que ele denominou como "ideal ecológico" e foi cético quanto à disposição da administração Nixon de realmente alocar fundos para apoiar sua retórica.

11 Ibidem, p. 93.

12 Ibidem.

13 Ibidem.

14 De acordo com Marx, a perspectiva ecológica "põe em questão os propósitos de controle de todas as principais instituições que determinam de fato o impacto da nação sobre o meio ambiente: as grandes corporações de negócios, o *establishment* militar, as universidades, as elites científicas e tecnológicas e o estimulante etos expansionista pelo qual todos nós vivemos". Ibidem, p. 96.

15 Ver T. Maldonado, *Design, Nature, and Revolution: Toward a Critical Ecology*, trans. Mario Domandi, New York: Harper & Row, 1972, p. 133-134, 3n.

16 Ibidem, p. 76.

17 Ibidem, p. 133-134, 3n. E assim como Leo Marx, Maldonado observou o papel determinante da história: "O saque feroz da natureza levado a cabo nos últimos dois séculos seria incompreensível sem um exame cuidadoso das modalidades operativas desses fatores históricos. Na prática, isso significa que a questão relativa ao escândalo da sociedade deve preceder a questão relativa ao escândalo da natureza." (p. 76.) Que essa noção pressuponha a consistência interna do sistema e não veja a produção dessa consistência (ou normalidade) em si como um processo político não é surpreendente, porque deriva em parte da sociologia conservadora e especificamente antirrevolucionária (ou seja, antimarxista) de Vilfredo Pareto, cujo pensamento informou as hipóteses sociobiológicas de Lawrence Joseph Henderson, mentor de Parson em Harvard. O esforço de Maldonado, então, para esclarecer o uso popular do termo *sistema* pela referência à distinção de von Bertalanffy entre sistemas fechados (para Maldonado, os autoritários) e sistemas adequadamente abertos, é limitado por essa suposição, porque dentro do seu discurso, um discurso de ecossistema integrado, nada está fora do "sistema" como tal. Há apenas escolhas entre sistemas abertos e sistemas fechados. Em outras palavras, a degradação ambiental marcou um escândalo do sistema de sistemas, no qual a folha do balanço da humanidade mostrou duas contas, uma com a natureza e uma com a sociedade, em interdependência e crise mútuas.

18 Ibidem, p. 60-61. A extensão do meio ambiente do âmbito biológico ao social não foi perdida em Ni-

xon, que observou, de seu retiro em São Clemente, que "ele não envolve apenas ar, água e tráfego, que são os óbvios, mas também envolve espaço livre, tempo de lazer. O que as pessoas vão fazer? Enquanto dirigimos, por exemplo, vimos uma placa apontando para o Mundo do Lazer. Eu não sei se algum de vocês esteve lá. Eu fui para lá alguns anos, quinze anos atrás. Esse é um dos muitos projetos interessantes que estão sendo desenvolvidos para pessoas mais velhas, onde elas moram. As pessoas vivem mais tempo quando se aposentam mais cedo, quando têm férias mais longas. Há a questão do que vamos fazer com eles, para onde eles vão. É por isso que estamos analisando esses problemas em termos muito mais amplos do que simplesmente os imediatos do ar, da água e assim por diante". Richard M. Nixon, Remarks on Signing the National Environmental Policy Act of 1969, 1 Jan. 1970, RNLBA, disponível em: <http://www.nixonfoundation.org>.

19 Ver T. Maldonado, op. cit., p. 119-120, 2n.

20 Ver Gyorgy Kepes, *Language of Vision*, Chicago: Paul Theobald, 1944. Kepes expressa gratidão a Morris por seus comentários sobre o manuscrito nos agradecimentos do livro, p. 4.

21 Ao passo que Venturi também citou Kepes sobre a interação entre organismo e meio ambiente, no contexto de sua própria leitura da psicologia da Gestalt da ambiguidade figural, em *Complexity and Contradiction in Architecture*. Ver R. Venturi, *Complexity and Contradiction in Architecture*, p. 85.

22 Ver K. Lynch, *The Image of the City*, Cambridge: MIT Press, 1960.

23 Ver G. Kepes, citado na Universidade de Princeton, *Planning Man's Physical Environment*, série 2, conferência 5, Princeton: Princeton University, 1946, p. 21. Kepes acrescentou que "o mundo que o homem construiu é sem sinceridade, sem escala, sem limpeza, distorcido no espaço, sem luz e covarde na cor. Ele combina um padrão mecanicamente preciso de detalhes num todo sem forma. Ele é opressivo em sua falsa monumentalidade, ele é degradante em sua forma mesquinha e subserviente de elevação frontal decorativa. O homem vivendo nesse meio ambiente falso e estragado, emocional e intelectualmente, pelos prospectos terríveis de uma sociedade caótica, não pode evitar de ter sua sensibilidade, o fundamento de sua faculdade criativa, prejudicada" (p. 21).

24 Ver C. Rowe; R. Slutzky, Transparency: Literal and Phenomenal, *Perspecta*, v. 8, 1963, p. 45.

25 Idem, Transparency: Literal and Phenomenal... Part II, *Perspecta*, v. 13-14, 1971, p. 389.

26 Em Kepes, o parágrafo seguinte àquele citado por Rowe e Slutzky diz o seguinte: "A ordem de nosso tempo é unir o conhecimento científico e técnico adquiridos num todo integrado no plano biológico e social. Hoje dificilmente há algum aspecto do esforço humano onde o conceito de interpenetração como um instrumento de integração não seja um foco. Tecnologia, filosofia, psicologia e ciência física estão usando-o como um princípio norteador. Da mesma forma, literatura, pintura, arquitetura, cinema e fotografia, e cenografia. Além disso, ele é um conhecimento técnico comum no dia a dia. As ondas de rádio são o exemplo mais claro disso." G. Kepes, *Language of Vision*, p. 77. C. Rowe; R. Slutzky, Transparency: Literal and Phenomenal... Part II, op. cit., p. 398.

27 Esse sujeito está engajado, como Rowe e Slutzky apontam, não em uma simples relação de estímulo-resposta com um ambiente, visual ou não, mas no que o psicólogo perceptual George W. Hartmann descreve como uma relação que prossegue em três etapas: "Constelação de Estímulo-Organização-Reação até os Resultados da Organização." (Ibidem, p. 29, 14n.)

28 Ver C. Alexander, Contrasting Concepts of Harmony in Architecture: Debate between Christopher Alexander and Peter Eisenman, Lotus, n. 40, 1984, p. 60.

29 P. Eisenman, From Object to Relationship: The Casa del Fascio by Terragni, *Casabella*, n. 34, Jan. 1970, p. 38.

30 Ibidem. Eisenman esboça a noção de uma mudança tecnologicamente incorporada nas concepções espaciais do "Chicago Frame", de Colin Rowe, ensaio de 1956.

31 Ibidem.

32 Ibidem.

33 G. Kepes, *Language of Vision*, p. 13.

34 Samuel Ichiye Hayakawa, The Revision of Vision, prefácio ao livro de G. Kepes, *Language of Vision*, p. 9-10.

35 Ver Notes on Conceptual Architecture: Toward a Definition, *Casabella*, n. 35, Dec. 1971, p. 57, 26n.

36 Ver Charles W. Morris, *Foundations of the Theory of Signs*, Chicago: University of Chicago Press, 1938, p. 8.

37 Notes on Conceptual Architecture, op. cit., p. 51.

38 Ibidem.

39 Noam Chomsky, *Cartesian Linguistics: A Chapter in the History of Rationalist Thought*, New York: Harper & Row, 1966, p. 33.

40 Notes on Conceptual Architecture, op. cit., p. 49.

41 Idem, From Object to Relationship II: Giuseppe Terragni Casa Giulani Frigerio, *Perspecta*, v. 13-14, 1971, p. 39.

42 Ibidem.

43 Essa noção de um ambiente comum e unificador, *interno* à arquitetura como linguagem, também in-

verte efetivamente a invocada por Kepes em *Arts of the Environment*, quando ele se refere às *externalidades* de um "novo comum – o potencial sistema total complexo agora tornado possível pela nossa tecnologia científica" (p. 8).

44 Ver The Big Little Magazine, *Perspecta*, v. 12; Idem, The Future of the Architectural Past, *Architectural Forum*, v. 131, n. 3, Oct. 1969, p. 74-75, 104.

45 Ver Peter de Bretteville; Arthur Golding, About Perspecta 11, *Perspecta*, v. 11, 1967, p. 7. Os editores introduziram seu volume especificamente através das lentes da perspectiva histórica, reconhecendo, como faz Eisenman, um interesse renovado pelo modernismo inicial. Mas eles também descrevem uma mudança no interesse que se distancia dos artefatos produzidos por uma "terceira geração" de arquitetos modernos que viam suas obras realizadas durante os anos 1960 e em direção às ideias que os informavam. Entre essas, eles encontraram "a convicção de que a arte está passando a desempenhar um papel mais difuso e direto no meio ambiente", bem como uma "nova preocupação com o meio ambiente total sintético e natural em termos dos processos interconectados que o moldam e dele resultam" (p. 7). Nesse sentido, longe de representar uma pesquisa a-histórica ou não polêmica da cena contemporânea, *Perspecta* v. 11, com sua capa espelhada, buscou deliberadamente refletir para fora – em direção àquele *terrain vague* chamado "meio ambiente" – certos conceitos imanentes ao discurso arquitetônico da época.

46 The Invisible Environment: The Future of an Erosion, *Perspecta*, v. 11, 1967, p. 167.

47 Ibidem.

48 Ver Cardboard Architecture, *Casabella*, v. 37, Feb. 1973, p. 24.

49 Ibidem.

50 European Graffiti, *Oppositions*, n. 5, p. 47.

51 Ibidem, p. 48-49.

52 Para Tafuri, "o laboratório sintático, como é invocado por meio de objetos que estão fechados perfeitamente em um diálogo mútuo de signos, não aceita intrusos". Mas ao sobrepor um cisma real/virtual carregado de valor a uma relação que Eisenman teve o cuidado de manter em suspensão no sistema fechado de seu *loop* de *feedback* teoria-prática, Tafuri é então forçado a inferir não apenas a incapacidade desses objetos em ascender às alturas de uma *architecture autre* comunicativa, mas também à superfluidade de cada habitante, de cada sujeito, condenado "escandalosamente" a interromper o jogo final com a restauração da substância a "intangíveis" de papelão. Ibidem, p. 49.

53 Ibidem, p. 71.

54 Ver N. Chomsky, *Aspects of the Theory of Syntax*, Cambridge: MIT Press, 1965, p. 3-9.

55 Ver N. Chomsky; M. Foucault, Human Nature: Justice versus Power, em Arnold I. Davidson (ed.), *Foucault and His Interlocutors*, Chicago: University of Chicago, 1997, p. 131-132.

56 Ibidem, p. 136.

57 Ver *The Sphere and the Labyrinth*, p. 301.

58 Address to the Nation Outlining a New Economic Policy: "The Challenge of Peace", 15 Aug. 1971, RNLBA, disponível em: <http://www.nixonfoundation.org>.

59 Ver G. Deleuze; F. Guattari, *A Thousand Plateaus: Capitalism and Schizophrenia*, trans. Brian Massumi, Minneapolis: University of Minnesota Press, 1987, p. 82.

60 Ibidem, p. 76, 82, 101.

61 Ver Benjamin Lee; Edward LiPuma, Cultures of Circulation: The Imaginations of Modernity, *Public Culture*, v. 14, n. 1, Spring 2002, p. 191-213; Idem, *Financial Derivatives and the Globalization of Risk*, Durham: Duke University Press, 2004.

62 Ver Statement about Signing the United Nations Environment Program Participation Act of 1973, 17 Dec. 1973, RNLBA, disponível em: <http://www.nixonfoundation.org>.

63 Ver M. Hardt; A. Negri, *Empire*, p. 269-272.

64 Ver F. Jameson, "End of Art" or "End of History"?, *The Cultural Turn: Selected Writings on the Postmodern, 1983-1998*, p. 90-91.

65 O World Trade Center em Nova York, projetado por Minoru Yamasaki e Emery Roth & Sons, foi inaugurado oficialmente em 1973. Sua destruição no 11 de setembro de 2001 proporcionou a ocasião para uma série de atos verbais pelo então presidente dos Estados Unidos George W. Bush que efetivamente passou por cima da autoridade do congresso ao declarar uma imprevisível "guerra ao terror".

4. Imagem

1 F. Jameson, prefácio a J.F. Lyotard, *The Postmodern Condition*, p. xvii.

2 Ver em particular os ensaios reunidos na Parte 2 de Jameson, *Archaeologies of the Future*.

3 Ver T. Adorno, *The Jargon of Authenticity*, trans. Knut Tarnowski e Frederic Will, Evanston: Northwestern University Press, 1973, p. 5-6.

4 Ibidem, p. 9-10. Adorno está se referindo ao famoso ensaio de Benjamin, "The Work of Art in the Age of Its Technological Reproducibility" (A Obra de Arte na Era de Sua Reprodutibilidade Técnica), de 1936. O ensaio, conforme traduzido por Edmund

Jephcott e Harry Zohn, pode ser encontrado em *Walter Benjamin: Collected Writings, v. 3, 1935-1938*, Cambridge/London: Belknap Press of Harvard University Press, 2002, p. 101-133.

5 Ver T. Adorno, op. cit., p. 160, 168.

6 Ver *The Eternal Present: A Contribution to Constancy and Change*, New York: Bollingen Foundation/Pantheon Books, 1962-1964, 2 v. Há alguma ironia no fato de o primeiro trabalho de Giedion sobre arquitetura e tecnologia ter sido uma fonte para Benjamin no projeto *Arcades*. Em termos da versão da arquitetura de um "jargão" heideggeriano explícito, estou pensando no trabalho de Christian Norberg-Schulz em particular. O "regionalismo crítico" de Kenneth Frampton também faz uso de tal terminologia num sentido um pouco diferente.

7 Ver R. Venturi; D. Scott Brown; S. Izenour, *Learning from Las Vegas*, p. 65-71. Curiosamente, Aron Vinegar argumenta que o "pato" e o "galpão decorado" são menos mutuamente exclusivos do que entrelaçados. Ver A. Vinegar, *I Am a Monument*, capítulo 3, Of Ducks, Decorated Sheds, and Other Minds, p. 49-92.

8 Ver R. Venturi; D. Scott Brown; S. Izenour, op. cit., p. 65-66.

9 Ibidem, p. 66.

10 Ibidem, p. 68.

11 Ver *The Language of Post-Modern Architecture*, p. 87-88.

12 Morris também esteve envolvido com o New Bauhaus/Institute of Design em Chicago, onde Kepes ensinou. Ver James Sloan Allen, *The Romance of Commerce and Culture: Capitalism, Modernism, and the Chicago-Aspen Crusade for Cultural Reform*, Chicago: University of Chicago Press, 1983, p. 59-60. É em geral creditado ao psicólogo comportamental Edward C. Tolman a origem do termo *mapeamento cognitivo* nos anos 1940. Embora o próprio Lynch não use o termo, e o estudo de Tolman sobre ratos em um labirinto não esteja entre os muitos trabalhos psicológicos listados em seu apêndice, ele inclui o trabalho de Morris, *Foundations of the Theory of Signs* (1938). K. Lynch, *The Image of the City*.

13 Ver F. Jameson, *Postmodernism*, p. 54.

14 Ibidem, p. 2-3.

15 *Dispatches*, New York: Knopf, 1977, p. 9, como citado em F. Jameson, *Postmodernism*, p. 45.

16 F. Jameson, *Postmodernism*, p. 44.

17 Ibidem, p. 27.

18 Ibidem, p. 37.

19 C. Jencks, op. cit., p. 35.

20 Ibidem, p. 79.

21 Ver também R. Martin, Pattern-Seeing, *The Organizational Complex*, p. 42-47.

22 C. Jencks, op. cit., p. 127.

23 Ibidem.

24 Ibidem, p. 10-15.

25 F. Jameson, *Postmodernism*, p. 207.

26 Ver C. Jencks, *Architecture 2000: Predictions and Methods*, New York: Praeger, 1971, p. 32.

27 Ibidem, p. 21.

28 Ibidem, p. 118.

29 Ibidem, p. 120.

30 Ibidem, p. 123. Os gráficos de Jencks, tanto aqui quanto em *The Language of Post-Modern Architecture*, também têm uma leve semelhança (embora metafórica) com os diagramas de árvore característicos da gramática generativa de Chomsky.

31 Ver The Brick and the Balloon: Architecture, Idealism and Land Speculation, *The Cultural Turn*, p. 185.

32 *Architecture 2000*, p. 33.

33 *Dialectic of Enlightenment*, p. 117. A fonte de Jencks para a noção de "estruturas para a especulação" e projeções "sem surpresa" é Herman Kahn e Anthony J. Wiener, *The Year 2000: A Framework for Speculation on the Next Thirty-Three Years*, New York: Macmillan, 1967.

34 Ver Niklas Luhmann, *Art as a Social System*, trans. Eva Knodt, Stanford: Stanford University Press, 2000, especialmente o capítulo 2, "Observation of the First and of the Second Order", p. 54-101, e o capítulo 6, "Evolution", p. 211-243. Jameson compara a noção de Luhmann de diferenciação com a expansão diferencial do capital em *A Singular Modernity*, p. 89.

35 Ver J.F. Lyotard, op. cit., p. 61-62.

36 *Postmodernism*, p. 127.

37 Ibidem, p. 378-379. O diagrama é de Bruno Latour, *The Pasteurization of France*, trans. Alan Sheridan e John Law, Cambridge: Harvard University Press, 1988, p. 207.

38 B. Latour, *We Have Never Been Modern*, trans. Catherine Porter, Cambridge: Harvard University Press, 1993, p. 2.

39 Ibidem, p. 64-65.

40 Ibidem, p. 20-22. Latour está se referindo à discussão da constituição dos fatos científicos em relação à controvérsia entre Thomas Hobbes e Robert Boyle sobre os resultados da experiência da "bomba de ar" durante os anos 1660, em Steven Shapin e Simon Schaffer, *Leviathan and the Air Pump: Hobbes, Boyle, and the Experimental Life*, Princeton: Princeton University Press, 1985.

41 B. Latour, op. cit., p. 21.

42 Ver B. Latour; S. Woolgar, *Laboratory Life: The Social Construction of Scientific Facts*, Beverly Hills: Sage, 1979.

43 Ver Louis Kahn, *What Will Be Has Always Been: The Words of Louis I. Kahn*, org. Richard Saul Wurman, New York: Access Press/Rizzoli, 1986, p. 216.

44 Ver B. Latour; S. Woolgar, op. cit., p. 43-88.

45 Ver R. Venturi; D. Scott Brown; S. Izenour, op. cit., p. 64.

46 Ver Thoughts on the Architecture of the Scientific Workplace: Community, Change, and Continuity, em Peter Galison; Emily Thompson (eds.), *The Architecture of Science*, Cambridge: MIT Press, 1999, p. 390.

47 Ibidem, p. 391.

48 Ver B. Latour, *Politics of Nature: How to Bring the Sciences into Democracy*, trans. Catherine Porter, Cambridge: Harvard University Press, 2004, p. 132.

49 Ibidem, p. 136-161.

50 Ibidem, p. 165, 161.

51 Ibidem, p. 220.

52 Ibidem, p. 163.

53 Ver U. Beck, *Risk Society*.

54 Ver F. Jameson, *Postmodernism*, p. 156.

55 Idem, World Reduction in Le Guin: The Emergence of Utopian Narrative, *Science Fiction Studies*, v. 2, n. 3, Nov. 1975, p. 230. Esse ensaio também está incluído em F. Jameson, *Archaeologies of the Future*, p. 267-280.

5. Materialidade

1 Ver A. Ghosh, Petrofiction, primeira publicação em *The New Republic*, 2 Mar. 1992, e republicado em A. Ghosh, *Incendiary Circumstances: A Chronicle of the Turmoil of Our Times*, New York: Houghton Mifflin, 2005, p. 138-151.

2 Ver Frank D. Welch, *Philip Johnson and Texas*, Austin: University of Texas Press, 2000.

3 Ver F. Jameson, The Brick and the Balloon, *The Cultural Turn*, p. 164.

4 Ibidem, p. 181-183. Jameson está se referindo a Rem Koolhaas, *Delirious New York: A Retroactive Manifesto*, Oxford: Oxford University Press, 1998, e Manfredo Tafuri, The Disenchanted Mountain: The Skyscraper and the City, em Giorgio Ciucci et al., *The American City: From the Civil War to the New Deal*, trans. Barbara Luigia La Penta, Cambridge: The MIT Press, 1979, p. 389-503.

5 F. Jameson, op. cit., p. 184-185. Também David Harvey, *The Limits to Capital*, Oxford: Blackwell, 1982, p. 265, 347.

6 Ibidem, p. 186.

7 Ibidem.

8 Ibidem, p. 187.

9 Ibidem, p. 183.

10 Um exemplo do tratamento do "petróleo" como um objeto cultural mítico, ou fetiche, é Daniel Yergin, *The Prize: The Epic Quest for Oil, Money and Power*, New York: Free Press, 1991. O princípio do fetichismo da mercadoria ao qual estou aludindo aqui é explicado por Marx no *Capital*, v. 1. Ver Karl Marx, The Fetishism of the Commodity and Its Secret, *Capital*, v. 1, trans. Ben Fowkes, New York: Vintage Books, 1977, p. 163-177. Sobre histórias épicas semiacadêmicas de mercadorias, ver, *PMLA*, v. 120, n. 2, Mar. 2005, p. 454-463.

11 Bush significa "arbusto" em espanhol. Sobre o início da carreira de George W. Bush no negócio de energia, ver George Lardner Jr.; Lois Romano, Bush Name Helps Fuel Oil Dealings, *Washington Post*, 30 July 1999, A1. Em seu discurso de 2006, "State of the Union", Bush declarou que a "América é viciada em petróleo, que frequentemente é importado de partes instáveis do mundo." (G.W. Bush, State of the Union Address by the President, 31 Jan. 2006, disponível em: <http://www.cnn.com/2006/POLITICS/01/31/ sotu.transcript/>.)

12 Ver Herbert S. Parmet, *George Bush: The Life of a Lone Star Yankee*, New York: Scribner, 1977, p. 82-86.

13 Ver Peter Papademetriou, Is "Wow!" Enough?, *Progressive Architecture*, v. 58, n. 8, Aug. 1977, p. 66; e William Marlin, Pennzoil Place, *Architectural Record*, v. 160, n. 7, Nov. 1976, p. 106-107.

14 Ver Philip Johnson, The Seven Crutches of Modern Architecture, *Perspecta*, n. 3, 1954, p. 40-44.

15 Ver Philip Johnson, citado em John Pastier, Evaluation: Pennzoil as Sculpture and Symbol, *American Institute of Architects Journal*, v. 71, n. 7, June 1982, p. 42.

16 Ver P. Papademetriou, Is "Wow!" Enough?, op. cit., p. 68.

17 P. Johnson, The Seven Crutches of Modern Architecture, op. cit., p. 42.

18 Com relação ao Pennzoil Place e outros empreendimentos comerciais, Hines disse de sua empresa, "Estamos no negócio de construir não apenas edifícios bem-sucedidos, mas também *excitantes*. As duas coisas caminham juntas, como passei a ver." (Gerald Hines, citado em W. Marlin, Pennzoil Place, op. cit., p. 110.) Para comentários mais gerais sobre a relação entre empreendedores imobiliários e arquitetos nesse contexto, ver Interview: Gerald D. Hines and Peter Eisenman, *Skyline*, Oct. 1982, p. 18-21.

19 The Seven Crutches of Modern Architecture, op. cit., p. 43.

20 Ver P. Papademetriou, Is "Wow!" Enough?, op. cit., p. 66-68.

21 The Seven Crutches of Modern Architecture, op. cit., p. 43.

22 Ver W. Marlin, Pennzoil Place, op. cit., p. 106; P. Papademetriou, Is "Wow!" Enough?, op. cit., p. 66.

23 Schinkel and Mies [1961], *Philip Johnson Writings*, New York: Oxford University Press, 1979, p. 171.

24 Ver W. Marlin, Pennzoil Place, op. cit., p. 109.

25 Ibidem, p. 110.

26 Hal Weatherford of S.I. Morris, citado em W. Marlin, op. cit.

27 As observações de Frank Gehry estão registradas em J. Pastier, Evaluation, op. cit., p. 42.

28 Citado em Terry Lynn Karl, *The Paradox of Plenty: Oil Booms and Petro-States*, Berkeley: University of California Press, 1997. Essa citação é base para o título de Watts, abaixo.

29 Ver Michael J. Watts, Oil As Money: The Devil's Excrement and the Spectacle of Black Gold, em Stuart Corbridge; Nigel Thrift; Ron Martin (eds.), *Money, Power and Space*, Oxford: Blackwell, 1994, p. 406-445. Agradeço a Brian Larkin por ter me apresentado esse trabalho.

30 W. Marlin, Pennzoil Place, op. cit., p. 110.

31 Ibidem, p. 107.

32 *The Condition of Postmodernity*, p. 344. Sobre "economia com espelhos", ver p. 329-335; sobre "Modernidade Fordista" versus "Pós-Modernidade Flexível", ver p. 338-342; sobre a "crise do materialismo histórico", ver p. 353-355.

33 Ibidem, p. 345.

34 Ibidem, p. 337. Compare aqui também Mary McLeod, Architecture and Politics in the Reagan Era: From Postmodernism to Deconstructivism, *Assemblage*, n. 8, Febr. 1989, p. 22-59.

35 Ver Sabine Melchoir-Bonnet, *The Mirror: A History*, trans. Katharine H. Jewett, London: Routledge, 2001.

36 Georges Teyssot analisou o espelho como um dispositivo paradigmático para a produção de um limiar interior/exterior nos séculos XVIII e XIX. Ver Georges Teyssot, A Topology of Thresholds, *Home Cultures*, v. 2, n. 1, 2005, p. 89-116; e idem, Mapping the Threshold: A Theory for Design and Interface, *AAFiles*, n. 57, 2008, p. 3-12. Um exemplo bem conhecido de um hall de espelhos do século XVII é o *cabinet des glaces*, em Versalhes.

37 *The Condition of Postmodernity*, p. 260-323.

38 Ver *Postmodernism*, p. 42.

39 Ibidem, p. 37.

40 Ibidem, p. 14.

41 Ibidem, p. 27-28.

42 Ibidem, p. 42.

43 Ver Romanticism – Psychoanalysis – Film: A History of the Double, em P. Johnston, *Literature, Media, Information Systems*, p. 85-100. Aqui está Kittler, com relação à figura fantástica literário-romântica do Duplo: "O empírico- -transcendental Homem duplicado, substrato do fantástico romântico, só é implodido pelo ataque duplo da ciência e da indústria, da psicanálise e do filme. A psicanálise verificou clinicamente e o cinema implementou tecnicamente todas as sombras e espelhamentos do sujeito. Desde então, o que resta de uma literatura que quer ser Literatura é simplesmente *écriture* – uma escrita sem autor." (p. 95.) Ver também Marcel O'Gorman, Friedrich Kittler's Media Scenes: An Instruction Manual, *Postmodern Culture*, v. 10, n. 1, Sept. 1999, disponível em: <http://muse.jhu.edu/journals/pmc/>.

44 *Postmodernism*, p. 38. Ver também Mike Davis, Urban Renaissance and the Spirit of Postmodernism, *New Left Review*, v. 1, n. 151, May-June 1985, p. 106-113, para uma resposta crítica à leitura de Jameson do Westin Bonaventure Hotel, de John Portman, e da requalificação urbana em Los Angeles em relação aos "estágios" do capitalismo.

45 Ver Philip Johnson; John Burgee, *Philip Johnson/John Burgee Architecture 1979-1985*, New York: Rizzoli, 1985, p. 63.

46 Ibidem.

47 Op. cit., p. 493.

48 Ver Roy Lubove, *Twentieth-Century Pitsburgo, v. 2, The Post-Steel Era*, Pittsburgh: University of Pittsburgh Press, n. 50, 1996, p. 74, 304.

49 Op. cit., p. 493.

50 Ver Brian Jacobs, Strategy and Partnership in Cities and Regions: *Economic Development and Urban Regeneration in Pitsburgo, Birmingham and Rotterdam*, London: St. Martin's Press, 2000, p. 90-91. Ver também Shelby Stewman; Joel A. Tarr, Public- -Private Partnerships in Pitsburgo: An Approach to Governance, em J.A. Tarr (ed.), *Pittsburgh-Sheffield: Sister Cities*, Pittsburgh: Carnegie Mellon University, 1986, p. 141-181.

51 R. Lubove, op. cit., p. 61.

52 Ver Vince Rause, *New York Times Magazine*, 26 Nov. 1989, citado em R. Lubove, op. cit., n. 4, p. 295.

53 Edward K. Muller, Downtown Pittsburgh: Renaissance and Renewal, em Joseph L. Scarpaci; Kevin J. Patrick (eds.), *Pittsburgh and the Appalachians: Cultural and Natural Resources in a Postindustrial Age*, Pittsburgh: University of Pittsburgh Press, 2006), p. 13.

54 PPG's Unpopulated Places, *Architecture*, n. 78, Dec. 1989, p. 61.

55 *Society Must Be Defended*, p. 254.

56 Ibidem, p. 258.

57 Ibidem, p. 241.

58 Ibidem, p. 258.

59 Ibidem, p. 256.

60 P. Johnson; J. Burgee, *Philip Johnson/John Burgee Architecture 1979-1985*, p. 16.

61 *The Condition of Postmodernity*, p. 339 (Tabela 4.1).

62 Kevin Roche on Design and Building: Conversation with Francesco Dal Co, em Francesco Dal Co, *Kevin Roche*, New York: Rizzoli, 1985, p. 85.

63 Ibidem, p. 41.

64 Ver Culture and Finance Capital, *The Cultural Turn*, p. 153-154.

6. Sujeitos

1 Ver J. Rancière, *The Politics of Aesthetics: The Distribution of the Sensible*, trans. Gabriel Rockhill, London: Continuum, 2004.

2 Ver J. Lacan, The Mirror Stage as Formative of the Function of the I as Revealed in Psychoanalytic Experience, *Écrits: A Selection, trans. Alan Sheridan*, New York: W.W. Norton, 1977, p. 1-7.

3 Ao explicar sua noção de um "estranhamento arquitetônico", Anthony Vidler abordou a espacialidade subjacente à psicanálise para revelar uma série completa de instabilidades psicoespaciais latentes no modernismo arquitetônico e seus sucessores; ver em particular sua leitura do projeto para a biblioteca nacional da França em Paris por Rem Koolhaas e OMA para uma articulação do estágio do espelho de Lacan com uma arquitetura de indeterminação transparente/reflexiva. A. Vidler, *The Architectural Uncanny: Essays in the Modern Unhomely*, Cambridge: MIT Press, 1992, p. 216-225. De passagem, Fredric Jameson também notou analogias entre a teoria de cinema de orientação analítica e as preocupações imagísticas da arquitetura e da crítica pós-modernas em *Postmodernism*, p. 124.

4 Ver F. Jameson, *Postmodernism*, p. 94.

5 D. Harvey, *The Condition of Postmodernity*, p. 77.

6 Ibidem, p. 76. Harvey está citando, de Charles Jencks, *The Language of Post-Modern Architecture*, 4. ed. rev., London: Rizzoli, 1984, p. 5.

7 Ver C. Jencks, *The New Paradigm in Architecture: The Language of Post-Modernism*, London: Verso, 2002, p. 211-227.

8 Há uma literatura crescente sobre projeto e fabricação digitalmente subsidiados na arquitetura. Para um resumo dos experimentos iniciais no que foi chamado projeto "não padronizado", ver o catálogo da exposição editado por Frederic Migayrou, *Architectures non Standard*, Paris: Centre Pompidou, 2003. Ver também Versioning: Evolutionary Techniques in Architecture, um número especial de *Architectural Design*, v. 72, n. 5, Sept.-Oct. 2002, editor convidado SHOP/Sharples Holden Pasquarelli.

9 O termo teve origem na companhia de dança criada por John Tiller, no final do século XIX, na Inglaterra. A ideia de Tiller era oferecer uma dança em que todas as bailarinas executassem simultaneamente o mesmo movimento, como se fossem um único organismo. Altamente treinadas e precisas, as bailarinas executavam movimentos repetitivos e geométricos. O conceito foi seguido e teve recriações por companhias de dança ao longo do século 20. (N. da T.)

10 Ver The Mass Ornament [1927], *The Mass Ornament: Weimar Essays*, trans., ed., intro. by Thomas Y. Levin, Cambridge: Harvard University Press, 1995, p. 75-86.

11 Greg Lynn, Embryologic Houses, *Domus*, n. 822, Jan. 2000, p. 11.

12 Ver S. Kracauer, op. cit, p. 76. G. Lynn, *Animate Form*, New York: Princeton Architectural Press, 1999, p. 17.

13 Sobre o debate da "pós-criticidade" ver G. Baird, "Criticality" and Its Discontents, *Harvard Design Magazine*, n. 21; e R. Martin, Critical of What?, *Harvard Design Magazine*, n. 22.

14 Ver *On the Shores of Politics*, trans. Liz Heron, New York: Verso, 1995, p. 22.

15 Union Carbide's Shaft of Steel, *Architectural Forum*, n. 113, Nov. 1960, p. 120.

16 Ver *White Collar: The American Middle Classes*, New York: Oxford University Press, 1951, p. 189-212.

17 Sobre flexibilidade e o "homem da organização" no edifício de escritório do pós-guerra, ver R. Martin, *The Organizational Complex*, capítulo 3, The Physiognomy of the Office, p. 80-121.

18 Hugh D. Menzies, Union Carbide Raises Its Voice, *Fortune*, v. 98, n. 6, 25 Sept. 1978, p. 86.

19 Ibidem, p. 86-87.

20 Kevin Roche, como citado por Kunio Kudo, World Headquarters, Union Carbide Corporation, em Kevin Roche: Seven Headquarters, *Office Age*, edição especial 1, 1990, p. 112.

21 Ver K. Roche, Design Process, World Headquarters, Union Carbide Corporation, em Kevin Roche: Seven Headquarters, *Office Age*, edição especial 1, p. 115-119.

22 Sobre o uso de computadores *mainframe* e pessoais em escritórios de arquitetura como ferramentas de projeto e de produção no começo da década de 1980 ver, por exemplo, Computers in Architecture, *Progressive Architecture*, v. 65, n. 5, May 1984, um número especial sobre o assunto. Ver também Joseph Giovannini, Architecture of Information, *Architecture and Planning*, Spring 1982, p. 2-7.

23 K. Roche, Design Process, World Headquarters, Union Carbide Corporation, op. cit., p. 132.

24 Ibidem, p. 135.

25 M. Foucault, *The Birth of Biopolitics*, p. 219-233.

26 Warren M. Anderson, presidente executivo, e Alex Flamm, presidente, To Our Stockhold-ers, *Union Carbide: Putting Technology to Work*, Relatório Anual, 1981.

27 Uma variedade de fontes lista a conta oficial do governo em 1.754 mortos, incluindo a International Campaign for Justice in Bhopal. Disponível em: <http://www.bhopal.net>; Surviving Bhopal: A Fact Finding Mission, disponível em: <http://www.bhopalffm.org>; e Dominique LaPierre; Javier Moro, *Five Past Midnight in Bhopal*, New York: Warner Books, 2002, p. 375.

28 Ver Amnesty International, *Clouds of Injustice: Bhopal Disaster 20 Years On*, London: Amnesty International Publications, 2004, p. 10-12.

29 Ver Bridget Hanna, comunicação pessoal com o autor, 10 de janeiro de 2006. Hanna mantém o site para o Bhopal Memory Project, disponível em: <http://bhopal.bard.edu>. Ela é coeditora do *The Bhopal Reader* e trabalhou com grupos de defesa das vítimas em Bhopal.

30 D. LaPierre; J. Moro, op. cit., p. 380. O artigo citado por LaPierre e Moro é de Douglas J. Besharov e Peter Reuter, Averting a Bhopal Legal Disaster, *Wall Street Journal*, 16 May 1985, p. 32.

31 Ver B. Hanna, comunicação pessoal com o autor, 10 de janeiro de 2006. Ver também Veena Das, Moral Orientations to Suffering: Power, Legitimacy, and Healing, em Bridget Hanna; Satinath Sarangi; Ward Morehouse (eds.), *The Bhopal Reader: Remembering Twenty Years of the World's Worst Industrial Disaster*, New York: Apex Press, 2005, p. 54-59; e H. Rajan Sharma, Catastrophe and the Dilemma of Law, em B. Hanna; S. Sarangi; W. Morehouse (eds.), op. cit., p. 65-70.

32 Ver B. Hanna, comunicação pessoal com o autor, 10 de janeiro de 2006. Segundo Hanna, "ativistas tentaram ao longo dos anos criar contagens alternativas para elevar os números oficiais. Em um movimento particularmente importante, o grupo que evoluiu na Clínica e Centro de Documentação Sambhavna Trust começou a fazer 'autópsias verbais' em 1996, quando produziu um conjunto de questões por meio das quais podiam determinar se a morte havia resultado da exposição ao gás, e assim buscar alterar a conta oficial". Ver também B. Hanna, Bhopal: Unending Disaster, Enduring Resistance, em Michel Feher; Gaëlle Krikorian; Yates McKee (eds.), *Nongovernmental Politics*, New York: Zone, 2007, p. 488-521.

33 Ver B. Hanna, Bhopal as Planned, *C-Lab File 3*, v. 4, Nov. 2005, p. 22-25.

34 Ver Carbide Plans Sale of Headquarters Site for $340 Million, *Wall Street Journal*, 7 Nov. 1986, p. 58; e Carbide Closes Sale of Headquarters, *Wall Street Journal*, 2 Jan. 1987, p. 5. Cinco dias antes de a venda ser anunciada, o *New York Times* reportou: "O governo indiano está solicitando que uma corte distrital impeça a Union Carbide Corporation de vender quaisquer outros de seus ativos, dizendo que essas vendas podem reduzir qualquer acerto final da tragédia do gás de 1984." (Sanjoy Hazarika, India Fighting Sales of Union Carbide Assets, *New York Times*, 2 Nov. 1986, p. 6.)

35 James N. Barton, Director, General Services, Union Carbide Corporation, entrevistados por K. Kudo, World Headquarters, Union Carbide Corporation, op. cit., p. 147.

36 Perguntado por Francesco Dal Co sobre o uso generoso de espelhos nos interiores de muitos dos edifícios de escritório de sua empresa, Roche respondeu: "A questão interessante sobre o espelho é que ele é muito barato, quase tão barato quanto a tinta. A maioria das superfícies interiores são estáticas, não mudam: se pintadas, a tinta permanece a mesma até desvanecer. A coisa maravilhosa que acontece com o espelho, se usado de uma certa forma, é que ele está constantemente vivo, constantemente vivo conforme alguém se mexe. Ele se torna uma superfície cinética, uma experiência cinética da luz. Ele capta reflexos, brilho. Pontos escuros, uma pintura constante em que o mundo real é refletido em uma forma pictórica. Um tremendo efeito decorativo do que existe, sempre mudando, sempre em movimento." (K. Roche, Kevin Roche on Design and Building, em F. Dal Co, *Kevin Roche*, p. 85.)

37 M. Tafuri; F. Dal Co, *Modern Architecture*, v. 2, trans. Robert Erich Wolf, New York: Electa/Rizzoli, 1979, p. 314.

38 Design Process, World Headquarters, Union Carbide Corporation, em op. cit., p. 134.

39 Op. cit., p. 75.

40 Sobre a "vida que não merece viver", ver G. Agamben, *Homo Sacer*, p. 136-143. Sobre "a distribuição do sensível" ver J. Rancière, *The Politics of Aesthetics*, p. 7-45. Rancière define "a distribuição do sensível" como "o sistema de fatos autoevidentes de percepção sensível que simultaneamente revela a existência de algo em comum e as delimitações que definem as respectivas partes e posições dentro dele", p. 12. Como tal, essa "estética primária" contém uma divisão do trabalho em que o poder de designar partes e posições também é repartido. Notavelmente, Rancière oferece uma definição dual da utopia sob essas condições: primeiro, como "o inaceitável, um não lugar, o ponto extremo de uma reconfiguração polêmica do sensível, que anula as categorias que definem o que é considerado ser óbvio", mas também como "a configuração de um

lugar próprio, uma distribuição não polêmica do universo sensível onde o que se vê, o que se diz e o que se produz ou se faz são rigorosamente adaptados uns aos outros", p. 40.

41 Ver Postscript on Control Societies, *Negotiations 1972-1990*, p. 180.

42 Op. cit., p. 78.

43 Ibidem, p. 76.

44 Op. cit., p. 226. Palestra em 1979 (imediatamente antes dos desenvolvimentos que estamos seguindo), Foucault também especula sobre as dimensões econômicas de uma composição genética biotecnologicamente customizável na constituição de um tipo de "capital humano" que ele chama de "máquina de habilidades", p. 227-229.

45 A citação de uma mulher não nomeada que protesta sobre a decisão da Corte está registrada em Veena Das, Moral Orientations to Suffering: Legitimation, Power, and Healing, em Lincoln C. Chen; Arthur Kleinman; Norma C. Ware (eds.), *Health and Social Change in International Perspective*, Cambridge: Harvard School of Public Health and Harvard University Press, 1994, p. 161. O artigo de Das está republicado de forma resumida em B. Hanna et al. (eds.), *The Bhopal Reader*, p. 51-59. Também estou aludindo aqui a Gayatri Chakravorty Spivak, Can the Subaltern Speak?, em Cary Nelson; Lawrence Grossberg (eds.), *Marxism and the Interpretation of Culture*, Urbana: University of Illinois Press, 1988, p. 271-313.

7. Arquitetura

1 A "questão da habitação" gerada pela migração em grande escala para as cidades recém industrializadas foi muito debatida na Alemanha no final do século XIX. Em 1872, Friedrich Engels emitiu sua famosa resposta ao *proudhonismo*, um tipo de socialismo reformista influente à época que defendia a propriedade da casa para os trabalhadores num modelo agrário. Para Engels, esse apego ao "lar e à casa" era regressivo, já que impedia a formação de um proletariado urbano revolucionário necessariamente desenraizado da tradição. Nesse sentido, a transformação da habitação há muito tempo é vista como ligada à transformação da sociedade. Ver F. Engels, *The Housing Question*, ed. C.P. Dutt, New York: International Publishers, 1935. Menciono esses debates também porque uma das consequências da falência percebida da habitação pública (ou habitação social) desde a década de 1970 foi a incorporação mundial de ideologias de propriedade da moradia na política pública tanto em nível municipal quanto nacional.

2 Há uma extensa literatura sobre a arquitetura e a imaginação utópica, particularmente em relação ao pensamento Iluminista. Especialmente relevante aqui é: M. Tafuri, *Architecture and Utopia*; A. Vidler, *Claude-Nicolas Ledoux: Architecture and Social Reform at the End of the Ancien Régime*, Cambridge: MIT Press, 1990; idem, *Claude-Nicolas Ledoux: Architecture and Utopia in the Era of the French Revolution*, Bäsel/Boston: Birkhäuser, 2006; Georges Teyssot, *Città e utopia nell illuminismo inglese: George Dance il Giovane*, Roma: Offina, 1974; e Françoise Choay, *L'Urbanisme: Utopies et réalités*, Paris: Seuil, 1965. Uma perspectiva alternativa é fornecida por Antoine Picon, que enfatiza o "triunfo dos engenheiros" sobre o idealismo estético dos "arqui-

tetos revolucionários", em *French Architects and Engineers in the Age of Enlightenment*, trans. Martin Thom, New York: Cambridge University Press, 1992. Uma referência inicial importante é Emil Kaufmann, *Von Ledoux bis Le Corbusier: Ursprung und Entwicklung der Autonomen Architektur*, Wien/Liepzig: Dr. Rolf Passer, 1933, assim como idem, *Three Revolutionary Architects: Boullée, Ledoux, and Lequeu*, Philadelphia: American Philosophical Society, 1952. Ver também F. Jameson, *Archaeologies of the Future*; Phillip E. Wegner, *Imaginary Communities: Utopia, The Nation, and the Spatial Histories of Modernity*, Berkeley: University of California Press, 2002; e Marianne DeKoven, *Utopia Limited: The Sixties and the Emergence of the Postmodern*, Durham: Duke University Press, 2004.

3 Ver J.F. Lyotard, *The Postmodern Condition*.

4 *The Sphere and the Labyrinth*; e idem, *Architecture and Utopia*.

5 Sobre os "movimentos do cavalo" experimentados pelas vanguardas históricas, ver M. Tafuri, *The Sphere and the Labyrinth*, p. 8, 16.

6 Ver E. Panofsky, *Perspective as Symbolic Form*, trans. Christopher S. Wood, New York: Zone Books, 1991.

7 Ver J. Derrida, *Specters of Marx*. Derrida abre com o problema de "aprender a viver com fantasmas" no Exordium (xviii) e o desenvolve na sequência. No sentido de que um "espírito" utópico pode, em princípio, ser encontrado em qualquer lugar, também me refiro mais indiretamente à obra de Ernst Bloch, especialmente *The Spirit of Utopia*, trans. Anthony A. Nassar, Stanford: Stanford University Press, 2000, embora sem compartilhar inteiramente das convicções de Bloch sobre o expressionismo.

8 Igualmente, Mark Wigley argumentou que as primeiras referências de Derrida a fantasmas e as-

NOTAS   ▪   **247**

sombrações são sempre já arquitetônicas. Ver M. Wigley, *The Architecture of Deconstruction: Derrida's Haunt*, Cambridge: MIT Press, 1993, p. 162-174.

9   The Ashes of Jefferson, *The Sphere and the Labyrinth*, p. 298. Ver também idem, L'Architecture dans le boudoir, Oppositions, n. 3, p. 267-290.

10 P. Portoghesi, *Postmodern: The Architecture of the Postindustrial Society*, p. 7.

11 K. Marx; F. Engels, *Manifesto of the Communist Party*, New York: International Publishers, 1948, p. 8.

12 Sobre a arquitetura pós-moderna e o pensamento *posthistoire*, ver A. Vidler, *Histories of the Immediate Present*, capítulo 5, Postmodern or *Posthistoire?*, p. 191-200.

13 Ver C. Jencks, *The Language of Post-Modern Architecture*, 2. ed. rev., p. 80.

14 Idem, *Critical Modernism: Where Is Post-Modernism Going?*, Hoboken: John Wiley, 2007, p. 205-208.

15 Ver Alan Colquhoun, Democratic Monument: Neue Staatsgalerie, Stuttgart, *Architectural Review*, v. 176, n. 1054, Dec. 1984, p. 19-22; William J.R. Curtis, Virtuosity Around a Void, *Architectural Review*, v. 176, n. 1054, p. 41-47. Ambos os autores se referem à solicitação do concurso para incluir uma passagem através do edifício (que Curtis descreve como "uma demanda comum nos concursos arquitetônicos alemães"), e Curtis refere-se à rota através do edifício de Stirling como um "caminho democrático", p. 41.

16 Em 2001, Ungers concluiu um acréscimo ao mesmo museu que não tem relação com o projeto apresentado no concurso anterior.

17 *Theory of the Novel: A Historico-Philosophical Essay on the Forms of Great Epic Literature*, trans. Anna Bostock, Cambridge: MIT Press, 1971, p. 61.

18 Ver M. Tafuri, European Graffiti, *Oppositions*, n. 5, p. 47. Tafuri está de fato se referindo às primeiras casas de Peter Eisenman. Ver também M. Tafuri, The Ashes of Jefferson, *The Sphere and the Labyrinth*, p. 291-303.

19 Kevin Roche em conversa com Michael Graves, em *The Charlottesville Tapes: Transcript of the Conference at the University of Virginia School of Architecture, Charlottesville, Virginia, Nov. 12 e 13, 1982*, New York: Rizzoli, 1985, p. 167.

20 Ver F. Jameson, The Brick and the Balloon, *The Cultural Turn*.

21 Jencks sugere que o "Modernismo-Tardio", na forma do "regionalismo crítico" de Kenneth Frampton, apropriou do "Pós-Modernismo" uma preocupação com as "tradições locais". C. Jencks, *The Language of Post-Modern Architecture*, 4. ed. rev., p. 6.

22 Ver Liselotte e Oswald Mathias Ungers, Utopische Kommunen in Amerika 1800-1900: Die Community von Oneida, *Werk*, n. 57, July 1970, 475-478;

idem, Utopische Kommunen in Amerika 1800-1900: Die Amana-Community, *Werk*, n. 57, Aug. 1970, p. 543-546; idem, Utopische Kommunen in Amerika 1800-1900: Die Hutterschen Brüder, *Werk*, n. 58, June 1971, p. 417-420; idem, Utopische Kommunen in Amerika 1800-1900: Fouriersche Phalanxen in Amerika, *Werk*, n. 58, Apr. 1971, p. 272-276; idem, Early Communes in the USA, *Architectural Design*, n. 42, Aug. 1972, p. 502-512; e idem, *Kommunen in der Neuen Welt 1740–1971*, Köln: Kiepenheuer & Witsch, 1972.

23 Sobre o Internationale Bauausstellung (IBA) em Berlim, ver Josef P. Kleihues e Heinrich Klotz (eds.), *International Building Exhibition Berlin 1987: Examples of New Architecture*, trans. Ian Robson, New York: Rizzoli, 1986.

24 John Hejduk, *Mask of Medusa: Works 1947-1983*, New York: Rizzoli, 1985.

25 Ver L. Marin, *Utopics*.

26 Philipp Oswalt (ed.) *Shrinking Cities, v. 1, International Research*, OstfildernRuit: Hatje Cantz, 2005; O.M. Ungers et al., Cities Within the City, *Lotus International*, n. 19, June 1978, p. 82-97. Ver também Pier Vittorio Aureli, Toward the Archipelago, *Log*, n. 11, Winter 2008, p. 91-119.

27 O.M. Ungers et al., Cities Within the City, op. cit., p. 96.

28 Ver F. Jameson, *Archaeologies of the Future*, p. 218-221.

29 Ver, por exemplo, Josep Ramoneda e Eyal Weizman (eds.), *Arxipèlag d' excepcions: Sobiranies de l' extraterritorialitat*, Barcelona: Centre de Cultura Contemporània de Barcelona, 2007.

30 Para a documentação do plano de R. Taillibert, ver Centre 300: Nouveau parlement européen à Luxembourg, *Architecture d'aujourd'hui*, n. 200, Déc. 1978, p. 23-24.

31 Para a documentação do projeto de L. Krier, ver *Léon Krier: Architecture and Urbanism*, ed. Richard Economakis, London: Academy Editions, 1992, p. 88-101.

32 Para a elaboração de uma série de aporias inerentes à transformação da Europa após a descolonização, incluindo o *apartheid* interno da "imigração recolonizada", ver Étienne Balibar, *We the People of Europe? Reflections on Transnational Citizenship*, trans. James Swenson, Princeton: Princeton University Press, 2004, especialmente "Droit de cite or Apartheid", p. 31-50. Sobre Speer, ver *Albert Speer: Architecture 1932-1942*, Bruxelles: Archives'architecture moderne, 1985, que foi publicado sob direção de Krier, bem como Léon Krier, Krier on Speer, *Architectual Review*, v. 173, n. 1032, Feb. 1983, p. 33-38; e idem, An Architecture of Desire, *Architectural Design*, v. 56, n. 4, 1986, p. 30-37.

33 L.B. Alberti, *On the Art of Building in Ten Books*, p. 23.

248 ·

ÍNDICE REMISSIVO

11 de setembro de 2001, 241n65; indignação global sobre o, comparada à catástrofe de Bhopal 184.

Abbe, Charles 154.
Abramovitz, Max 154, 158-157.
acampamento. *Ver* campo, acampamento.
Adorno, Theodor 42, 75, 191-190, 233n17, 241n3-5, 242n33; crítica do existencialismo heideggeriano 110; sobre crescimento capitalista 122; sobre pseudopersonalização 171.
Afeganistão, pós-11/9 conflito no, 68.
Afro-americanos no empreendimento habitacional Pruitt-Igoe, 51.
Agamben, Giorgio 26, 48, 223-222, 234n16-37, 235n30, 235n37, 235n38-39, 246n39-40; diagramas mostrando movimento em direção ao "estado de exceção", 56-57. *homo sacer* 47, 56, 186; tese campo-como-paradigma, 48; topologias da exceção 47-48; *zones d'attentes* 50.
Agência de Proteção Ambiental 92.
Alberti, Leon Battista 44, 226, 234n23, 248n33.
Alcoa Building em Pittsburgh 154-155, 158-157.
Alessi, serviço de chá (Lynn) 172.
Alexander, Christopher 40-39, 96.
Alfonzo, Juan Pablo Pérez 144, 244n28.
alienação, estágio do espelho e psíquica 168.
Allen, James Sloan, 242n12.
Allied Bank Plaza em Houston 154.
alta cultura e cultura popular, eliminação pós-moderna das distinções entre 29.
Altes Museum em Berlim 142.
ambientalidade: noção de Foucault de 89, 117; transformação da biopolítica em 45, 47, 234n25.
American Institute of Arquitects 159.
Americano, pragmatismo 94.
Amnesty International, 246n28.
Amon Carter Museum em Fort Worth 137.
Anderson, Perry, 229n1, 232n8, 238n40.

Anderson, Warren M. 182-183, 246n26.
antinomia 236n68.
antinomia: norma de dupla face, com condomínios fechados e favelas respectivamente em cada um dos lados 62.
do moderno 62.
Apple Computer 37.
Arbusto Energy 139.
Archigram 40-39.
Architecture 2000: Predictions and Methods (Jencks) 120-122.
Architecture and Utopia (Tafuri) 66.
"Architecture of Complexity, The" (Simon) 46.
Architecture of the École des Beaux-Arts, The (1975 exhibition at Museum of Modern Art, New York), 229n2.
Architecture of the Postindustrial Society, The (Portoghesi) 197, 199.
Architecture of the Well-Tempered Environment, The (Banham) 96.
Architecture, revista 159.
Architettura della Città (Rossi) 38, 43-45.
introdução de Eisenman à tradução inglesa 44, 48.
architettura radicale 40-39, 194-195.
Arnheim, Rudolph 96.
arquipélago: projeto Cities Within the City para reurbanização de Berlim Ocidental 219-221; modelo de arquipélago "city-within-a-city" de Krier para Luxemburgo 224; modelo político de arquipélago federativo de Jameson 221-222. *Ver também* ilha(s) .
Architectural Forum 78 .
arquitetura 193-226; como avatar do pós-modernismo 22; como cifra codificada com o universo virtual de produção e consumo 21-22; como forma de "produção imaterial" completamente materializada 26; como objeto e como trama ou instrumento de mediação 168; crise em 77, 81-82; de circulação 201-210; desreali-

zação por meio da mediação da, 193; eixo de produção 47-53; eixo de representação 40-47; existência sob a pós-modernidade, questão da 29-31; imanência da 24, 40, 90, 149, 173; neurose coletiva e insegurança fundamental em 29-28; projeção, questão da 193-197. *Ver também* autonomia da arquitetura 24.
arquitetura-como-linguagem 120-121, 240 n43; teoria de Eisenman da 100, 106-107.
arquitetura corporativa 27; edifícios de escritório 75; enfatizando espaço corporativo 74-75. *Ver também* paredes cortina da arquitetura corporativa; edifícios corporativos específicos..
arquitetura de assinatura 30.
"Arquitetura de Cartolina" (Eisenman) 102.
arquitetura digital 170-173; projeto digital e técnicas de produção 170-171. *Ver também* computadores.
arquitetura experimental, inconsciência corporativa da 170.
Arquitetura Racional (1973 exposição na Trienal de Milão) 229n2.
arte, arquitetura como obra autônoma de 29-30, 75, 81; muletas obscurecendo a obra de 141-143.
artefato urbano 43. *Ver também* condomínio fechado.
artes do projeto ambiental 107; integração das ciências naturais e sociais com 102-103; Nepa e uso das 92.
Arthur Andersen 140.
Arts of the Environment (Kepes) 92.
árvore evolutiva de estilos arquitetônicos de Jencks 117-119, 121-122, 132, 133, 200-201.
"Árvore Evolutiva" (Jencks) 117-119, 122.
"Ashes of Jefferson, The" (Tafuri) 65, 68, 69-70, 236n1.
Atrocity Exhibition, The (Ballard) 80-81.
AT&T, edifício (Johnson/Burgee), cobertura Chippendale 143.

aura: reflexões de Benjamin sobre o declínio da 110, 112-113; da imagem 112-113.

Aureli, Pier Vittorio, 231n3, 248n26.

autenticidade: da decoração na Guild House 111, 112-113; jargão da 110-111.

autonomia da arquitetura 24, 28-27, 29-31, 79, 100, 141-140, 172, 173, 211-210; como condição para a imanência 90; o caminho de Venturi em direção à 45-47; projeto de Rossi para a 43-45.

Badiou, Alain 37.

Baird, George, 237n14, 245n13.

baixo preço, muleta do 142.

Ballard, James G. 80-81, 238n33.

Ballard, J.G. 82-81, 132, 156.

Banham, Reyner 40-39, 96.

banlieux francês 50.

Barry, Charles 156.

Barton, James N., 246n35.

Baudrillard, Jean 154-153.

Bauman, Zygmunt, 235n37-38.

Beauregard, Robert A., 235n41.

Beck, Ulrich 82, 91-92, 238n38, 239n5, 243n53.

behavioristas, remodelação do espaço urbano de acordo com preceitos 160-159.

Belden, Marva Robins, 231n1.

Belden, Thomas Graham, 231n1.

Bell, Daniel 37, 120-121, 231n2.

Bell Laboratories em Holmdel, New Jersey 163, 185, 186.

Benhabib, Seyla 39-38, 232n8.

Benjamin, Walter 30-29, 110, 112, 144, 163, 190, 210, 218, 230n13, 241n4, 242n6.

Berlim, Alemanha: Altes Museum em 142; como um tipo de ilha dividida na Berlin Masque de Hejduk 218-219; Hotel Berlin (Ungers) em 214; mercantilização de Berlim reunificada como centro da nova Europa 216-215; projeto Cities Within the City para reurbanização de Berlim Ocidental 219-222. .

Berlim Ocidental: projeto Cities Within the City para a reurbanização de 219-222; reconstrução crítica nos anos 1980 em 215-217. *Ver também* Berlim, Alemanha.

Berlin Masque (Hejduk) 217-218, 226.

Bernouilli, Hans 43.

Besharov, Douglas J., 246n30.

Bhopal, Índia, Union Carbide catástrofe em (1984) 182-184, 186-187, 187, 191, 246n27-32; compensação por 184; invisibilidade das vítimas de 186-187, 188.

Bienais de Veneza: de 1978, 229n2; de 1980, 229n2; de 1972 219; de 1980 38, 198, 199, 213.

Bilbao, Museu Guggenheim em 201-202.

biomorfismo gerado por computador 170-169.

biopoder 26, 42-41, 60-59; profecia autorrealizável de 62; racismo e emergência de 160.

biopolítica 26, 41-42, 158-157, 169, 234n25; complexo organizacional como máquina biopolítica consumada 76-75; customização em massa em 187-190; Hun-

tington, aceleração da migração para a cidade no Vietnã do Sul durante a Guerra do Vietnã conforme 86; maquinário biopolítico da equivalência computacional 189; produção de novos dentro-fora para assegurar a unidade do corpo biopolítico 47-56, 235n37; remodelamento dos funcionários como "recursos humanos" ou "capital humano" 182; trabalho de normalização 63; transformação em ambientalidade 45, 47; World Game como alegoria lúdica de 71-75, 76.

Blake, Peter 46-47.

Bloch, Ernst, 238n41, 247n7.

Bonaventure Hotel. *Ver* Westin Bonaventure Hotel em Los Angeles.

Boyle, Robert, 242n40.

Bragheri, Gianni 220.

Bretteville, Peter de, 241n45.

Bretton Woods, Acordo de 1944 39, 105-104.

Bristol, Katharine G., 235n42.

Broadacre City (Wright) 196-195.

Bunshaft, Gordon 173-174.

Burgee, John 136, 137, 244n45. *Ver também* Johnson/Burgee.

Burke, Edmund 191.

Burns, James T., Jr., 239n9.

Busbea, Larry 233n12.

Bush, George H.W. 145, 140.

Bush, George W. 139, 241n65, 243n11.

Cage, John 100.

Caldeira, Teresa P.R. 234n35, 236n68.

Califórnia, passeio de Moore pela arquitetura e pelo urbanismo da 60.

Caligiuri, Richard 158-159.

Callinicos, Alex 39-38, 232n8.

campo, acampamento 48-50, 57; acampamento-como-diagrama biopolítico 235n37; campos de extermínio nazistas 48; invocação de Rossi do, para descrever campo urbano 48; tese de Agamben do acampamento-como-paradigma 50; Utopia como polos de antinomia do moderno 61-63. *Ver também* campos de extermínio nazistas.

campos de extermínio nazistas: como instância paradigmática da exclusão inclusiva produzida e ocupada pelo poder 48, 50, 234n37; "vida nua" do 56, 186.

Canguilhem, Georges 239n5.

Cannaregio, projeto em Veneza (Eisenman) 211, 212.

capital: corporação como personificação (parcial) do 27; "dividuação" que caracteriza modo de subjetividade imanente ao global 187; humano 182, 235n55;rede global do terceiro estágio do 152, 157-156, 161, 162-161.

capital humano 182, 235n55.

capitalismo: aceitação da "inevitabilidade" histórica do desenvolvimento capitalista 69; batalha pública conduzida pelas vanguardas modernas contra a

planificação capitalista 66, 68; corporativo 30, 231n1; de consumo 119-118, 171-172; global, como consequência inevitável da modernidade 65; polos na dialética histórica do desenvolvimento capitalista 146-145; unidade do desenvolvimento econômico capitalista com a democracia liberal, Fukuyama sobre 66. *Ver também* capitalismo tardio.

capitalismo corporativo, 231n1; expansão no campo estético 30; inconsciência corporativa da arquitetura experimental 170; sujeitos do, mudanças em 174-182.

capitalismo de consumo 119, 171-172. *Ver também* customização em massa.

capitalismo tardio 27, 121; arquitetura como pertencente ao 149; capacidade retórica do pós-modernismo em afirmar o, como sua *sine qua non* 119; consistência e força dialética 32-34; correlação da cultura com o 114; inflação do impacto do edifício sob as premissas especulativas do 211; "lógica" do, como implacavelmente e irredutivelmente material 166; *loops* de *feedback* do desenvolvimento no 158; sujeito humano do, desumanizado e fantasmagorizado 211.

capital multinacional: expansão predatória do 187-186; redes de, passando pelo furo na Disneylândia 62.

Casabella (Eisenman) 97-96, 98, 102-101.

casa-como-cidade, fórmula albertiana da 44-45.

Casa del Fascio (Terragni) 97-96.

Casa Dom-ino (Le Corbusier) 97-96.

Catedral de Cristal 161-162.

Centro Cívico, de Wright em Marin County 60.

Charlottesville Tapes, The (Roche) 211-210.

Chicago: Federal Center em (Mies) 186; New Bauhaus/Institute of Design em 242n12.

"Chicago Frame" ensaio (Rowe) 77.

Choay, Françoise 247n2.

Chomsky, Noam 97-99, 100, 240n39, 241n54-55; argumento de Deleuze e Guattari contra a estrutura profunda de 105; "debate" com Foucault em 1971 103; distinção entre estrutura superficial e estrutura profunda na linguagem 97, 99, 100, 101, 103-104, 105, 106-107; Eisenman, empréstimos de 97-99, 100-101, 103-104, 106; noção da criatividade linguística baseada na natureza humana 103-104; universais linguísticos de 102-103, 121.

Chylinski, Richard 208, 209.

Ciam. *Ver* Congrès International d'Architecture Moderne.

cidade: do homem humanista *vs.* do homem psicológico 44; ilha ou enclave como unidade básica da cidade pós--moderna 58; redes e ilhas conjugadas na cidade pós-moderna, 231n3; território e, 231n3; uso do termo, 231n3. *Ver também* cidades específicas.

cidade capital: Amourotum, da *Utopia* de More 59-58; como local privilegiado para a memória coletiva para Rossi 56; Disneylândia como 61-62; o espaço--ilha de Agamben como o inverso territorial de uma 56-57.

cidade-como-condomínio fechado, 236n68.

ciência: domesticação da, dentro do *oikos* ou lar pós-moderno 129; narrativas que a arquitetura extrai da 109; pós-modernismo e imaginário da 124-130.

Cinco de Nova York 67, 78-79, 103: "jogos conceituais" dos 81: jogos de linguagem dos 104. *Ver também* debate Gray/White.

circulação: arquitetura da 201-210; de Moore 207-210; no projeto do museu Wallraf-Richartz de Ungers 204-207; *promenade architecturale* e 201-204, 205-204, 208..

Círculo de Viena do positivismo lógico 94.

citação histórica, Bienal de 1980 e interesse em 198.

Cities Within the City, projeto para a reurbanização de Berlim Ocidental 219-222.

City of the Captive Globe, The (Zenghelis) 221.

coletor como um arquétipo, 230n13.

Colquhoun, Alan, 248n15.

comoditização do futuro 138.

Complexity and Contradiction in Architecture (Venturi) 29, 38, 43, 45-47, 229n2.

problema da "totalidade difícil" em 46.

complexo militar-industrial: complexo organizacional como extensão estética e tecnológica do pós-Segunda Guerra Mundial 76-77; envolvimento de Fuller com o 71.

"complexo organizacional", organicismo baseado em sistemas do 76-77.

compressão espaço-tempo 148-149, 151-152.

computadores, 245n22; biomorfismo gerado por computador 170; colapso dos vários estágios na produção de edifícios por 171-170; como ferramenta de projeto para a sede da Union Carbide em Danbury 178, 180-179; como instrumento de escolha sob a customização em massa 187; papel na produção de sujeitos 169-173.

Comunas no Novo Mundo (Kommunen in der Neue Welt, de Ungers) 213.

condomínio fechado 57-58, 235n40; Berlin Masque de Hejduk como 217-218; cidade de como, 236n68; integrado na política corporal em virtude de sua excepcionalidade 50-51; justaposição com favelas confinadas, ou ocupações irregulares 49, 62, 236n68; segmentação do espaço urbano comparável à do 55.

conectividade, problemas de 33.

conforto, muleta do 141.

Congrès International d'Architecture Moderne (Ciam) 201.

conhecimento interdisciplinar: Nepa e uso do 92.

conjunto habitacional Pruitt-Igoe desenvolvido em St. Louis 51-56, 57, 63, 193;

como ícone dos supostos fracassos da arquitetura moderna na reforma social 51-52; como instrumento de reforma ambiental 52-56; demolição do 52, 52-53; limites físicos encorajando a "territorialidade" no 53.

conjuntos habitacionais italianos extraurbanos 50.

Connally, John B. 104.

Construtivismo 67-66.

consumismo: as simpatias de Venturi pelos testemunhos da cultura do consumo 46; associação ideológica por Jencks das novas formas de produção com o consumismo global 172-171; do "Made in Japan" 66-65; ecletismo radical de Jencks que corresponde às pluralidades de escolhas induzidas do consumismo global 117; *informe* do 47; naturalização da variação consumista na forma arquitetônica 117.

consumo, sociedade do 167.

contagem, ato de: em "incidentes" tal como a catástrofe de Bhopal 187, 189-188; fragilidade extraordinária dessa forma elementar de representação 184.

contrainsugência, abordagem "corações e mentes" para a 86-85.

"Co-op City: Learning to Like It" (Venturi e Scott Brown) 233n15.

"corações e mentes" abordagem para a contrainsurgência 86.

corporações multinacionais: como "principal forma fenomenal do capital", Mandel sobre 27; monumentalizado pela sede da Union Carbide na Park Avenue, multinaturalismo 174.

Corviale (conjunto habitacional italiano além do subúrbio) 50.

Crary, Jonathan 80, 238n35.

Crawford Manor em New Haven (Rudolph) 111, 112.

crime: prevenção por meio do projeto urbano, Newman sobre 52-56; urbano, como um problema de gestão de risco co 55-56.

crime: "guetização" do, 235n53; transição para a tolerância de certo grau de criminalidade, 235n53; urbano, como um problema de gestão de risco, 235n53.

crise do petróleo (1973) 161.

crise na arquitetura: cumplicidade com a violência dos meios de comunicação de massa 81; em reconhecer a arquitetura como uma entre muitas mídias 78-77, 81. *Ver também* debate Gray/White.

crise na historicidade 115. *Ver também* "fim da história".

Crystal World, The (Ballard) 156.

cultura de massa, 233n16.

cultura popular, (indústria cultural) 42; como uma medida ou calibragem em relação a uma norma percebida 41; como uma prática biopolítica 41-42; duplo significado dentro do termo, nos anos 1980

29, 234n17; estético 113, 114; livre-mercado 168-169; populismo 41-42.

culturas de gosto 168, 169.

"cúpulas para radar" geodésicas de Fuller 71.

Curtis, William J.R. 248n15.

customização em massa 171-173, 187, 187-190, 191; a massificação reduzida até o nível da "pessoa" sob a 188-189, 189-190; falta de liberdade como consequência da e precondição para a 191.

Dada 67.

Dal Co, Francesco 163, 186, 237n25, 246n36.

Dallas, Texas, empreendimento Fountain Place em 154.

Danbury, Connecticut, sede da Union Carbide em 176-183, 184, 184-185, 189.

Das, Veena 246n31, 247n45.

Davis, Mike 236n68, 244n44.

debate Gray/White 30, 65, 67-68, 77-81, 107-106; como sintomático do estágio do espelho arquitetônico de crise na arquitetura 78, 81; "Grays" em 78-79, 81; *rappel à l'ordre* anti-intelectual como verdadeiro legado do 69; "Whites" (Cinco de Nova York) em 68, 77-79, 81, 103, 104.

Debord, Guy 30.

De Chirico 204.

decifração primária, princípio da 91.

Decreto Bhopal (1985) 184.

DeKoven, Marianne 247n2.

Deleuze, Gilles 32, 37, 48, 54-53, 105, 106, 187, 231n2, 236n71, 241n59, 247n41; políticas da linguagem 105.

Delillo, Don 191.

de Menil, família 137.

densidade, taxa de criminalidade e problema de 54-55.

Denver, Colorado: Mile-High Tower em 96-95; Roche Dinkeloo projeto de torres gêmeas em 163.

Derrida, Jacques 66, 138, 196-197, 199-200, 237n6, 247n7-8.

descontextualização estratégica da arquitetura pós-moderna 23.

desenho bonito, ou "planta bonita", muleta do 141.

Design, Nature, and Revolution: Toward a Critical Ecology (Maldonado) 93-96.

Design With Nature (McHarg) 96.

desindustrialização, pressões de descentralização 221.

deslocamentos de escala 211.

desmaterialização pós-modernista da produção cultural num jogo especular de imagens 145-146.

desnaturalização, perceptiva 186.

desrealização 193.

dessegregação, renovação urbana e 51.

Deutsches Architekturmuseum em Frankfurt (Unger) 214-216, 229n2; *Post-Modern Visions*, exposição no (1984) 38.

Diken, Bülent 235n37-38.

Dinkeloo, John. *Ver* Roche Dinkeloo Associates .

Disneylândia 198-197, 218; buraco na 61; como "Utopia degenerada", Marin sobre 59, 61; fantasia de "vida pública" sustentada pela 61; Moore sobre 60-62; reificação da imaginação na forma da Fantasyland 61.

Dispatches (Herr) 77.

Dispossessed, The (Le Guin) 133-132.

"distribuição do sensível", noção de Rancière da 167, 187-186, 246n40.

divisão do trabalho, na ecologia política de Latour 130.

domesticidade: aplicada aos projetos de laboratório de Venturi e Scott Brown 127, 128-129, 131, 132; do interior da sede da Union Carbide em Danbury 186; iconografia interior de "The Home" na exposição *Signs of Life* 127.

Donzelot, Jacques 235n55.

Dow Chemical 184, 189-188.

Drexler, Arthur 229n2.

Dubos, Rene 239n9.

duplo, literário-romântico, figura fantástica do 244n43.

Dymaxion, casa, reproduzível em massa 171.

Eagleton, Terry 39-38, 232n8.

"Early Communes in the USA" (Ungers) 213.

ecletismo: do conjunto em condomínio de Moore em Los Angeles 207-208; radical 87, 117-124, 132, 133.

ecletismo radical de Jencks 87, 117-124, 132, 133, 200; ansiedade não dita decodificada no 120.

ecologia: origens do termo 93-94, 102; política de Latour 130-131. *Ver também* meio ambiente.

ecologia política de Latour 130-131; política da 133.

economia: de incorporar o espaço defensivo nos edifícios de alta densidade 54-55; estética e 137-139, 152.

economia, origens do termo 93.

economia vodu 145.

ecossistema, os três sistemas de produção arquitetônica de Jencks como 119-118.

edifícios de escritório 75; projetados por arquitetos comerciais *vs.* por arquitetos como Mies 77-78.

Edwards, Paul N. 237n16; 238n46.

efeito visor 200, 210-211.

Eigen, Edward 239n5.

Eisenman, Peter 30-29, 44, 45, 67, 77, 78, 119-118, 172, 234n21-24, 238n31, 240n28-30, 240n35, 240n41, 241n44, 241n48, 248n18; Cannaregio, projeto em Veneza 211, 212; esforço preventivo para manter a soberania sobre um meio ambiente 107; introdução ao Architecture of the City de Rossi 44, 48; regras transformacionais de 102; retirada para a casa da linguagem 104; sobre estrutura conceitual 98-99, 99-100; teoria da arquitetura-como--linguagem 100-99, 107-106, 107-108;

teoria do meio ambiente 96-104; teoria-prática loop de feedback 101, 241n52; transposição das hipóteses linguísticas de Chomsky para o campo arquitetônico 97-100, 100, 101, 103-104, 106.

eixo de produção, da arquitetura 26, 40, 47-56; novas segmentações 47; topologias da exceção de Agamben, 47, 49-50.

eixo de representação da arquitetura 25, 26-27, 40-48; populismo e problema de representação 41-42; questão de como representar a unidade 47; Rossi e o problema da representação 43-45, 47; Venturi e o problema da representação 45-46.

Ek, Richard 235n37.

"Embryologic Houses" (Lynn) 171-172.

Emery Roth & Sons 80, 241n65.

empreendedor imobiliário, arquitetura de 139-138, 139-140.

empreendimento habitacional Co-op City 233n15.

Engels, Friedrich 198-199, 247n1, 248n11.

engenharia genética 121.

Enron 140.

equilíbrio dinâmico, tendência do sistema em direção a 94-93.

Erikson, Erik H. 239n9.

escala humana, deslocamento da 211.

espacialização do temporal, Jameson sobre 132.

espaço, como questão territorial apresentada simultaneamente por meio de redes e ilhas 27.

Espaço Defensivo: Prevenção do Crime Por Meio do Projeto Urbano (Newman) 52-56.

espaço piranesiano 208-207.

espaço pós-moderno 215-214.

espelhos 34, 145-157, 246n36; como dispositivo paradigmático para a produção do limiar interior/exterior, 244n36; como *loop* de *feedback* 148; dentro-fora 190-191; hipótese de Harvey dos fundamentos da pós-modernidade como "economia com espelhos" 145; mística do 161-162; no interior da sede da Union Carbide em Danbury 184-185, 189-190; ocultando o exterior 157-156; olhando para em vez de em 151, 157-156; rede de, se desdobrando 154; referência à pedra 153-152, 156, 160, 161; serialidade circular e tautológica criada por 151-152; técnica da rerreflexão com 147-148, 156; ubiquidade do 147, 148-149, 152.

estado de exceção, diagramas de Agamben mostrando o movimento em direção ao 56-57.

estágio do espelho 168.

estética 246n40; economia e 137-138, 148-149; tecnologia e 87, 129.

estética primária 246n40.

estrutura conceitual, Eisenman sobre 98-99, 99.

estrutura, muleta da 142.

"estrutura superficial" e "estrutura profunda" na linguagem, a distinção de

Chomsky entre 97, 99-100, 100, 101, 103-104, 105, 106-107.

Eternal Present, The (Giedion) 110.

eugenia 121-120.

evolução: crítica de Jencks, noção de 120-121; de segunda ordem de Huxley 121-120.

Evolution in Action (Huxley) 120.

Ewald, François; 235n52.

exceção, topologias da, de Agamben 47, 49-50; diagramas mostrando movimento em direção ao "estado de exceção" 56-57.

existencialismo, crítica por Adorno do existencialismo heideggeriano 110.

existencialismo heideggeriano, crítica de Adorno do 110.

Expo'67 em Montreal 71.

fantasma da Utopia 193-226; aprendendo a viver com o 196-197, 226; Cities Within the City projeto para a reurbanização de Berlim Ocidental e a multiplicidade do 219-222; dinâmica da inclusão e exclusão mapeando uma topologia do 197; internalização pós-moderna da transcendência da Utopia 211-210, 222; modelo em arquipélago "city-within-a-city" de Krier para Luxemburgo e exorcismo do 224-225; passagens arquitetônicas frustradas como fantasmas de galerias fantasmagóricas em arcadas da Europa do século XIX 210-211.

fatalismo 120.

fato científico 126-125.

favelas: como componente estrutural da urbanização pós-moderna 236n68; justaposição com condomínios fechados 49, 62, 236n68; remoção de favelas 52-51.

Federal Center em Chicago (Mies) 186.

fetiche: Catedral de Cristal como máximo 161; definição de 143; petróleo como 139, 144, 166, 243n10.

fetichismo: característica da arquitetura moderna 141-142; da mercadoria 143, 156, 165, 169-168; petróleo como fetiche 139, 144, 166; da superfície, condenação por Harvey do 168; mercadoria 243n10.

fetichismo da mercadoria 243n10.

ficção científica 124, 129, 132-133.

Fiedler, Conrad 230n14.

Filadélfia, Pensilvânia: Guild House em 111-113, 129-128; museu casa de Venturi para Benjamin Franklin na 214-213.

"fim da história" 58, 83, 115, 152; abordagem modernista do 200; abordagem pós-modernista do 200; tese de Fukuyama 65-66, 172.

"fim da história", tese de Fukuyama 237n4.

Five Architects 77; "Five on Five" crítica de 78, 238n31.

Flamm, Alex 246n26.

flexibilidade da sede da Union Carbide em Nova York 175-174, 177.

Flint, Charles 231n1.

forma e conteúdo: contingente no "galpão decorado" categoria de arquitetura 110-111; inseparável na categoria de arquitetura "pato" 110, 111.

Forrester, Jay W. 239n9.

Fortune, revista 176.

Fort Worth, museu Amon Carter em 137.

Foucault, Michel 26, 42, 54, 55, 96, 230n6, 234n25, 235n53-55, 236n70-71, 236n73, 239n1, 239n6, 241n55, 244n55, 246n25; "debate" com Chomsky em 1971 103; noção de ambientalidade 89, 117; sobre "aparatos de segurança" e aparatos disciplinares que os acompanham 233n16; sobre biopolítica 45, 169, 234n25; sobre exterioridade da linguagem 62; sobre *homo œconomicus* 188; sobre "máquina de habilidades" 247n44; sobre o princípio de decifração primár 91; sobre racismo 160.

Fountain Place, empreendimento imobiliário em Dallas (I.M. Pei) 154.

Frampton, Kenneth 229n4, 231n16, 233n15, 242n6, 248n21.

Frankfurt, Alemanha, Deutsches Architekturmuseum em 38, 214-215, 229n2.

Franklin, Benjamin, museu casa de Venturi em Philadelphia para 214.

Franzen, Ulrich 233n15.

Freud, Sigmund 151.

Friedman, Yona 221.

"From Object to Relationship II: Giuseppe Terragni Casa Giuliani Frigerio" (Eisenman) 99-100.

"From Object to Relationship: The Casa del Fascio by Terragni" (Eisenman) 97.

fronteira, limitação utópica ou limite como 236n72.

"Frontier in American History, The" (Turner) 83.

Fukuyama, Francis 83, 86, 236n4-5; sobre a "vitória do videocassete" 66-65, 67; tese do "fim da história" 65-66, 172, 237n4.

Fuller, R. Buckminster 71-75, 76, 85, 100, 117, 237n19; casa Dymaxion reproduzível em massa 172-171; "cúpulas" geodésicas projetadas para os militares 71; futurologia que reflete a teoria geral de sistemas 72; World Game 71-75, 82, 84, 87, 166.

funcionalismo: aumento das tendências pós-humanistas por Unger do 207; da mente, normalização do ambiente biofísico internalizado dentro 52.

futurologia de Jencks 117-119, 120, 121-122.

Gabor, Dennis 239n9.

"galpão decorado", categoria de arquitetura: Venturi e Scott Brown, classificação de 110-112, 128-127; exemplo de 111-113.

Gandelsonas, Mario 102.

Gans, Herbert 41, 169.

Garden Grove, Igreja Comunitária ("Catedral de Cristal") em Garden Grove, Califórnia 160-163.

Gehry, Frank 143; 235n58; 244n27; análise por Jameson da obra de 74-75, 124, 235n57; casa em Santa Monica 58, 74; Museu Guggenheim em Bilbao 201.

Genentech 129.

General Semantics, movimento 98.

genocídio 160.

Genzyme 129.

Ghosh, Amitav 137, 243n1.

Giddens, Anthony 82, 238.

Giedion, Sigfried 33, 62, 110, 112, 242n6.

gigantismo 211.

Giovannini, Joseph 245n22.

Giurgola, Romaldo 78, 107, 238n31.

globalização 107; causalidade irrevogável nas relações econômicas da 32-33; fatos constituintes da 33; pós-modernismo e 32; tecno-econômica, "espaço" da 154.

globalização tecnoeconômica, "espaço" da 154.

Golden Triangle, empreendimento comercial em Pittsburgh 154; Gateway Center empreendimento habitacional 158; PPG Place em 154-161, 162-161; Tafuri sobre 157-158.

Goldhagen, Sarah Williams 230n10.

Golding, Arthur 241n45.

Goodhue, Bertrand 152.

Gottmann, Jean 41.

governabilidade, segurança como dimensão da 42-41.

Graham, Bruce 145.

Graham, Stephen 234n34.

"grande maioria silenciosa", uso por Nixon da 233n15.

Graves, Michael 30, 68, 77, 211, 248n19.

Great Society 239n10-11, 239n14.

Greenberg, Allan 78, 107, 238n31.

grelha cartesiana como emblema da "racionalidade" modernista 196-195.

Gropius 207.

grupo Tendenza da Itália 40.

Guattari, Félix 32, 105, 106, 241n59; política da linguagem 105.

guerra ao terror 69, 241n65.

Guerra do Golfo 68.

Guerra do Vietnã 68, 77, 79, 81, 84-88; como a "última guerra" no imaginário político estadunidense 68-69, 84-85; como guerra de modernização 85; como guerra esquizo-simbólica 84; conflito com objetivos ambientais de Nixon 91; iniciativas ambientais dos EUA na 85; Operação Igloo White (1967-1972) 85, 238n46; operações militares controladas remotamente tentadas pelo exército estadunidense na 71; percepção das epistemologias da, a partir do World Game de Fuller 72; pós-modernismo cognitivamente remapeado, refundado e domesticado na 87; relato de Herr de suas experiências na 114; significação latente do 81; suspeita de Marx da política ambiental de Nixon como distração da 92.

Guerra Fria 70, 72-71, 72, 82, 86, 202, 218.

guerra midiática 82, 238n37.

"guetização" do crime 235n53.

Guild House em Philadelphia (Venturi) 111-113, 129.

Gwathmey, Charles 77.

Habermas, Jürgen 38, 109, 231n6-7.

habitação: configuração espacial de tábula rasa dos enclaves modernos 49; empreendimento habitacional Pruitt-Igoe em St. Louis 51-56, 57, 63, 193; enclaves como diagramas da exclusão inclusiva 49-50; na Alemanha do final do século XIX 247n1; pública 63, 193.

habitação pública 63; como emblemática do alegado fracasso da utopia modernista 193; conjunto habitacional Pruitt-Igoe 51-56, 57, 63, 193.

Haeckel, Ernst 170.

Halbwachs, Maurice 43.

Hall, Edward T. 239n9.

Hanna, Bridget 246n29, 246n31-32, 246n33.

Haraway, Donna 125.

Hardt, Michael 37, 47-48, 48-49, 58, 107, 230n7, 231n2, 235n57.

Hardy Holzman Pfeiffer (HHP) 159.

Harrison, Wallace K. 154, 158.

Hartmann, George W. 240n27.

Harvey, David 28, 39, 44, 48, 69, 232n8, 232n10, 243n5, 244n32; condenação do fetichismo da superfície 168-169; sobre a extração de valor da terra baseado na expectativa de valor futuro 138; sobre compressão do espaço-tempo 148, 152; sobre "modernidade fordista" e "pós-modernidade flexível" 145-146, 162-161; sobre os fundamentos da pós-modernidade como "economia com espelhos" 145.

Hassan, Ihab 39.

hauntologia, de Derrida 200-199.

Hayakawa, S.I. 98, 240n34.

Hayden, Dolores 235n40.

Hays, K. Michael 237n30.

Hazarika, Sanjoy 246n34.

Hejduk, John 30, 77, 217-219, 248n24, Berlin Masque 217-218, 226, Lancaster/Hanover Masque 218.

Henderson, L.J. 239n17.

Herr, Michael 77, 114-115, 132, 242n15.

Hertzberger, Herman 40.

híbridos natureza-cultura, de Latour 124-126, 129, 130-131.

Hilberseimer, Ludwig 207; urbanismo necropolitano de 48.

Hines, Gerald 139-145, 152, 154, 163, 243n18.

hipermodernismo 68, 236n63.

história 35, 65-88; ciclos autorreflexivos de periodicidade 83; crise na historicidade 115; duas versões do "fim" da 65-67; *loops* de *feedback* da 83, 84, 86, 87; muleta da 141; papel determinante da, observação de Maldonado do 239n17; tese de Fukuyama do "fim da história" 65-66, 172; 237n4; transição da temporalidade moderna para a espacialidade pós-moderna 84; verdade histórica e formas culturais, relação entre 25; versão raízes e galhos de Jencks da história arquitetônica 117; visão fatalista da 120; World Game de Fuller e 71-75.

Hobbes, Thomas 242n40.
Ho Chi Minh, projeto para "Saigon South" na cidade de 85, 86, 87.
Hollein, Hans 219.
Holmdel, New Jersey, Bell Laboratories em 163, 185, 186.
homem da organização: adaptabilidade funcional exigida do 175-174; tornado visível pela arquitetura dos edifícios 175.
homo œconomicus 55, 56, 188.
Homo Sacer: Sovereign Power and Bare Life (Agamben) 47-48, 56, 57; vítimas de Bhopal colocadas no espaço do *homo sacer* 186.
Hood, Raymond 152.
Horkheimer, Max 42, 122, 233n17, 242n33.
Hôtel Arcades em Roissy, como *zone d'attente* 235n37.
Hotel Berlin (Ungers) 214-215.
Houston, Texas; Allied Bank Plaza em 154; Pennzoil Place em 135-136, 137, 139, 139-143, 144-145, 146-147, 151-152, 162, 163; 243n18; projeto Roche Dinkeloo de torres gêmeas em 163-164; rede de edifícios e túneis em 144-145, 152; Republic Bank Center em 145; Transco Tower em 145, 152-153, 162.
Houstoun, Lawrence, Jr. 159, 244n54.
Hudnut, Joseph 229n2.
Hudson Institute 72, 122.
humanismo de Chomsky, centrado na noção de criatividade linguística baseada na natureza humana 103-104.
Huntington, Samuel P. 86, 238n47.
Huxley, Julian 120-121.
Huyssen, Andreas 28, 32, 39, 69, 229n3, 230n11, 231n17, 232n8, 234n17.

IBM. *Ver* Internationale Business Machines (IBM).
Iconography and Electronics upon a Generic Architecture (Venturi) 46.
ideologia como linguagem 110.
ilha(s) 27; arquipélago de construídas 219-225; como unidade básica da cidade pós-moderna 58; espaço-ilha diagramado por Agamben 56; rede e 40, 231n3; temática da 35.
ilha, Utopia como 58-64, 215-219; análise de Jameson da 58; em Disneylândia 59-62; forma de ilha 58-59, 60; função de ilha 215; geografia da Utopia de More 58, 61.
Illinois Institute of Technology 142.
imagem(s) 109-134; assimilação da proliferação de imagens num modelo ecológico, 119-120; aura da 112; autêntica 112; ecletismo radical de Jencks e 117-124, 132, 133, 200-201; entrada da arquitetura no campo agonístico da ciência pós-moderna como uma 130-129; fato inequívoco de imagens reais 35; imaginário da ciência 124-134; problema de levar em conta a arquitetura-como-imagem 131-132.
Image of the City (Lynch) 95, 114.

"impensável" da Utopia, ativo 24, 39.
Índia: catástrofe de Bhopal (1984) 182-185, 186-187, 189, 191, 246n27-32; "revolução verde" quimicamente aprimorada da 188.
indústria cultural (cultura popular) 42, 233n17.
informe do consumismo 47.
interior e exterior; problemas de 33, 34, 35; produção de novos interiores-exteriores 235n37.
interiores-exteriores 47-56.
International Business Machines (IBM) 37, 231n1.
Internationale Bauausstellung (IBA) 216, 229n2.
Investors Diversified Services (IDS) Center 141, 147-148; átrio Crystal Court 147-148; cantos espelhados dentro-fora no 147-148, 151.
invisibilidade: das vítimas de Bhopal des-individualizadas 186, 189-188; paradoxo perceptivo de certa visível 169; tendência para a, que acompanha o crescimento global 176.
"Invisible Environment: The Future of Erosion, The" (McLuhan) 100-101.
Iraque: pós-11/9, conflito no 68.
Izenour, Steven 38, 231n5, 233n14, 237n27, 242n7.

Jacobs, Brian 244n50.
Jameson, Fredric 26, 27, 28, 32, 39, 41, 62, 67, 69, 76-77, 80-81, 82-83, 107-108, 149-152, 229n3, 230n5, 230n11, 232n8, 232n9, 236n69, 237n28-40, 241n1-2, 241n64, 242n31, 243n3-4, 243n5-6, 243n55, 244n44, 245n64, 247n2, 248n20, 248n28; análise da forma da ilha da Utopia 58-59; analogias entre a teoria de cinema de orientação psicanalítica e as preocupações imagísticas da arquitetura pós-moderna 245n3; defesa da arquitetura pós-moderna 109-110; identificação da pós-história predominantemente hegeliana com o pós-modernismo 83-84; modelo político de arquipélago federativo sugerido por 221-222; montando as "unidades" mínimas de uma gramática arquitetônica 74-75; pós-modernidade encontrada em certos autores de ficção científica por 132-133; reprodução da lista de Latour de 1984 de sinônimos sardônicos para "o mundo moderno" 124; sobre a arquitetura que reveste a Strada Novissima 212-211; sobre a espacialização do temporal 119-120, 132; sobre antinomias da pós-modernidade 236n68; sobre "colonização do futuro" 122; sobre Gehry 74-75, 124, 235n58; sobre Jencks 123-124; sobre mapeamento cognitivo 114, 215; sobre mediações entre a economia e a estética 137-139; sobre o hotel Westin Bonaventure 114, 115, 149-150, 151; sobre periodização 83-84; sobre "populismo" comercial vs. "populismo" de oposição 233n13;

sublime pós-moderno de 191; versão da crise do materialismo histórico 152.
jargão da autenticidade 110.
Jefferson, Thomas 69-70; tentativa de síntese da tecnologia moderna e estética pós-revolucionária 70.
Jencks, Charles 38, 52, 87, 115-124, 138, 169, 229n2, 235n44, 242n11, 242n26, 242n30, 242n33, 245n6-7, 248n13-14, 248n21, alvo da revolta pós-modernista codificada por 127, 129; "árvore evolutiva" de estilos arquitetônicos 117-119, 121-124, 132-133, 200-201; assimilação da proliferação de imagens no modelo ecológico 118-119, 119-120; associação ideológica de novas formas de produção com consumismo global 172; ecletismo radical 117-124, 132, 133, 200; futurologia de 117-119, 120, 121-122; "linha-do-tempo" falsa-histórica do pós-modernismo de 200; seis tradições arquitetônicas diagramadas por 121-122; sobre evolução crítica 120-121; sobre o hotel Westin Bonaventure de Portman 115-117; sobre o populismo estético comunicativo de Venturi e Scott Brown 113; sobre o regionalismo como uma das características definidoras do pós-modernismo 213; tratamento por Jameson de 123-124; três sistemas de produção arquitetônica 118-119.
jogos de guerra 82; jogos linguísticos disputados nas superfícies da arquitetura pós-moderna como 82-81.
jogos de linguagem 70-75, 104; dimensões biopolíticas dos 71; World Game de Fuller 71, 71-75.
John Hancock Center 158.
Johnson/Burgee; edifício AT&T 143; Igreja Comunitária Garden Grove (Catedral de Cristal) 160-163; Pennzoil Place 135-137, 139-143, 145, 147, 151-152, 162, 163, 243n18; PPG Industries Plaza and Tower, ou PPG Place 154-160, 161-163; rede de edifícios e túneis em Houston 145-144, 152; técnica da rerreflexão usada por 147-149.
Johnson, Lyndon B. 239n10.
Johnson, Philip 75, 136, 137, 139, 243n14-15, 244n23, 244n45; como exemplo de algo como a imanência absoluta 149; como um meio e um mediador 139; propriedade New Canaan de 142; sobre diversas formas de fetichismo (muletas) características da arquitetura moderna 140-142.
Joselit, David 238n42.
Judd, Donald 151.
juízo estético, normalização do 42.

Kahn, Herman 122, 242n33.
Kahn, Louis 40, 77, 242n43; busca por uma arquitetura de conteúdo metafísico não mediado 126; Salk Institute de 126-127, 129, 132.
Kant, Immanuel 30, 191.
Karlsruhe 219, 221.
Kaufmann, Emil 247n2.

254 ▪

Keating, Richard 154.
Kepes, Gyorgy 92, 95, 98, 99, 239n9, 240n20; série Vision + Value 92, 100; sobre a linguagem da visão (Language of Vision) 113-114; sobre externalidades do "novo comum" 241n43; sobre linguagem visual como sistema organizacional 95-96, 97-98; sobre o conceito de interpenetração como um instrumento de integração 240n26; sobre o falso ambiente do homem 240n23.
Kerry, John, campanha do Swift Boat contra 68, 237n12.
Kevin Roche John Dinkeloo and Associates. Ver Roche Dinkeloo Associates.
Kittler, Friedrich 151, 238n37, 244n43.
Kleihues, Josef Paul 216, 248n23.
Klotz, Heinrich 229n2, 248n23.
Koetter, Fred 230n5, 235n44.
Kojève, Alexandre 65, 66.
Kollhoff, Hans, projeto Cities Within the City para a reurbanização de Berlim Ocidental e 219-222.
Kommunen in der Neue Welt (Comunas no Novo Mundo) [Ungers] 213.
Koolhaas, Rem 137, 236n68, 243n4, 245n3; projeto Cities Within the City para a reurbanização de Berlim Ocidental e 219-222.
Kosovo, ação liderada pela Otan em 68.
Kracauer, Siegfried 170, 172, 174, 186, 187-188, 190, 245n10, 245n12.
Krier, Léon 212, 248n31-32; nostalgia pelo último objeto perdido da modernidade (lar ou pátria) 224; projeto em contraposição em resposta ao Centre 300 224-225.
Kudo, Kunio 245n20.

laboratório científico 126-133; modelo de sistemas extrapolado para a esfera da imagem pela arquitetura do 109-110; "parlamento de coisas" de Latour modelado como 125-124, 130-132; produção do, do final do século XX 126, 127; projetado por Venturi, Rauch e Scott Brown 127-129, 129-130, 132; "vida de laboratório" interna 127, 129-128.
Lacan, Jacques 150, 245n2, 245n3; noção do "estágio do espelho" 168.
La Jolla, California, Salk Institute for Biological Science em 126-127, 129, 132.
Lancaster/Hanover Masque (Hejduk) 218.
Language in Action (Hayakawa) 98.
Language of Post-Modern Architecture, The (Jencks) 38, 53, 115-117, 118, 124, 169, 200, 213.
Language of Vision (Kepes) 95, 97, 113.
LaPierre, Dominique 246n27; 246n30.
Lardner, George, Jr. 243n11.
Larkin, Brian 244n29.
Lash, Scott 238n38.
Las Vegas 42-43, 76, 111-110; a crítica de Maldonado de, como um modelo de riqueza ambiental 94-95; cassinos que re-

vestem a strip em, como "galpões decorados" 110-112.
László Moholy-Nagy 95-94.
Latham, Michael E. 238n47.
Latour, Bruno 110, 124-134, 242n37-42, 243n48; arquitetura como constante quase metafísica para 131; ecologia política de 130-131; híbridos natureza-cultura ou "parlamento de coisas" de 124-126, 129-130, 130-131; tentativa de desnaturalizar sistema relacionado de signos sem desistir inteiramente de seu conteúdo 133.
Lausten, Carsten Bagge 235n37-38.
Lazzarato, Maurizio 230n7, 231n1.
Leach, Andrew 237n7.
Learning From Las Vegas (Venturi, Scott Brown e Izenour) 38, 42-43, 46, 110-112, 114, 124, 127, 231n5, 233n14, 237n27; modelo comunicativo e ornamental, defendido em 41; modernismo arquitetônico como aberração estatística em 42-43.
Le Corbusier 77, 97, 194, 196, 201; identificação do bloco de habitação com o transatlântico 49; objetos-tipo 121, 122; papel figurativo desempenhado pela promenade architecturale na obra de 201-202, 208; Plano Voisin, não realizado, para o centro de Paris 28; utopias modernistas de 74-73.
Lee, Benjamin 241n61.
Lefaivre, Liane 229n4.
Legault, Réjean 230n10.
Le Guin, Ursula 132-133.
Leibniz, Gottfried 191.
Lei do Programa das Nações Unidas para o Meio Ambiente de 1973 106.
Lei Nacional de Política Ambiental (National Environmental Policy Act [Nepa]) 90-93; abordagem interdisciplinar da 92; série de construções implícitas na 90.
Leinweber, Yamasaki & Hellmuth 51.
Le Monde (jornal) 198.
Leonidov, Ivan 219.
Lever House 173-174.
Lévi-Strauss, Claude 121.
Levittown 41, 43, 169.
Lewis Thomas Laboratory for Molecular Biology na Universidade de Princeton 127-129.
Lewitt, Sol 151.
Liedtke, Hugh 140.
linguagem 34-35, 89-108; como evidência principal para o "sistema geral" de arquitetura de Jencks 121; discurso ambiental e ecológico 90-104; distinção de Chomsky entre estrutura superficial e estrutura profunda na 97, 99-100, 100, 101, 103-104, 105, 106; distinção por Morris entre dimensões pragmática, semântica e sintática da 98; do ambientalismo de Nixon 90-93; ideologia como 110; linguagem da visão de Kepes 95, 97-98, 113; língua vs. fala na linguística estrutural 120-121; para McLuhan 101; políticas da, Deleuze e Guattari sobre 105; transformações semióticas 105-106;

transposição, por Eisenman, da hipótese linguística de Chomsky para o campo arquitetônico 97-99, 100, 101, 103-104, 106-107; universais linguísticos de Chomsky 103-104, 121.
LiPuma, Edward 241n61.
liquidez, petróleo na base da 144.
Lissitzky, El 147.
Llewellyn Park em New Jersey 51.
loop(s) de feedback; baseado em imagem 200; causalidade irrevogável nas relações econômicas da globalização e 32-34; como modelo para pensar sobre a relação entre eixo de representação e eixo de produção 40; de desenvolvimento urbano no capitalismo tardio 158; de história 82, 83, 84, 86, 87; espelhos como 148; reconhecimento de padrões e 101-100; teoria-prática 102-101, 241n52.
Loos, Adolf 164.
Los Angeles: Condomínio Moore, Rogger, Hofflander em 207-209; Hotel Westin Bonaventure em 74, 76, 84, 114, 115-117, 149-150, 151, 156, 214-215, 244n44; Wells Fargo Court em 149-150.
Los Angeles: The Architecture of Four Ecologies (Banham) 96.
Low, Setha 235n40.
Lubove, Roy 244n48, 244n51.
ludicidade, substituição da melancolia profissional por uma 194-195.
Luhmann, Niklas 123-122, 242n34.
Lukács, Georg 207, 248n17.
Luxemburgo: modelo de arquipélago "city-within-a-city" de Krier para 224-225: projeto Centre 300 para 224.
"luz e ar", discurso funcionalista para-científico sobre 52.
Lynch, Kevin 95-94, 114-113, 117, 239n9, 240n22, 242n12.
Lynn, Greg 171-172, 245n11, 245n12.
Lyotard, Jean-François 28, 32, 39-38, 72, 109, 120, 123, 129, 230n11, 232n8, 241n1, 243n35, 247n3.

Machine in the Garden, The (Marx) 92.
Magnitogorsk 219, 221.
Magritte, René 204, 205-207.
Main Street USA, da Disneylândia 61-62.
"maioria branca silenciosa" 41, 233n13.
"maioria", usada como indicador do desejo popular 42.
Maldonado, Tomás 93-95, 99, 106-107, 239n15-17.
Mandel, Ernest 27, 230n8.
Manifesto Comunista, O (Marx e Engels) 198.
mão invisível 83.
mapeamento cognitivo 114, 215, 242n12.
Marco Zero em Nova York 85, 172.
Marin County, Centro Cívico de Wright em 60.
Marin, Louis 58-61, 218, 236n61, 236n72, 248n25.
Marlin, William 243n13, 243n18.

ÍNDICE REMISSIVO • 255

Martin, Reinhold 230n9, 237n12, 237n26, 242n21, 245n13, 245n17.

Marvin, Simon 234n34.

Marx, Karl 138-137, 146, 199-200, 243n10, 248n11.

Marx, Leo 92-93, 239n9-10.

massificação: reduzida ao nível da "pessoa" sob a customização em massa 188, 190; sede da Union Carbide como apoteose da 173-176.

materialidade 35, 135-166; arquitetura e circulação do dinheiro do petróleo 137-145; da acumulação flexível 147; espelhos 145-156, 246n36; imaterial 147-149, 161; restauração de significado por meio da materialização 161; truques apresentados pela globalização corporativa que produzem a ilusão de que há uma ilusão 161-165.

materialidade imaterial 147, 161.

materialismo histórico, crise do 145-146; versão de Jameson da 152.

McHale, John 100.

McHarg, Ian 96.

McLeod, Mary 244n34.

McLuhan, Marshall 42, 100-102, 117, 233n17, 241n46.

Mechanization Takes Command (Gideon) 62.

méconnaissance, estágio do espelho como fundacional 168.

Megalopolis (Gottmann) 41.

Meier, Richard 68-67, 77.

meio ambiente 89-108; abstração do 96-97, 99; ambientalismo de Nixon 90-93, 102-103, 104, 106-107, 107-108, 240n18; tornado visível pelo vidro espelhado da Catedral de Cristal 161; colapso da habitabilidade e da hospitalidade no 91-90; colapso do nacional e do supranacional em objetivos para o 91-90; como objeto de regulamentação governamental 91-92, 239n10; como um tipo de sublime pós--moderno 89; construído como um sistema significante 91-92, 93-92, 94-93; extensão do campo biológico para o campo social, 239n18; interno à arquitetura-como-linguagem, noção de comum, unificador, 240n43; Kepes sobre o falso do homem, 240n23; sujeito humano implícito/habitante do 90-91; teoria de Eisenman do 96-104; transformação do, como categoria epistemológica durante o final dos anos 1960 e anos 1970 89.

meios de comunicação de massa, internalização da violência dos, na arquitetura 81.

melancolia romântica, assimilação da 194.

melancólico, arquiteto como profissional 194.

Melchoir-Bonnet, Sabine 244n35.

memória: histórica 45-44, 46; tecnológica 46.

memória histórica 45-44, 46-45.

memória tecnológica 46.

Menzies, Hugh D. 245n18.

Mertins, Detlef 237n30.

metafísica, baseada em imagem 112.

Mies van der Rohe, Ludwig 75, 77, 80, 142, 161, 186, 207; inseparabilidade da obra frente a um fenômeno de massa 77-78, 80-79.

Migayrou, Frederic 245n8.

Milão, Trienal de (1973) 229n2.

Mile-High Tower em Denver (Pei) 96-95.

Mills, C. Wright 174, 245n16.

Mimar (revista) 213-211.

mimese: de segundo grau 168; espelhos e 149.

Minimalismo, detalhe do canto no Pennzoil Place como fantasma do 143.

Minneapolis, IDS Center em 141, 147-149, 151.

mito, Disneylândia como "Utopia degenerada" e 61.

modelo de sistemas; extrapolado na esfera da imagem pela arquitetura do laboratório científico 109-110; noção de arte de Luhmann como "sistema social" autopoético comparado ao 122-123; reprodução por Jencks do 117-124.

Modena, Itália, Cemitério San Cataldo em 219, 226.

modernidade: equilíbrio de risco ambiental e ontológico como marca de uma nova, "reflexiva" e autocorretora 82, 87; utopia e acampamento como polos da antinomia do moderno 62-63.

"modernidade fordista" e "pós-modernidade flexível", simultaneidade de 145, 161.

modernismo: aprender a viver com os fantasmas do 196-197; como aberração estatística fora das normas de Levittown e Las Vegas 43-42; como avatar da modernização 47; debate Gray/White como legado estilístico do 65, 67-69; demolição de Pruitt-Igoe e destruição do empreendimento utópico modernista 51-52; interesse renovado pelo, inicial 241n45; populismo estético e comunicativo de Venturi e Scott Brown como inversão do 113; pós-guerra 76-75, 77; problematização do, como categoria unificada 31; racionalização da vida cotidiana em enormes conjuntos habitacionais e patrocinados principalmente pelo Estado definiu o 49-50; raízes da teoria arquitetônica de Jencks no 113; técnicas visuais modernistas, Kepes sobre 95.

modernismo pós-guerra 76, 77.

"Modernity: An Incomplete Project". (Habermas) 38.

modernização: alegoria de Tafuri da 59; guerra no Vietnã como uma guerra de 85; modernismo como avatar da 47.

Moore, Charles 30, 60-62, 63, 78, 107, 207-209, 236n65, 238n31; casa-dentro-de-uma-casa de 214-213; como autodenominado criador de "lugares" em oposição aos não lugares do modernismo 207;

complexo em condomínio em Los Angeles por 207-209; participação em concurso para empreendimento de uso misto no distrito de Tegel Harbor em Berlim Ocidental 215; predileção pelo espaço "vazado" 207; sobre a Disneylândia 60-62; teste de revolução 60.

Moore, Rogger, Hofflander, Condomínio, Los Angeles 208-209.

moradia urbana 219, 221, 222-223.

More, Thomas 56, 58, 59-58, 235n56.

Morgan Bank, sede em Nova York 164.

Moro, Javier 246n27, 246n30.

Morris, Charles W. 94, 97-99, 113, 240n36, 242n12.

motivo econômico 142.

movimento Cidade-Jardim Europeu 51.

Muller, Edward K. 244n53.

multinaturalismo 131-130.

Mumbai, justaposição de condomínio fechado com favelas confinada (ocupações irregulares) em 49.

Museu Guggenheim em Bilbao (Gehry) 201-202.

Negri, Antonio 37, 47, 48, 58, 107, 230n7, 231n2, 235n57.

neofuturismo 194.

neokantismo 230n12.

neoliberalismo 200-199, 235n55; centralidade da noção de "capital humano" no, estadunidense 182; espaço defensivo como correlato do 55; *homo œconomicus* do 55, 56; naturalizações familiares ao discurso econômico neoliberal 83-82.

neopragmatismo e tecno-triunfalismo, combinação de 69.

neovanguarda 30, 78.

Nepa. *Ver* Lei Nacional de Política Ambiental (National Environmental Policy Act [Nepa]) .

Neue Staatsgalerie em Stuttgart (Stirling) 201-204.

Neumann, John von 72.

New Bauhaus/Institute of Design em Chicago 242n12.

New Canaan, propriedade de Johnson 142.

New Deal 239n10.

New German Critique (revista) 32.

New Haven, Crawford Manor em 111-112.

Newman, Oscar 52-55, 235n25-53, 235n43; integração do territorial com o afetivo em Defensible Space 52-55; sobre a prevenção de crime por meio do projeto urbano 52-55.

New Paradigm in Architecture: The .

Language of Post-Modernism, The (Jencks) 170.

Nigéria, "petroviolência" na 144.

Nixon, Richard M. 42, 99, 239n2-3, 241n58, 241n62; apropriação de uma causa justa como instrumento de guerra 104; "grande maioria silenciosa" 233n15; iniciativa ambiental de 90-93, 102-103, 104, 106,

256 ·

107, 239n18; política econômica relativa ao padrão ouro 104, 106-105, 107; transformação semiótica no status do dólar 104, 106-105, 107.

Norberg-Schulz, Christian 242n6.

normalização: do julgamento estético 42; reorganização do campo discursivo de acordo com imperativos da 41.

"Notes on a Conceptual Architecture: Toward a Definition" (Eisenman) 98.

Notes on the Synthesis of Form (Alexander) 96.

Nova Estrada, A (La Strada Novissima) [exposição] 198-200, 210-213, 225.

Nova Orleans, Piazza d'Italia em 30, 60.

Nova York: monumentalidade neoclássica de Washington D.C. *vs.* a metrópole circulatória e em grelha da 59; Seagram Building na 75, 79, 140, 142, 174; sede da Union Carbide na 174-176; sede do Morgan Bank na 165-166; taxa de criminalidade e densidade na 54; World Trade Center 151, 241n65.

Number One Shell Plaza 145-144.

observabilidade, paradoxo da 123.

observações de segunda-ordem 123-122.

O'Gorman, Marcel 244n43.

oikos, ou lar 119; dividido em duas casas do parlamento no modelo de Latour 130-132; origens da economia e da ecologia em 93-94, 102, 104, 129, 130-129, 133.

On Photography (Sontag) 119.

Opep, embargo do petróleo 105-104.

Operação Igloo White 85, 238n46.

orientação visual, "atenta ao objeto" *vs.* "atenta à relação entre eles" 98-97.

ornamento massificado 161, 170, 174, 186, 187-189, 189.

oscilação figura-fundo, premissas psicológicas da Gestalt da 96-95.

Oswalt, Philipp, 248n26.

Ovaska, Arthur 222, 223.

padrão ouro, desvinculação por Nixon do dólar do 104, 106-105, 107.

Panofsky, Erwin 195, 247n6.

Papademetriou, Peter 243n13.

parcerias público/privadas; modelo político-econômico baseado em 158-159, 160.

paredes cortina da arquitetura corporativa 75, 76, 77, 78, 87, 149. *Ver também* espelhos; abstração da 80; como dispositivo de troca canalizando os fluxos de trabalho e capital que registra 80; como meio de massa 80-79, 84; evolução da 138; organicismo baseado em sistemas da 82; papel como espelho ou dispositivo de registro que dá testemunho 80.

Pareto, Vilfedo 239n17.

"parlamento de coisas", de Latour 125-126, 129, 130-132.

Parmet, Herbert S. 243n12.

Parsons, Talcott 94-93, 239n17.

participações do concurso Chicago Tribune Tower 158-157, 164-163.

Pastier, John 243n15, 244n27.

"pato" categoria de arquitetura, Venturi e Scott Brown classificação de 110-113, 126; exemplo de 111, 112.

Patterson, John Henry 231n1.

Payette Associates 127, 128.

pedra, vidro e 152, 156, 160, 161, 163, 165-164, 166-165.

Pei, I.M., 96, 154.

Peirce, C.S. 94.

Pennzoil Place em Houston (Johnson/ Burgee) 135-137, 139-144, 146, 162-163, 243n18; como "monumento à liquidez", 144; dependência em muletas 141-142; descrição do 135-136; detalhe da quina do 142-143, 151; forma de templo 143; influência sobre o projeto de Roche Dinkeloo para duas torres de escritórios 163; "planta bonita" do 141; rede de túneis subterrâneos sob Houston alimentados a partir do nível do subsolo do 144.

percepção: desnaturalização perceptiva 186; paradoxo perceptivo de certa invisibilidade visível 169-168; retreinamento da 169-168; sistema perceptivo realizado de Rowe e Slutzky 95-96, 98-99.

periodicidade: assíncrona 84, 85; 238n41; ciclos autorreflexivos da 83.

Perspecta 11 100, 241n45.

Perspecta 12 100.

Perspecta 13-14 95, 99.

perspectiva, ensaio de Panofsky sobre a 195.

pesquisa da Aids, controvérsias sobre a 125.

petrificação 156, 160.

petróleo: arquitetura e circulação do dinheiro do petróleo 137-145; como fetiche 139, 144, 166-165, 243n10; como pluralidade híbrida de objetos reais 139; embargo do petróleo pela Opep 105-104; promessa corruptora do 144.

petroviolência 144.

Piazza d'Italia em Nova Orleans 30, 60.

Picon, Antoine, 247n2.

Piranesi 70, 77, 208-207.

Pitsburgo, Pensilvânia: Alcoa Building em 154, 158; Autoridade de Requalificação Urbana (URA) 158; desmaterialização no "pós-aço" 159, 160; Golden Triangle desenvolvimento urbano comercial 154, 157-158; PPG Place em 154-160, 161-163; "Renaissance II" projeto de revitalização urbana 158-159; renovação do Market Square 159-160; U.S. Steel Building em 154, 158-157.

"Planning Man's Physical Environment" (conferência na Universidade de Princeton 95.

Plano Voisin para a região central de Paris, de Le Corbusier 28.

pobreza estrutural 169-168.

poder: caráter encadeado do 32; papel para o pensamento arquitetônico na análise, interpretação e crítica do 24; redefinido como controle/autocontrole no pós-modernismo 24.

política da linguagem 105.

políticas *think tanks*, subsidiados por cálculos de risco/recompensa 74.

populismo: comercializado versus oposicionista 233n13; dualidade de significado 234n17.

populismo do livre-mercado 168.

populismo estético 113, 114.

Portland Building (Graves) 211.

Portman, John 58, 74, 76, 114, 115-117, 124-123, 132, 215-214, 244n44.

Portoghesi, Paolo 197-198, 199, 211, 229n2, 248n10.

"pós-criticidade" metafísica 172-173.

pós-criticidade metafísica, 245n13.

positivismo lógico, Círculo de Viena do 94.

pós-modernismo: aceitação precoce e exuberante do status quo pelo 24; ausência de sincronicidade do 21; autenticidade contraintuitiva do 115-117; coordenadas de um, institucionalizado 38; cultural 193; genealogia ambígua na arquitetura, 229n2; irregularidade do 23; "linha do tempo" falso-histórica do 200-201; literário 80; nexo de poder/conhecimento 23; novas naturalizações do 83-82; papel central do processo e da reprodução no 149-150; poder redefinido como controle/autocontrole no 24; problema de distinguir o real do irreal como central para o 40-41; referência à arquitetura feita nos relatos do, cultural 28; Utopia como nome para o impensável no 24, 38-37, 39. *Ver também* autonomia da arquitetura.

pós-modernismo arquitetônico: ano de referência (1984) do 22; arranjo socioeconômico e 34; como formação discursiva 23-22, 25; crise de projeção associada à emergência do 195; exílio da Utopia no 27, 31; exteriores ou realidade desarticulada como cenário para 23; globalização e 32-33; movimentos teóricos em direção a um rappel à l'ordre 39-40; renúncia ao controle sobre a história pelo 67; temporalidade circular (videográfica) do 67; transformação do "meio ambiente" como categoria epistemológica e emergência do 89.

pós-modernismo cultural 193.

pós-modernismo literário 80.

Postmodern Condition, The (Lyotard) 109.

Postmodernism (Jameson) 119, 124.

Post-Modern Visions (1984 exposição, Deutsches Architekturmuseum em Frankfurt), 38, 229n2.

PPG Industries Plaza and Tower, ou PPG Place, em Pitsburgo 154-160, 162-161; como enclave urbano configurado como um interior espelhado 156; como projeto de reencantamento ou revitalização 158; material de origem para 156.

pragmatismo estadunidense 94; "Presença do Passado, A" (1980 Bienal de Veneza) 198, 229n2.

ÍNDICE REMISSIVO · **257**

Primeira Guerra Mundial, exceção suprema pela primeira vez instalada na era moderna na ou em torno da 49-48.

produção; imaterial 26, 231; três sistemas arquitetônicos de Jencks 118-119.

produção imaterial 26, 231n1.

programa antipoluição de Nixon 90. *Ver também* meio ambiente.

Progressive Architecture (revista) 233n15.

projeção 193-197; necessidade de novas formas de 215-214; persistência ou pós-imagem de uma forma específica de visão modernista dentro do pós-modernismo 196-197; profissionalização da 194-193; projeto (fantasma ideológico) assim distinto da 195; regras da 195-196; transformação da crise (modernista) de representação numa crise de 195; utópica 194.

projeção utópica 194.

Projeto Centre 300 224.

projeto "não padronizado" 245n8.

promenade architecturale 201-204, 208-209; caminho "democrático" 201-202, 207; da Neue Staatsgalerie de Stirling, anticlímax ambíguo da 201-204; papel figurativo desempenhado pela 201, 208.

proudhonismo 247n1.

pseudopersonalização 171.

psicanálise 244n43; espacialidade subjacente à, 245n3; "homem psicológico" de Eisenman como sujeito da 44-45; lacaniana 168.

psicologia: ambiental 45, 234n25; da Gestalt 95-96, 114-113.

Psicologia da Gestalt 95-96; noções de comunicação visual 114-113.

Pulsa 239n9.

pura visibilidade 230n14.

quina(s): detalhe da quina em Pennzoil 143; muleta de 142; rerreflexão na rotação da 147.

Rabinbach, Anson 238n41.

racismo, Foucault sobre 160-159.

Rainwater, Lee 235n42.

Ramoneda, Josep 248n29.

Rancière, Jacques 173, 245n1, 245n14, 246n40; noção da "distribuição do sensível" 167, 246n40; noção da "distribuição do sensível", 187.

Rand Corporation 72, 85.

Rause, Vince 244n52.

Reaganomics 145.

Reagan, Ronald 238n37.

reconhecimento de padrões: arquitetura tanto como um instrumento quanto como um objeto de 104; McLuhan sobre a necessidade do 101, 102.

reconstrução crítica 215.

rede global 165; do terceiro estágio do capital 152, 157, 161, 162.

rede(s) 27; "assembleias de assembleias" de Latour 124-125; de edifícios e túneis em Houston 145-144, 152; ilhas e 231n3.

reflexividade, paradigma baseado em risco e seus *loops* de *feedback* como modelos de 82.

reforma ambiental, Pruitt-Igoe como 51-55.

regime econômico neoliberal, ascensão do 39.

regionalismo 213; crítico 229n4, 242n6, 248n21.

regionalismo crítico 229n4, 242n6, 248n21.

regras transformacionais 102-103.

regulamentação governamental, meio ambiente como objeto de 91, 239n10.

reichsmark alemão, "transformação semiótica" em rentenmark 105.

relações humanas, projeto da sede da Union Carbide e influência das 174, 177.

Related Companies 184.

relativismo cultural 116, 237n5.

Renaissance II, revitalização urbana de Pitsburgo 158-159.

renovação urbana, 235n41; divisões raciais e de classe internalizadas na 51; produtos da, do pós-guerra estadunidense 51-56.

repolitização do discurso arquitetônico vanguardista 172.

reprodução; em nome da multiplicidade pós-política 190; privilegiamento da, sobre o original putativo 149-150; sem original 156, 163.

RepublicBank Center em Houston 145.

reterritorialização do pensamento 27.

Reuter, Peter 246n30.

revitalização urbana, parcerias público/privadas da 158-159, 160.

revoltas urbanas da contracultura na década de 1960 39.

revolução cibernética, subproduto subjetivo da 188.

Richards Medical Center na Universidade da Pensilvânia 127.

Riemann, Peter 222, 223.

risco: ambiental calculado 191; calculado, caso limite de mortes contadas abstratamente como 187-186, 187; cálculos de risco/recompensa que subsidiam o World Game 74; como uma categoria epistemológica, emergência do 235n52; crime urbano como problema de gestão de risco 55-56, 235n53; equilíbrio de, ambiental e ontológico como marca de uma nova modernidade "reflexiva" e autocorretora 82, 87; estatístico, economia global dominada por troca especulativa de 106; linguagem de Nixon reconstituindo o humano como um sujeito em e de 91.

Robbins, Bruce 243n10.

Robertson, Jaquelin 78, 107, 238n31.

Roche Dinkeloo Associates 154, 163; projetos para torres gêmeas em Houston e Denver 163; sede da Union Carbide em Danbury 176-184; Sede do Morgan Bank em Nova York 164.

Roche, Kevin 163, 176, 185, 211, 245n20-22, 245n23, 245n62, 246n36-37, 246n38, 248n19.

Rockefeller Center 137, 138.

Roma Interrotta (Roma Interrompida), Exposição de 1978 29.

Romano, Lois 243n11.

Rosenberg, Bernard 233n17.

Rossi, Aldo 38, 39-40, 43, 43-45, 47, 57, 60, 62, 229n2, 234n19, 234n32; a cidade como uma obra de arquitetura para 43; artefato urbano de 43; cemitério San Cataldo em Modena 219-221, 226; humanismo latente de 44; invocação do acampamento para descrever um campo urbano difuso 48; monumento aos *partisans* em Segrate de 1965 214; obra de arquitetura como uma obra do coletivo para 43, 46; projeto para a autonomia da arquitetura 44, 45; Teatro del Mondo, mundo-dentro-de-um-mundo de 219.

Route 66, Venturi sobre trechos comerciais da 46.

Rowe, Colin 29, 30, 77-81, 98, 99-100, 230n5, 235n44, 237n29, 240n24-26, 240n27, 240n30; sobre transparência "literal" *vs.* transparência "fenomenal" 95-96, 97.

Rudolph, Paul 111, 112.

Ruído Branco (DeLillo) 191.

Ruskin, John 170.

Saarinen, Eero 163, 185.

Saarinen, Eliel 158.

Sage (Semi-Automated Ground Environment), 71.

Salk Institute for Biological Science em La Jolla, Califórnia 126-127, 129, 132-133.

Sambhavna Trust, Clínica e Centro de Documentação 246n32.

San Cataldo, cemitério em Modena (Rossi) 219-221, 226.

Santa Monica, casa de Gehry em 58, 74.

São Paulo 234n35; justaposição de condomínio fechado com favelas confinadas (ocupações irregulares) em 49, 236n68.

Schaffer, Simon 242n40.

Schinkel, Karl Friedrich 142.

Schlumberger Oil 137.

Schmitt, Carl 49.

Schnebli, Dolf 239n9.

Schuller, Dr. Robert H., 161.

Scientific Autobiography (Rossi) 45-44, 48, 234n32.

Scott Brown, Denise 29, 38, 39, 41, 47, 60, 68, 76, 117-115, 169, 231n5, 233n14, 233n15, 242n7; alvo da revolta pós-modernista personificada por 127; crítica de Maldonado de 94-95, 99; jargão do pós-modernismo na arquitetura formulado por 110-113; populismo de 41-42; uso do termo "maioria" 42.

Scott, Felicity D. 231n15, 237n20.

Scott, Geoffrey 170.

Scully, Vincent J., Jr. 30, 79-80, 127, 238n32.

Seagram Building em Nova York 75, 141, 142, 174; como "mero módulo" 80-79; parede cortina reflexiva/transparente do 75.

258 ▪

segurança: como dimensão da governabilidade 42-41; Foucault sobre "aparatos de segurança" e aparatos disciplinares que os acompanham 42, 233n16.

semiótica: de Morris 94, 98-99; semiótica: "pato" e "galpão decorado", categorias da arquitetura na linguagem da 111.

Serres, Michel 124 237n9.

servir ao cliente, muleta de 142.

Shapin, Steven 242n40.

Sharma, H. Rajan 246n31.

Shell Oil 145.

Shingle Style and the Stick Style, The (Scully) 79.

Siedlungen (assentamentos alemães) 49.

Signs of Life: Symbols in the American City (exposição, 1976) 47, 127.

Silício, Vale do 60.

Simmel, Georg 66, 225, 237n8.

Simon, Herbert A. 46, 234n27.

sistema significativo, ambiente construído como um 91-92, 93, 94.

sistema social, tendência do sistema para um "equilíbrio dinâmico" 93-94.

Skidmore, Owings & Merrill 80, 85, 88-87, 145, 149-150, 154, 158; 238n45; sede da Union Carbide 173-175.

Slutzky, Robert 95-96, 97, 98, 99, 240n24-26, 240n27.

Smith, Neil 145.

Smithsonian Institution, Signs of Life exposição no 47, 127.

Smithson, Robert 239n9.

soberania do Estado, cada vez mais construída sobre o estado de exceção 56.

Social Life of Small Urban Spaces, The 160.

sociedade de risco, matéria-prima da 132-131.

Sontag, Susan 119.

Space, Time and Architecture (Giedion) 112.

Speer, Albert 56, 225.

Sphere and the Labyrinth, The (Tafuri) 70-69, 71.

Stern, Robert A.M. 30-29, 68-67, 78, 107, 238n31.

Stewman, Shelby 244n50.

Stirling, James 201-203, 204, 208.

St. Louis, empreendimento habitacional Pruitt-Igoe em 51-56, 57, 63, 193.

Strada Novissima, La (A Nova Estrada) [exposição] 198-199, 200, 211-213, 225.

"Street Life Project" (Whyte) 160-159.

Stuttgart, Neue Staatsgalerie em 201-203, 204.

sublime pós-moderno 115, 149-150, 191. meio ambiente como um tipo de 89.

sublime, pós-moderno 115, 149-150, 191. meio ambiente como um tipo de 89.

suburbanização: crítica de Moore ao desenraizamento da 60; pós-guerra 176; pressões descentralizadoras de 221; transferência da sede da Union Carbide para o subúrbio 176-182.

sujeito massificado 169.

sujeito(s) 36, 167-192; "dividuação" caracterizando o modo de subjetividade imanente ao capital global 187; do capitalismo corporativo, mudanças no 174-182; massificado 169; papel dos computadores na produção de 169-173; sujeição sem uma escolha 191.

superposição de planos, transparência gerada na pintura moderna por meio da 95.

surrealismo: extensão das tendências pós-humanistas do funcionalismo 207; referências estéticas de Ungers no museu Wallraf-Richartz ao 204, 207.

sustentabilidade 85, 87.

Swift Boat Veterans for Truth 68, 237n12.

Szent-Gyorgi, Albert, 239n9.

Tafuri, Manfredo 30, 39, 59, 65, 66, 71, 75, 76, 83, 86, 88, 102-104, 137, 172-173, 195, 230n5, 230n13, 231n16, 236n1, 236n63, 237n25, 241n50-52, 241n57, 243n4, 246n37, 247n2, 247n5, 248n9, 248n18; sobre as vanguardas 69-70, 104; sobre o Federal Center de Mies em Chicago 186; sobre o Golden Triangle de Pitsburgo 154-155.

Taillibert, Roger 224, 248n30.

Tarr, Joel A. 244n50.

Team x 40.

Technische Hochschule für Gestaltung em Ulm 93.

técnica de rerreflexão com espelhos 147-149, 156-157.

técnicas visuais modernistas 95.

tecnologia, estética e 87, 129.

tecnotriunfalismo, combinação de neopragmatismo e 69.

Tegel Harbor, distrito de Berlim Ocidental, empreendimento de uso misto em 215.

televisão 80, 82, 238n35.

teoria de sistemas. descrição de Jencks da 120-121. geral 72, 121-122. laços do ecossistema com 93.

teoria dos jogos 72-73, 82-83.

teoria geral de sistemas 121-122. futurologia de Fuller reflete a 72.

teoria-prática loop de feedback 102-101, 241n52.

Terceiro Mundo, conjuntos habitacionais de grande escala e financiados principalmente pelo Estado no 49-50.

Terragni, Giuseppe 97.

Terrazas, Eduardo 239n9.

territorialidade virtual 53.

território 37-64; cidade e 231n3; eixo de produção da arquitetura 26, 40, 47-56; eixo de representação da arquitetura 25, 26, 47-56; segurança 42-41; territorialidade virtual 53.

terror, guerra ao 69-68, 241n65.

teste revolução, de Moore 60.

Teyssot, Georges 244n36, 247n2.

Theobald, Robert 100.

Tiller Girls 170, 172.

Tolman, Edward C. 242n12.

topologia(s): como ferramenta comum para especulação arquitetônica durante os anos 1950 e 1960 233n12; da exceção de Agamben 47, 49-50.

totalitarismo: equação entre utopias sociais ou tecnológicas e política 31. utopismo modernista e 219.

trabalho (obra) 36; e prazer, progressiva interdependência de 235n55.

tradição pastoral na literatura estadunidense 93.

Transco Tower em Houston 145, 152-154, 162-161.

transformação semiótica 105-106, 106-107.

transparência, "literal" e "fenomenal", 95, 97.

Turing, Alan 187.

Turner, Frederick Jackson 83-84, 107.

Tzonis, Alexander 229n4.

Ungers, Liselotte 213, 248n22.

Ungers, Oswald Mathias 204-207, 208-209, 248n16, n22, n26; concurso de habitação em Marburgo 1976 221-220; Deutsches Architekturmuseum em Frankfurt 214-216; Hotel Berlin de 214-215; museu Wallraf-Richartz 204-207; pesquisa sobre experimentos históricos com a Utopia nos Estados Unidos 213, 218; projeto Cities Within the City para reurbanização de Berlim Ocidental e 219-222; referências ao surrealismo 204, 207.

União Europeia, cidades consideradas para sede parlamentar da 224.

Union Carbide Corporation 173-189, 246n34; assombrada pelos fantasmas de Bhopal, 189-190; comprada pela Dow Chemical 184, 189; desastre de Bhopal (1984) 183-185, 186, 187, 189, 191, 236n27-32 246; estratégia de relações públicas 176; natureza sistemática e abrangente de reinvenção da identidade corporativa da 182. tamanho da 176.

Union Carbide Corporation, sede em Danbury, Connecticut 174-182; cafeteria da 185-184; computador como ferramenta de projeto para a 178, 180-179; espelhos interiores 185-186, 190; estilos de escritório 179-182; internalização do estacionamento 178-179, 189.

Union Carbide Corporation, sede em Nova York 173-175.

United Architects 172.

United Gas Pipeline Company 140.

United Nations Plaza 163.

Universidade da Pensilvânia, Richards Medical Center na 127.

Universidade de Pitsburgo, revivalismo gótico da Cathedral of Learning 156.

Universidade de Princeton, Laboratory for Molecular Biology de Lewis Thomas na 127-129.

Urban Innovations Group 208, 209.
urbanismo, fragmentado ou "fragmentador", 49.
u.s. Steel Building em Pitsburgo 154-155, 158.
utilidade, muleta da 141.
Utopia: Amourotum, cidade capital da, de More 59-58; ativo "impensável" da 24, 38-37, 39; como outro nome para o impensável 38-37; como *tópos* 57; complicada história do novo mundo imaginado como 213; definição dual de Rancière da 246n40; Deutsches Architekturmuseum de Ungers em Frankfurt 214-216; dialética de duas "utopias" estadunidenses 236n63; Disneylândia como, "degenerada", Marin sobre 59-60, 61; divisa ou limite utópico como "fronteira" 63-62, 236n72; e acampamento como polos da antinomia do moderno 62-63, 236n68; espaço tipo ilha de Agamben como inverso violento da 56; exílio da 27, 31-32; exterioridade interna da, como condição espacialmente paradoxal 63, 236n72; forma insular 58-59, 60-61; função de ilha 215-217, 218-220; inabilidade pós-moderna de pensar uma ideia realmente utópica 58, 133-132; lugar da projeção ocupado pelo 197-196; modernista de Le Corbusier 74-73; na tese do acampamento-como-paradigma 50; normalização da excepcionalidade utópica 57; nos Estados Unidos, pesquisa de Ungers sobre experimentos históricos com 213, 218; pensamento e especulação utópicos assimilados no desenvolvimento capitalista 31; potencial para um novo tipo de projeto 226; presença espectral da ilha da 35; tornada impossível pelas regras do engajamento 196; variante pós-moderna da, do condomínio fechado 50; World Game como mapa de caminhos para o futuro utópico 73-75.
Utopia/anti-Utopia 236n68.
Utopia e a Crise da Anti-Natureza (1978 exposição na Bienal de Veneza) 229n2.
Utopies réalisables (Friedman), 221-222.
Utopiques (Marin) 58, 61.
"Utopische Kommunen in Amerika 1800-1900" (Comunas Utópicas na América) [Ungers] 213.

Vallye, Anna 233n12.
valor: extração de; da terra baseado na expectativa de valor futuro 138-137.
Van Eyck, Aldo 40.
van Gogh, Vincent 149.
vanguarda: controle projetado do futuro no projeto de vanguarda 66; esgotamen-

to do projeto de vanguarda 65; "linguagens de luta" revolucionária características da 68; Tafuri sobre 69-70, 104.
Veneza: *La Strada Novissima* de Ungers 197-199, 200, 211-213, 225; projeto Cannaregio 1978 de Eisenman em 211, 212.
Venturi, Rauch, e Scott Brown, laboratórios científicos projetados por 127-129, 132-131, 132.
Venturi, Robert 29, 38, 39, 41, 60, 62, 68-67, 76, 117, 169, 229n2, 231n5, 233n14, n15, 234n27, 237n27, 240n21, 242n7, 243n46; alvo da revolta pós-modernista personificada por 127; caminho em direção à autonomia da arquitetura 45-47; confrontar a unidade com os muitos 43; crítica de Maldonado de 94-95, 99; forma arquetípica da casa 214; jargão do pós--modernismo na arquitetura formulado por 110-113; museu casa para Benjamin Franklin na Filadélfia 214; populismo de 41; simpatias por testemunhos da cultura de consumo 46; sobre a Main Street usa na Disneylândia 61; uso do termo "maioria" 42.
Venuti, Lawrence 234n32.
verdade histórica e formas culturais, relação entre 25-26.
Versalhes, *cabinet des glaces* em 244n36.
Victoria Tower, Casas do Parlamento em Londres 156.
Vidler, Anthony 230n12, 245n3, 247n2, 248n12.
vidro Solarban 156-157.
Vignola, Jacopo Barozzi da 96-95.
Vila Farnese em Caprarola (Vignola) 95.
Vila Savoye em Poissy (Le Corbusier) 201.
Ville Contemporaine (Le Corbusier) 196.
Vinegar, Aron 231n5, 242n7.
violência da catástrofe de Bhopal 184.
Virilio, Paul 234n26.
virtualização tanto da produção quanto da circulação, virada para a 39.
visão: linguagem da, de Kepes (*Language of Vision*) 95, 97-98, 113; linguagem visual como sistema organizacional 95-96, 97-98; organização visual e "imageabilidade" 114.
visibilidade, pura 230n14. *Ver também* visibilidade.
Vision+Value, série (Kepes) 92, 100.
von Bertalanffy, Ludwig 93, 121, 239n17.

Wallenstein, Sven-Olov 230n6.
Wallraf-Richartz, museu em Colônia (Ungers) 204-207.
Warhol, Andy 149, 151, 155.
Washington, D.C.: monumentalidade neo-

clássica de, *vs.* metrópole circulatória em grelha de Nova York 59.
Watson, Thomas J. 231n1.
Watts, Michael J. 144, 244n29.
Weatherford, Hal 244n26.
Wegner, Phillip E. 247n2.
We Have Never Been Modern (Latour) 124-125.
Weizman, Eyal 248n29.
Welch, Frank D. 243n2.
Wells Fargo Court em Los Angeles 149-150.
Westin Bonaventure, hotel em Los Angeles 58, 74, 76-77, 114, 156, 244n44; claustrofobia provocada pelo saguão do 84; espaço pós-moderno exemplificado pelo 114, 115; interiores acoplados do 214-215; Jameson sobre 114, 115-117, 149-150, 151; Jencks sobre 115-117.
White, David Manning 233n17.
Whyte, William H. 160.
Wiener, Anthony J. 242n33.
Wigley, Mark 247n8.
Williams, Raymond 67 234n17.
Wittkower, Rudolf 29, 30.
Wolfe, Tom 94.
Wölfflin, Heinrich 29, 30.
Woods, Shadrach 100.
Woolgar, Steve 126, 127, 129, 242n42.
"Work of Art in the Age of Its Technological Reproducibility, The" (Benjamin) 241n4.
"World Dwelling" (McHale) 100.
World Game (Fuller) 71-70, 71-77, 82, 84, 87, 166; cálculos de risco/recompensa subsidiam o 74; como jogo administrativo 72; como jogo de futuros possíveis 72; como jogo de linguagem 71-70, 72-75; como jogo modernista de otimização na escala do sistema mundial 72-73; como jogo pós-modernista de perpétua inovação competitiva 73; formato de planejamento de cenários modelado nos jogos de guerra praticados por combatentes da Guerra Fria 72.
World Trade Center (Yamasaki) 151, 241n65.
Wright, Frank Lloyd 60, 194, 196.

Yamasaki, Minoru 151, 241n65.
Yergin, Daniel 243n10.
"You Have Got to Pay for the Public Life" (Moore) 60-62.
Young, Marilyn B. 238n43.

Zapata Offshore Oil Company 140.
Zapata Petroleum 140, 142.
Zapata Warrior Constructors 142.
Zoe Zenghelis 221-220.

AGRADECIMENTOS

A diversidade de contextos em que boa parte desta obra viu pela primeira vez à luz do dia significa que há muitas pessoas a agradecer por sua contribuição para essa realização. Algumas dessas contribuições foram feitas intencionalmente, na forma de conselhos, crítica ou outra ajuda direta, e algumas foram feitas inconscientemente, na conversa casual ou num convite para considerar um tema específico ou ainda numa réplica a uma apresentação. Enfim, este livro seria impossível e inconcebível sem a combinação de audiências, leitores e interlocutores dos quais ele se beneficiou.

Entre todos esses, devo agradecer Felicity Scott, Brian Larkin e Andreas Huyssen por conversas e colaborações incontáveis com as quais aprendi muito. O contexto intelectual oferecido pelo periódico *Grey Room*, em que parte desta obra apareceu em primeiro lugar, tem sido, como sempre, inestimável. Dali também agradeço a Branden Joseph, Karen Beckman e Tom McDonough por fazer deste livro o que ele é. De modos que permanecem em boa parte intangíveis, esta obra também se beneficiou significativamente do ambiente intelectual único oferecido pelo Institute for Comparative Literature and Society da Universidade de Columbia, especialmente nas pessoas de Gayatri Spivak e Rosalind Morris.

Uma parte importante da pesquisa para este livro foi concluída enquanto eu era professor visitante no Canadian Centre for Architecture (CCA). Agradeço calorosamente a Phyllis Lambert, Mirko Zardini e Alexis Sornin por um verão memorável e produtivo passado em sua companhia no CCA. Peter Sealy foi um competente assistente de pesquisa durante esse período. O CCA generosamente permitiu-me montar uma exposição de pesquisa colaborativa denominada "Utopia's Ghost: Postmodernism Reconsidered" (O Fantasma da Utopia: O Pós-Modernismo Reconsiderado), com cocuradoria dos estudantes da Columbia e baseada em dois seminários realizados na GSAPP – Graduate School of Architecture, Planning and Preservation (Faculdade de Arquitetura, Planejamento e Preservação). Na CCA, Giovanna Borasi, Howard Shubert e Elspeth Cowell fizeram contribuições significativas para a exposição, que mais tarde viajou para a Arthur Ross Gallery na GSAPP. Lá ela foi reinstalada com criatividade por Mark Wasiuta e sua equipe. Cristina Goberna foi uma assistente inestimável na exposição em ambos os locais, e os dois grupos de estudantes nos seminários deram o tipo de contribuições originais que só estudantes conseguem oferecer. Sou também grato a Diana Martinez por sua percepção e assistência na reunião do material para as ilustrações do livro. Em Columbia e no CCA, a exposição e a pesquisa relacionada se beneficiaram do generoso apoio do diretor da GSAPP, Mark Wigley. Muitos colegas mais na Columbia e em outros lugares também deram contribuições valiosas de diversas maneiras.

Partes significativas deste livro foram favorecidas ou provocadas por convites para falar ou escrever em uma grande variedade de contextos. Sua síntese, que reflete as tensões inerentes ao assunto do livro, esteve entre os aspectos mais desafiadores e gratificantes desta obra. Arindam Dutta e Aron Vinegar ofereceram leituras críticas extremamente criteriosas e produtivas do consequente manuscrito. Na editora da Universidade de Minnesota, Pieter Martin mostrou grande cuidado e profissionalismo ao dirigir este livro pelo processo editorial. O texto foi habilmente copidescado por David Coen e Andrea Rondoni, e Laura Westlund gentilmente ajudou com a produção.

Finalmente, agradeço a Kadambari Baxi por seu modernismo e a Neelan Baxi Martin pelo futuro.

HISTÓRICO DA PUBLICAÇÃO

Uma versão anterior do capítulo 2 foi publicada como "The Last War: Architecture and Postmodernism, Again" (A Última Guerra: Arquitetura e Pós-modernismo Mais uma Vez) *New German Critique*, n. 99 (Fall 2006), p. 63-82. Excertos do capítulo 2 também foram incluídos em "Atrocities, or Curtain Wall as Mass Medium" (Atrocidades, ou Parede Cortina Como Mídia de Massas), *Perspecta*, n. 32 (2001), p. 66-75.

Uma versão anterior do capítulo 3 foi publicada como "Environment, c. 1973" (Meio Ambiente, c. 1973), *Grey Room*, n. 14 (Winter 2004), p. 78-101.

Uma versão anterior do capítulo 4 foi publicada como "Architecture's Image Problem: Have We Ever Been Postmodern?" (Problema de Imagem da Arquitetura: Já Fomos Pós-Modernos?), *Grey Room*, n. 22 (Winter 2006), p. 6-29. Essa foi traduzida para o alemão como "Das Bildproblem der Architektur: Waren wire je postmodern?", em Susanne Knaller; Harro Müller (eds.), *Authentizität: Diskussion eines ästhetischen Begriffs*, (Frankfurt: Suhrkamp Taschenbuch Wissenschaft, 2006), p. 289-315. Partes do capítulo

4 foram publicadas tanto em inglês como em alemão como "Postmodern Precision? The Science of Images" (Precisão Pós-Moderna? A Ciência das Imagens), em Ákos Moravánsky; Ole W. Fischer (eds.), *Precisions: Architecture Between Sciences and the Arts* (Zurich: Birkhauser, 2008), p. 82-111.

Uma parte do capítulo 5 foi publicada como "Liquidity: Architecture and Oil" (Liquidez: Arquitetura e Petróleo), em Emmanuel Petit (ed.), *Philip Johnson and the Constancy of Change* (New Haven: Yale University Press, 2008), p. 110-119; reeditado com permissão da Yale University Press. Outra seção do capítulo 5 foi publicada numa tradução alemã como "Spiegelglas", *Arch+*, n. 191-192 (2009), p. 103-109.

Uma versão do capítulo 6 foi publicada como "Mass Customization: Architecture and the 'End' of Politics" (Customização em Massa: Arquitetura e o "Fim" da Política), em Beth Hinderliter et al. (eds.), *Communities of Sense: Rethinking Aesthetics in Practice* (Durham: Duke University Press, 2009), p. 172-193; todos os direitos reservados; reeditado com permissão da Duke University Press.

Reinhold Martin é professor associado de arquitetura na Graduate School of Architecture, Planning, and Preservation da Universidade de Columbia, onde dirige o programa de PhD em arquitetura e o Centro Temple Hoyne Buell para o Estudo da Arquitetura Americana. Ele é coeditor fundador da revista *Grey Room*, autor de *The Organizational Complex: Architecture, Media, and Corporate Space* (O Complexo Organizacional: Arquitetura, Mídia e Espaço Corporativo) e coautor de *Multi-National City: Architectural Itineraries* (Cidade Multinacional: Itinerários Arquitetônicos).

Este livro foi impresso na cidade de Diadema,
nas oficinas da Bartira Gráfica e Editora, em agosto de 2022,
para a Editora Perspectiva.